沈阳体育学院"十三五"规划教材

简明运动生理学

张日辉　主编

人民体育出版社

图书在版编目（CIP）数据

简明运动生理学/张日辉主编. --北京：人民体育出版社，2021（2023.11重印）
ISBN 978-7-5009-5918-2

Ⅰ.①简… Ⅱ.①张… Ⅲ.①运动生理学－高等学校－教材 Ⅳ.①G804.2

中国版本图书馆 CIP 数据核字（2020）第 253276 号

*

人 民 体 育 出 版 社 出 版 发 行
北京建宏印刷有限公司印刷
新 华 书 店 经 销

*

787×1092　16 开本　19.25 印张　395 千字
2021 年 5 月第 1 版　2023 年 11 月第 3 次印刷

*

ISBN 978-7-5009-5918-2
定价：79.00 元

社址：北京市东城区体育馆路 8 号（天坛公园东门）
电话：67151482（发行部）　　邮编：100061
传真：67151483　　　　　　　邮购：67118491
网址：www.psphpress.com

（购买本社图书，如遇有缺损页可与邮购部联系）

编 写 组

主　　　编：张日辉

编写组成员：(按姓氏笔画为序)

　　　　　　王立丰　冯　宁　苏中军　吴翊馨
　　　　　　张　肃　张日辉　张新安　周　玫
　　　　　　赵　平　赵　斌　高海宁　郭　峰

序言
PREFACE

  教材建设在人才培养过程中起着不可或缺的重要作用，是提高教育质量的基础性工作。为全面提高体育人才培养质量，高等体育院校不断深化体育教学改革，加强专业特色教材建设。

  沈阳体育学院在教材建设工程上取得了一系列成果。其中，张日辉教授在运动生理学教材建设中取得了优异成绩。她所领导的团队在继承体育院校通用教材《运动生理学》等教材知识体系的基础上，创编了适用于运动训练专业的特色教材——《简明运动生理学》。本教材由"基础运动生理学""应用运动生理学"和"实验运动生理学"三篇组成。教材除了继承体育院校通用教材《运动生理学》主体内容外，还从锻炼生理学、课余训练生理学、运动营养学、运动心理学等教材中汲取精华，加强理论与实践相结合，丰富了教材中运动训练生理学的内容。教材编者精准定位适用对象，准确把握专业基础理论、基本知识和基本技能的综合要求，简洁明了地表达了知识点、技能要求和应用指导。教材中增加了知识窗、案例分析和实验教学等教学形式，有利于拓展学生知识视野，培养学生分析问题和解决问题的能力，提高学生的专业素质，同时也增加了教材的适用性、实用性和使用性。在传统教材体系基础上，本教材注重继承与创新，加强理论与实践，更体现了教与学的互动。此外，教材内容深入浅出，通俗易懂，适用于学生运动员和运动员学生学习，是一本很好的运动生理学教学参考书。

  目前，体育院校开设的专业越来越多，急需相应的配套教材，有针对性地进行提高基础理论、基本知识和基本技能的教学，使学生能所学所用，深入理解竞技体育、学校体育、全民健身中，运动生理学等知识对运动训练和全民健身指导的重要性，掌握相关的基础理论、基本知识和基本技能，指导今后的工作。

  期待张日辉教授主编的《简明运动生理学》的出版，相信它会成为运动生理学工作者和学生的良师益友，在体育人才培养中发挥应有作用，为体育事业发展做出积极贡献。

王瑞元

2020 年 8 月

前言 FOREWORD

《运动生理学》是体育院校学生必修的一门重要基础课。它既是学习某些课程理论的基础性学科，又是服务体育运动实践的应用性学科，在体育专业人才培养和运动训练特色专业建设中具有重要地位。目前，在运动训练专业建设和人才培养中，需要一本与专业培养目标、教学时数相适应的《运动生理学》教材，教材内容围绕"体育、运动、训练及健康"编写，更有针对性，更能体现运动生理学的应用性。教材内容不再追求"深"的理论阐释，更强调通俗易懂，力求做到老师能教、学生能懂、读者能用，适合运动员学生和学生运动员学习，提高学科、专业在同行业中的特色竞争力。

本书由"基础运动生理学""应用运动生理学"和"实验运动生理学"三篇组成，注重基本理论、基本知识、基本技能，体现急需，与社会需要人才的就业需求相适应。力求有所创新，增加"知识窗口"，拓展学生知识视野；增加"案例分析"，启发学生将理论应用于实践；增加"实验教学"，理论学习与技能训练并施，提高教材的适用性、实用性和使用性。本书在介绍正常人体生理学理论的基础上，着重介绍与运动训练和体育教学有关的生理学基础知识，为学习和掌握"应用运动生理学"打下良好基础；处理并区分经典与现代、基础性与应用性的关系；注重培养学生的实践能力和创新能力；构建适应体育教学和运动训练，以服务学校体育和竞技体育为目标的运动生理学教学内容体系，充分体现了本学科的特色。

本书是集体分工协作完成的。其中，张日辉撰写第一章至第四章、第十章、第十二章、第十三章第六节、第十四章实验十六、实验十七；郭峰和王立丰撰写第五章；郭峰撰写第六章、第十三章第二节、第十四章实验六、实验十三；吴翊馨撰写第七章、第八章；张新安撰写第九章、第十三章第一节、第五节、第十四章实验八、实验十四、实验十五；张肃撰写第十一章、第十四章实验十一、实验十二；高海宁撰写第十三章第三节、第四节、第十四章实验二、实验四；冯宁撰写第十三章第七节、第十四章实验三；苏中军撰写第十三章第八节、第十四章实验九；赵斌撰写第十四章实验一、实验五；周玫撰写第十四章实验七；赵平撰写第十四章实验十。

本书在编写中参考了大量教材及研究文献，文后列出但难免有疏漏，在此一并表示衷心感谢！本教材作为学校规划教材立项建设，已历经五年试用，不断修改完善。今天得到学校资助正式出版，在此感谢学校领导和有关部门专家的支持！

因编者水平和经验有限，难免有不足、疏漏与不妥之处，诚望广大同行及读者提出宝贵意见以便修正与完善。

教材编写组
2020 年 6 月

第一篇　基础运动生理学

第一章　绪论 …… 002
　第一节　生命的基本特征 …… 002
　　一、新陈代谢 …… 002
　　二、兴奋性 …… 003
　　三、应激性 …… 003
　　四、适应性 …… 003
　　五、生殖 …… 003
　第二节　人体生理机能的调节 …… 003
　　一、内环境及其稳态 …… 003
　　二、生理机能的调节 …… 004
　　三、人体生理机能调节的控制 …… 005
　第三节　运动生理学研究方法及历史发展趋势 …… 007
　　一、运动生理学的研究对象和任务 …… 007
　　二、运动生理学的研究水平和基本方法 …… 007
　　三、运动生理学的发展历史 …… 008
　　四、运动生理学研究现状及其重点研究领域 …… 009

第二章　氧运输系统 …… 011
　第一节　血液的功能及运动对血液的影响 …… 011
　　一、血液的组成及理化特性 …… 011
　　二、血液的功能 …… 013
　　三、运动对血液的影响 …… 014
　　四、血型与输血原则 …… 018
　第二节　心血管功能及运动对血液循环系统的影响 …… 018
　　一、心脏的一般结构与血液循环途径 …… 018
　　二、心脏生理 …… 019
　　三、血管生理 …… 023
　　四、心血管活动的调节 …… 026

五、运动与心血管功能 …………………………………………………………… 029
第三节　肺的通气机能及运动对呼吸机能的影响 ………………………………… 030
　　一、肺通气机能 …………………………………………………………………… 032
　　二、气体交换和运输 ……………………………………………………………… 036
　　三、呼吸运动的调节 ……………………………………………………………… 040
　　四、运动对呼吸机能的影响 ……………………………………………………… 042

第三章　能量代谢与骨骼肌机能 …………………………………………………… 049
第一节　物质与能量代谢 …………………………………………………………… 049
　　一、物质代谢 ……………………………………………………………………… 049
　　二、能量代谢 ……………………………………………………………………… 059
　　三、代谢等因素对体温的影响 …………………………………………………… 066
第二节　骨骼肌机能 ………………………………………………………………… 067
　　一、肌纤维的结构 ………………………………………………………………… 068
　　二、骨骼肌细胞的生物电现象 …………………………………………………… 071
　　三、肌纤维的收缩过程 …………………………………………………………… 075
　　四、骨骼肌特性 …………………………………………………………………… 077
　　五、骨骼肌的收缩形式 …………………………………………………………… 078
　　六、骨骼肌收缩的力学特征 ……………………………………………………… 080
　　七、运动单位的动员 ……………………………………………………………… 081
　　八、肌纤维类型与运动能力 ……………………………………………………… 083
　　九、运动对骨骼肌形态和机能的影响 …………………………………………… 085

第四章　感觉和神经机能与运动技能学习 ………………………………………… 089
第一节　感觉机能 …………………………………………………………………… 089
　　一、感觉机能概述 ………………………………………………………………… 089
　　二、视觉 …………………………………………………………………………… 094
　　三、听觉与位觉 …………………………………………………………………… 096
　　四、本体感觉 ……………………………………………………………………… 100
第二节　神经系统机能 ……………………………………………………………… 101
　　一、神经系统机能概述 …………………………………………………………… 101
　　二、脊髓对躯体运动的调节 ……………………………………………………… 101
　　三、脑干对躯体运动的调节 ……………………………………………………… 102
　　四、小脑和基底神经节在运动中的调控作用 …………………………………… 105
　　五、大脑皮质在运动控制中的作用 ……………………………………………… 106
　　六、躯体运动协调的神经机制 …………………………………………………… 107
　　七、神经系统对内脏活动、本能行为和情绪的调节 …………………………… 108

第三节　运动技能学习及其发展影响因素 ·· 109
　　　一、运动技能概述 ·· 109
　　　二、运动技能的学习 ··· 110
　　　三、影响运动技能学习发展的因素 ··· 112

第五章　肾脏与内分泌机能 113
　　第一节　肾脏机能及运动对肾脏机能的影响 ·· 113
　　　一、肾脏的基本结构 ··· 114
　　　二、尿的生成过程 ·· 115
　　　三、尿的成分及理化性质 ··· 117
　　　四、肾脏在保持酸碱平衡中的作用 ··· 118
　　　五、运动对肾脏功能的影响 ·· 118
　　第二节　内分泌机能 ·· 121
　　　一、内分泌、内分泌系统与激素 ·· 121
　　　二、激素作用的机制 ··· 123
　　　三、主要内分泌腺的内分泌功能 ·· 123
　　　四、功能器官的内分泌功能 ·· 126
　　　五、运动与内分泌功能 ·· 127

第二篇　应用运动生理学

第六章　身体素质 132
　　第一节　力量素质及其训练 ··· 132
　　　一、力量的分类 ··· 132
　　　二、肌肉收缩的基本形式 ··· 133
　　　三、力量素质的生理学基础 ·· 133
　　　四、力量训练 ·· 135
　　第二节　速度素质及其训练 ··· 138
　　　一、反应速度及其生理学基础 ··· 138
　　　二、动作速度及其生理学基础 ··· 139
　　　三、位移速度及其生理学基础 ··· 139
　　　四、速度素质训练的手段与方法 ·· 140
　　第三节　耐力素质及其训练 ··· 140
　　　一、有氧和无氧工作能力 ··· 140
　　　二、有氧耐力素质 ·· 145
　　　三、无氧耐力素质 ·· 146

第四节　灵敏素质及其训练 ………………………………………………… 147
一、灵敏素质的生理学基础 …………………………………………… 147
二、灵敏素质训练的手段与方法 ……………………………………… 148
第五节　柔韧素质及其训练 ………………………………………………… 148
一、柔韧素质的生理学基础 …………………………………………… 148
二、柔韧素质训练的手段与方法 ……………………………………… 148

第七章　运动过程中人体机能变化规律 …………………………………… 150
第一节　赛前状态与准备活动 ……………………………………………… 150
一、赛前状态 …………………………………………………………… 150
二、准备活动 …………………………………………………………… 152
第二节　进入工作状态与稳定工作状态 …………………………………… 153
一、进入工作状态 ……………………………………………………… 153
二、稳定状态 …………………………………………………………… 155
第三节　运动性疲劳 ………………………………………………………… 157
一、运动性疲劳的分类 ………………………………………………… 157
二、运动性疲劳的产生机制 …………………………………………… 158
三、运动性疲劳的发生部位及特征 …………………………………… 159
四、运动性疲劳的判断 ………………………………………………… 160
第四节　恢复过程 …………………………………………………………… 161
一、恢复过程的一般规律 ……………………………………………… 161
二、机体能源贮备的恢复 ……………………………………………… 162
三、促进恢复的措施 …………………………………………………… 162

第八章　不同年龄和不同性别人群的体育锻炼 …………………………… 165
第一节　生长发育与体育锻炼 ……………………………………………… 165
一、基本概念 …………………………………………………………… 165
二、生长发育的一般规律 ……………………………………………… 166
三、影响人体生长发育的因素 ………………………………………… 166
四、生长发育年龄阶段划分与青春发育期 …………………………… 167
五、儿童少年的解剖生理特点和体育教学与运动训练 ……………… 168
第二节　女性生理特点与体育锻炼 ………………………………………… 172
一、女性生理阶段划分 ………………………………………………… 172
二、女性生长发育的生理学特征 ……………………………………… 173
三、运动能力特点 ……………………………………………………… 174
四、月经周期、妊娠与运动能力 ……………………………………… 174

第三节　老年人与体育锻炼 ·· 176
　　一、衰老的概念及老年人划分标准 ·· 176
　　二、老年人生理特点与体育锻炼 ·· 176
　　三、老年人健身运动原则 ·· 179

第九章　运动训练的生理学原理 ·· 181
　第一节　运动训练原则及生理学分析 ·· 181
　　一、运动训练的生理学本质 ··· 181
　　二、运动负荷与训练效果 ·· 181
　　三、运动训练原则 ··· 182
　第二节　运动生理负荷监测与调控 ·· 185
　　一、运动生理负荷 ··· 185
　　二、运动负荷 ·· 186
　　三、运动生理负荷和运动负荷的关系 ·· 187
　第三节　运动员停训和赛前减量调整 ·· 187
　　一、停训和停训综合征 ··· 187
　　二、停训后的生理反应 ··· 188
　　三、赛前训练减量 ··· 189
　　四、防治停训综合征措施 ·· 189

第十章　学校课余体育训练的生理学原理 ·· 191
　第一节　学校课余体育训练概述 ·· 191
　　一、课余体育训练的本质 ·· 191
　　二、学校课余体育训练对身心健康的影响 ······································· 192
　第二节　学校课余体育训练的负荷阈及其调控 ····························· 192
　　一、负荷阈的概念及组成 ·· 192
　　二、学校课余体育训练的负荷阈特征 ·· 192
　　三、学校课余体育训练负荷阈的调控 ·· 193
　第三节　学校课余体育训练的基本原则 ·· 194
　　一、可训练性原则 ··· 194
　　二、可逆性原则 ·· 195
　　三、全面身体锻炼原则 ··· 195
　　四、循序渐进原则 ··· 195
　　五、适宜负荷原则 ··· 196
　　六、系统不间断性原则 ··· 196
　　七、其他原则 ·· 197

  第四节　学校课余体育训练效果的评价 …………………………………………… 197
   一、运动效果 ……………………………………………………………………… 197
   二、运动效果的评价 ……………………………………………………………… 197

第十一章　健身锻炼生理学原理 …………………………………………………… 199
  第一节　健康及健身锻炼 ……………………………………………………………… 199
   一、健身锻炼 ……………………………………………………………………… 199
   二、健康及影响因素 ……………………………………………………………… 201
  第二节　健身锻炼原则及运动处方 …………………………………………………… 203
   一、健身锻炼原则 ………………………………………………………………… 203
   二、运动处方 ……………………………………………………………………… 206
   三、健身锻炼方法 ………………………………………………………………… 206
  第三节　健身锻炼效果的测量与评价 ………………………………………………… 207
   一、主观感觉 ……………………………………………………………………… 207
   二、客观检查 ……………………………………………………………………… 208

第十二章　增进运动能力的辅助手段 ……………………………………………… 210
  第一节　营养学手段 …………………………………………………………………… 210
   一、食物与营养素 ………………………………………………………………… 210
   二、能源物质 ……………………………………………………………………… 211
   三、运动膳食平衡的基本要求 …………………………………………………… 211
   四、水 ……………………………………………………………………………… 212
   五、无机盐和维生素 ……………………………………………………………… 212
   六、中药 …………………………………………………………………………… 212
  第二节　生理和物理学手段 …………………………………………………………… 213
   一、充分的休息和睡眠 …………………………………………………………… 213
   二、按摩 …………………………………………………………………………… 214
   三、肉碱摄入 ……………………………………………………………………… 214
   四、碱性盐摄入 …………………………………………………………………… 214
   五、磷酸盐摄入 …………………………………………………………………… 215
   六、高原训练 ……………………………………………………………………… 215
  第三节　心理学手段 …………………………………………………………………… 215
   一、心理能量的概念 ……………………………………………………………… 215
   二、最佳能量区 …………………………………………………………………… 216
   三、对心理能量的控制 …………………………………………………………… 216
  第四节　生物力学手段 ………………………………………………………………… 216
   一、充分利用外力的作用 ………………………………………………………… 217

二、尽量减小重力的作用 ……………………………………………………… 217
　　三、充分减小阻力的影响 ……………………………………………………… 217
第五节　反兴奋剂 …………………………………………………………………… 218
　　一、合成类固醇 ……………………………………………………………… 218
　　二、安非他命 ………………………………………………………………… 218
　　三、生长素 …………………………………………………………………… 219
　　四、血液兴奋剂 ……………………………………………………………… 219
　　五、违禁的技术手段 …………………………………………………………… 220
　　六、β-阻断剂 ………………………………………………………………… 220
　　七、利尿药 …………………………………………………………………… 220
　　八、促红细胞生成素 …………………………………………………………… 220
　　九、其他促力手段 …………………………………………………………… 221

第十三章　主要运动项目的生理学特点 …………………………………………… 223
第一节　田径运动 …………………………………………………………………… 223
　　一、田径运动项目简介 ………………………………………………………… 223
　　二、生理学特点 ……………………………………………………………… 223
　　三、评定与监控方法 …………………………………………………………… 225
第二节　体操运动 …………………………………………………………………… 226
　　一、体操运动项目简介 ………………………………………………………… 226
　　二、生理学特点 ……………………………………………………………… 226
　　三、评定与监控方法 …………………………………………………………… 227
　　四、体操运动的伤病特征及防治 ……………………………………………… 228
第三节　球类运动 …………………………………………………………………… 229
　　一、球类运动项目简介 ………………………………………………………… 229
　　二、生理学特点 ……………………………………………………………… 229
　　三、评定与监控方法 …………………………………………………………… 231
第四节　游泳运动 …………………………………………………………………… 232
　　一、游泳运动项目简介 ………………………………………………………… 232
　　二、生理学特点 ……………………………………………………………… 232
　　三、评定与监控方法 …………………………………………………………… 233
　　四、游泳运动的伤病特征及防治 ……………………………………………… 234
第五节　武术运动 …………………………………………………………………… 235
　　一、武术运动项目简介 ………………………………………………………… 235
　　二、生理学特点 ……………………………………………………………… 235
　　三、评定与监控方法 …………………………………………………………… 236

第六节　冰雪运动 ································· 237
一、冰上运动简介 ································· 237
二、雪上运动简介 ································· 240
三、冰雪运动对人体生理机能的影响 ················· 241
四、冰雪运动伤病的特征及防治 ····················· 243

第七节　自行车运动 ······························· 244
一、自行车项目简介 ······························· 244
二、生理学特点 ··································· 246
三、评定与监控方法 ······························· 248

第八节　跳绳运动 ································· 249
一、跳绳运动简介 ································· 249
二、生理学特点 ··································· 249
三、跳绳运动的注意事项 ··························· 250

第三篇　实验运动生理学

第十四章　运动生理学实验 ························· 252
实验一　血红蛋白的测定和血型的鉴定 ··············· 252
实验二　安静和运动后脉搏和动脉血压的测定 ········· 255
实验三　肺通气量的测定 ··························· 258
实验四　运动时能量消耗的测定 ····················· 260
实验五　人体身体成分的推测 ······················· 263
实验六　视觉机能实验 ····························· 267
实验七　反应时运动时的测定 ······················· 271
实验八　肘关节敏感度、两点辨别阈和前庭机能的测定 ···· 273
实验九　神经类型的测定 ··························· 275
实验十　最大摄氧量的推测 ························· 275
实验十一　乳酸阈测定方法 ························· 277
实验十二　无氧功率测定 ··························· 279
实验十三　身体素质测量与评价 ····················· 281
实验十四　疲劳的测定法 ··························· 286
实验十五　PWC_{170}机能测验 ····················· 288
实验十六　训练水平的生理学评定 ··················· 288
实验十七　综合设计性实验 ························· 288

参考文献 ··· 291

PART 01

第一篇

基础运动生理学

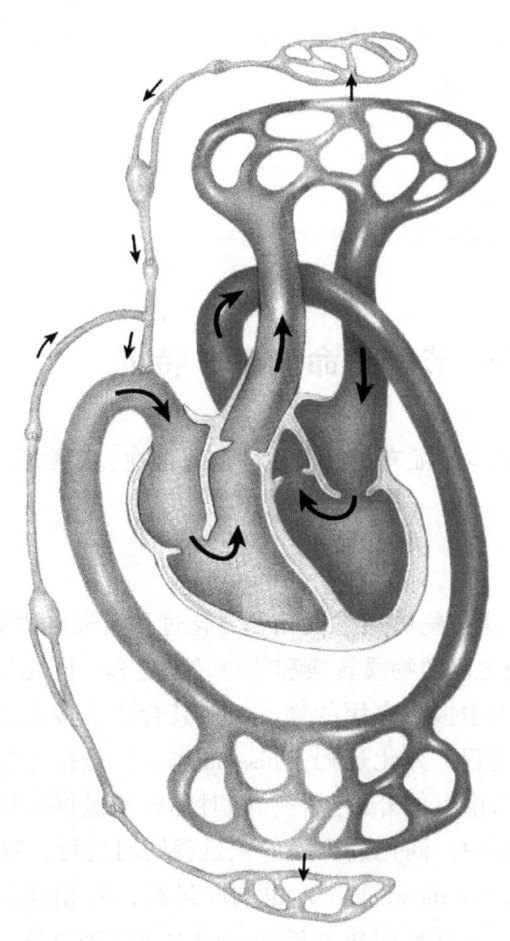

第一章 CHAPTER 01
绪　论

【内容提要】

本章介绍了生命活动的基本特征，人体机能的维持与调节，人体机能调节的控制等基本内容；概述了运动生理学研究对象、任务和研究的基本方法，以及运动生理学的发展历史、研究现状及研究重点。

【本章重点】

1. 生命活动的基本特征。
2. 人体生理机能的调节及其控制。

第一节　生命的基本特征

生物体生命活动体现的基本特征有：新陈代谢、兴奋性、应激性、适应性和生殖。

一、新陈代谢

新陈代谢（metabolism）是生物体通过同化和异化过程实现自我更新的最基本生命活动过程，即机体与外界环境之间的物质转换和能量转换过程。同化过程（assimilation）是指生物体不断地从体外环境中摄取有用的物质，使其合成、转化为机体自身物质的过程，同时吸收储存能量的过程。异化过程（dissimilation）是指生物体不断地将自身物质进行分解，并将分解产物排出体外的过程，同时释放能量供应机体生命活动需要的过程。因此，新陈代谢过程中，同化过程和异化过程同时进行，物质代谢（material metabolism）和能量代谢（energy metabolism）也同时进行，并相互依存，是需要酶参与的一系列复杂的生化反应。新陈代谢作为最基本的生命活动特征，一旦停止，生命也就结束。

二、兴奋性

在生物体内，神经、肌肉和腺体等组织受刺激后，能迅速地产生可扩布的动作电位，即发生兴奋，这些组织被称为可兴奋组织。可兴奋组织具有感受刺激、产生兴奋的特性称为兴奋性（excitability）。能引起可兴奋组织产生兴奋的各种环境变化称为刺激（stimulus）。在生理学中将这些可兴奋组织接受刺激后所产生的生物电反应过程及表现称为兴奋（excitation）。可兴奋组织接受刺激产生兴奋，表现形式可以有兴奋性活动和抑制性活动两种。兴奋性活动是由相对静止状态转变为活动状态，或是兴奋性由弱变强；抑制性活动是由活动状态转变为相对静止状态，或是兴奋性由强变弱。

三、应激性

在生理学，将机体或一切活体组织对周围环境变化具有发生反应的能力或特性称为应激性（irritability）。人体内可兴奋组织（神经、肌肉、腺体）受到刺激后可产生兴奋，但上皮、骨骼等受到刺激后可引起细胞代谢发生改变等应激反应，不产生兴奋。因此，具有兴奋性的组织必然具有应激性，而非可兴奋组织只有应激性而没有兴奋性。

四、适应性

将生物体长期生存在某一特定的生活环境中具有适应这种环境的能力称为适应性（adaptability）。例如，长期居住在高原地区的居民，其血液中的红细胞数量远远超过平原地区的居民。红细胞数量的增多可以大大提高血液运输氧的能力，从而有效地克服高原缺氧给人体带来的不良影响，为适应高原客观环境创造了有利的生存条件。

五、生殖

人体发育到一定阶段时，男性和女性发育成熟的生殖细胞在适宜的环境中结合，孕育出与他们相似的子代个体，这一生理过程称为生殖（reproduction）。通过生殖，人类的生命过程得到延续。

第二节　人体生理机能的调节

一、内环境及其稳态

人体内含有大量的液体即体液，占体重的60%~70%。体液大部分存在于细胞内部，称为细胞内液，小部分存在于细胞外部，称为细胞外液。细胞外液主要包括存在于血管中的血浆和存在于各种组织细胞间隙的液体（也称组织液）。

人体各种器官、组织和细胞与外界环境不发生直接接触，而是生存于细胞外液之中，通过细胞外液与外环境发生物质交换汲取营养和排除代谢产物。因此，细胞外液被称为机体的内环境（internal environment），以区别于整个机体所生存的外环境。

内环境理化性质处于动态平衡状态，这种相对平衡状态称为稳态（homeostasis）。人体代谢过程和血液循环、呼吸、消化、排泄等生理功能不断地进行调节，使内环境处于相对稳定状态，是机体正常生命活动的必需条件。但是，当内环境变动持续超过一定生理限度后，就会导致整个机体的功能发生障碍。例如，持续的大运动量训练会导致过度疲劳。

二、生理机能的调节

人体各种生理机能的调节是通过神经调节、体液调节、自身调节和生物节律4种途径实现的，从而维持人体内环境相对稳定。

（一）神经调节

神经调节（neuroregulation）是指在神经活动的直接参与下所实现的生理机能调节过程，是人体最重要的调节方式。机体通过神经系统对刺激所发生的反应称为反射（reflex），是神经活动的基本过程。反射的结构基础是反射弧（reflex arc）。反射弧包括感受器、传入神经纤维、反射中枢、传出神经纤维和效应器5个环节。神经调节具有反应快、准确、作用时间短的特点。

反射活动有非条件反射（unconditional reflex）和条件反射（conditional reflex）两种形式。非条件反射是人体先天就具有的维持生命的基本反射活动，其反射弧和反应都是固定的。条件反射是通过后天学习获得的，是个体在生活过程中逐渐建立起来的反射活动，条件反射的反射弧不是固定不变的。

（二）体液调节

人体内分泌腺分泌的激素、某些组织细胞产生的化学物质、细胞的代谢产物CO_2和乳酸等，借助血液运输到达全身或某些器官、组织，从而引起对某些生理活动过程的调节，这种通过体液的运输来实现的调节称为体液调节（humoral regulation）。被调节的细胞或组织称为靶细胞或靶组织。例如，胰岛β细胞分泌的胰岛素能调节组织、细胞的糖与脂肪代谢，有降低血糖的作用。

此外，某些组织、细胞产生的一些化学物质或代谢产物，不能随血液直接到达身体其他部位起调节作用，但可在局部组织液内扩散，改变邻近组织细胞的活性。这种调节可看作局部性体液调节，或称为旁分泌（paracrine）调节。

在人体内很多内分泌腺本身直接或间接地受到神经系统的调节。在这种情况下，体液调节是神经调节的一个传出环节，是反射传出通路的延伸，这种情况可称为神经-体液调节。例如，肾上腺髓质接受交感神经的支配，当交感神经系统兴奋时，肾上腺髓质分泌的肾上腺素和去甲肾上腺素增加，共同参与机体的调节（图1-1）。

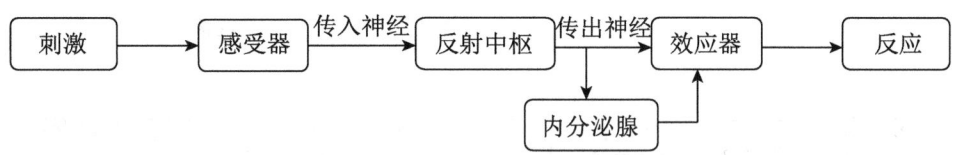

图1-1　神经-体液调节示意图

体液调节的特点是比较缓慢、持久而弥散。神经和体液调节相互配合使生理功能调节趋于完善。

（三）自身调节

自身调节（autoregulation）是指器官、组织、细胞在不依赖于外来的神经或体液调节情况下，自身对刺激发生的适应性反应过程。例如，骨骼肌或心肌收缩前的初长度对其收缩力量有调节作用。一般来说，自身调节的幅度较小，不是十分灵敏，但对于生理功能的调节有一定意义。

（四）生物节律

人体生理机能活动按一定的时间顺序发生的周期性变化称为生物节律（biorhythm）。生物节律可按其发生的频率高低分为近似昼夜节律、亚日节律和超日节律三大类。生理活动的节律性变化使生物体对内、外环境的程序性变化具有"预见性"，产生更完善的适应过程。

三、人体生理机能调节的控制

运用控制论原理分析人体机能的调节活动时，功能调节控制可分为3种控制系统。

（一）非自动控制系统

非自动控制系统是一个开环系统，受控部分不能通过反馈活动改变控制部分的活动。刺激决定反应，而反应不能改变控制部分的活动。在体内，非自动控制系统的活动较少。

（二）反馈控制系统

在控制系统中，受控部分不断有反馈信息返回输入给控制部分，并改变它的活动，这种控制系统称为反馈控制系统（feedback control1 system）。反馈控制系统是一个闭环系统，具有自动控制能力。

反馈控制系统由比较器、控制部分、受控部分和感受装置4个主要环节构成，形成闭合回路（图1-2）。

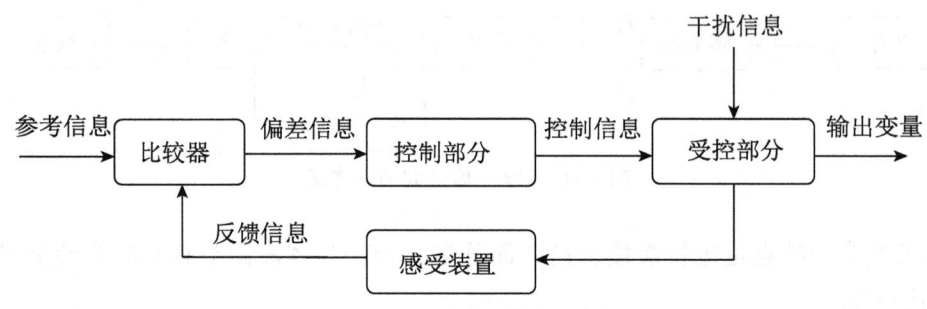

图1-2　反馈控制系统示意图

在反馈控制系统中，如果受控部分的反馈信息能减弱控制部分活动，这种反馈称为负反馈（negative feedback）。可逆的负反馈是维持生理机能处于稳态的重要调节机制。如人体体温、血压、心率和某些激素等维持相对稳定，负反馈调节发挥着重要作用。由于负反馈调节只有在外界干扰使受控变量出现偏差后才会发挥作用，所以负反馈调节总是要滞后一段时间才会发挥纠正偏差作用，且在纠正偏差时容易产生波动。

相反，如果反馈信息能促进或加强控制部分活动，这种反馈称为正反馈（positive feedback）。正反馈往往是不可逆的、不断增强的调控过程，直到整个生理过程结束为止。如排尿反射、分娩过程、血液凝固等均属于正反馈调控过程。

（三）前馈控制系统

在调控系统中，有时干扰信息在作用于受控部分引起输出效应的同时，还直接通过感受装置作用于控制部分。这种干扰信息对控制部分的直接作用称为前馈（feedforward），如图1-3所示。

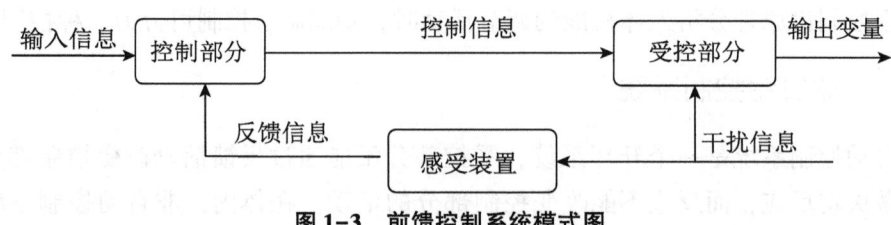

图1-3　前馈控制系统模式图

前馈调控使机体的控制部分可在其输出效应尚未发生偏差而引起反馈之前，就可对受控部分发出纠正信息，使机体的控制过程不出现较大的波动和反应滞后的现象，从而能更有效地保持生理功能活动的稳态。因此，前馈控制系统所起的作用是"前瞻性和预见性"，以便及时做出适应性反应。如条件反射活动就是一种前馈。

第三节　运动生理学研究方法及历史发展趋势

一、运动生理学的研究对象和任务

运动生理学（exercise physiology）是研究人体功能活动及规律，人体运动能力，以及人体对运动的反应与适应过程的科学。其研究对象是人。

运动生理学是体育科学中一门重要的应用基础理论学科。它的任务是：揭示体育运动对人体机能影响的规律及机制，阐明运动训练、体育教学和运动健身过程中的生理学原理，指导不同年龄、性别和训练程度的人群进行科学的运动锻炼，以达到提高竞技运动水平、增强体质、延缓衰老、提高工作效率和生活质量的目的。

二、运动生理学的研究水平和基本方法

（一）运动生理学的研究水平

根据研究任务和实验对象不同，运动生理学的研究可分为整体水平、器官和系统水平、细胞和分子水平。

1. 整体水平研究

整体水平研究是指研究完整人体在一定的环境条件下运动时人体的机能变化反应，人体各器官、系统之间的相互关系，以及人体各器官、系统对运动的适应过程。例如，研究人体运动时心血管系统的机能、呼吸系统的机能等的变化，以及它们对运动的适应等。

2. 器官和系统水平研究

器官和系统水平研究是指研究每个器官、系统在运动中的机能变化反应，以及这种变化的发生和发展的影响因素及机制，并研究这种变化对运动中的整体水平机能变化所产生的影响等。例如，运动中心率、血压、心输出量升高，引起升高的因素及变化特点就是器官和系统水平研究。

3. 细胞和分子水平研究

细胞和分子水平研究主要是研究运动时人体细胞内各亚微结构的机能反应，以及各生物分子的特殊理化变化过程。例如，大负荷后骨骼肌超微结构变化，线粒体、生物膜、酶系统等功能变化，均属于细胞和分子水平的研究。

在运动生理学研究中，整体、器官和系统水平的研究属于宏观研究，细胞和分子

水平研究属于微观研究。从宏观水平研究深入微观水平研究，是运动生理学发展的要求和必然趋势，是为了探讨运动训练和健身的生理学机制，了解运动导致的人体机能和形态学反应及适应的机制。但是，在微观水平上采用某个或某几个指标，只能解释一些孤立的微观生理现象，或揭示一些相互独立的生理机能的成因。因此，在运动生理学研究中，一方面宏观研究对微观研究具有指导作用，另一方面微观研究的结果也可为宏观研究提供理论依据，二者相辅相成，不能偏废。

（二）运动生理学研究的基本方法

运动生理学研究的基本方法如图1-4所示。动物实验的研究结果可间接地探讨人体的生理功能变化及其机制，实验观察和分析可揭示人体在运动过程中机能活动的变化过程及其因果关系。

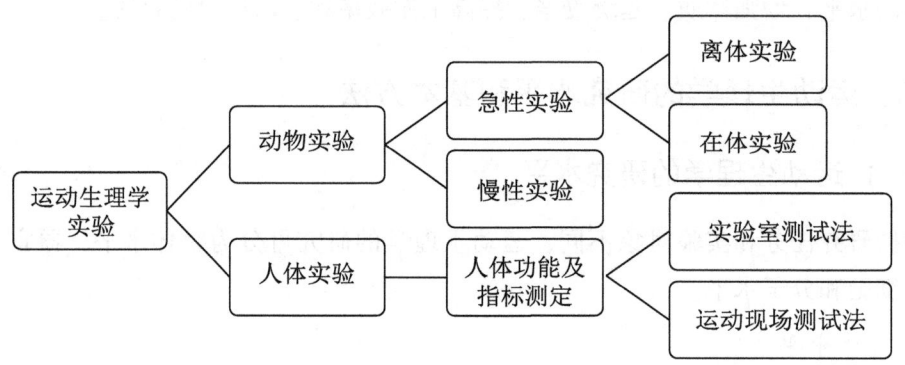

图1-4 运动生理学研究的基本方法

实验室测试法是指让受试者在实验室进行运动，这些运动是按照一定的研究目的而设计的（如在跑台、功率自行车和各种力量练习器上进行运动），并利用各种仪器设备测试运动员在运动过程中的各种生理指标变化，以了解不同强度和形式的运动对人体某些生理机能的影响。

运动现场测试法是指在运动现场直接监测运动员运动前、运动中和运动后的恢复过程中，某些生理机能变化，借以了解不同运动项目的生理特点，或不同人群在完成同一运动项目时的生理反应。例如，用心率遥测仪测定运动时运动员的心率变化，就是典型的运动现场测试法。这种方法的优点是符合运动的实际情况，但在运动实践中往往测试难度较大、测试条件不易控制。因此，运动现场测试法在运动生理学研究中会受到实验条件的限制。

三、运动生理学的发展历史

回顾国内外运动生理学发展史，运动生理学研究的发展大致经历了4个阶段，即萌芽阶段、运动与竞技理论发展阶段、医学觉醒阶段、竞技与健身共同发展阶段。

萌芽阶段：20世纪60年代以前，代表性研究课题主要是围绕以下几个方面来进行的，如肌肉的结构和机能，心血管的组成和机能，运动时营养的需要，机体对运动的心血管反应，运动时肌肉疲劳的潜在原因，在冷、热环境中运动的机体反应等。

运动与竞技理论发展阶段：1960—1980年，代表性研究课题主要围绕饮食和运动对肌肉糖储备的影响，不同强度运动时肌肉代谢需要，运动单位和肌纤维类型与运动成绩，训练对心血管和肌肉功能的影响，训练对运动成绩的影响，不同环境对运动成绩的影响等方面内容进行。

医学觉醒阶段：1970年—20世纪末，代表性研究课题主要围绕运动训练对健康和生活质量的影响，运动训练对胆固醇的影响，运动训练对心脏病人心功能的影响，运动训练对疾病的预防和康复影响，运动对特殊人群（残疾人、老年人、儿童、孕妇等）的作用等方面内容进行。

竞技与健身共同发展阶段：进入21世纪以来，运动生理学研究领域主要有两大主题，即全民健身和运动训练科技服务。其一，体育运动对人体生理机能的影响，体育锻炼提高人体健康水平的生理学机制——体育锻炼运动生理学，代表性研究课题主要围绕，如体育锻炼提高免疫、减控体重、改善骨质、增强心肺、提高肌力、运动与抗衰老、运动与生活习惯病、运动防治慢性病等进行，承担全面健身监控与指导作用。其二，运动训练提高人体运动成绩的生理学依据——运动训练运动生理学，代表性研究课题主要围绕，如运动性疲劳机制与身体机能恢复，高原训练生理学原理，延迟性肌肉酸痛和运动性肌肉微损伤，肌纤维类型与运动训练，运动性心脏肥大与心血管机能适应，运动应激与免疫机能反应，无氧耐力和有氧耐力的生理学基础，运动与内分泌机能，运动科学选材等进行，承担奥运科技服务任务。

未来，运动生理学将广泛应用生物技术，结合现代科技技术，突出运动的特征，加强中国特色的运动生理学研究，继续为全民健身服务和运动训练科技服务创新发展，迎接智能化的新时代发展时期。

四、运动生理学研究现状及其重点研究领域

运动生理学研究现状及其重点研究领域可扫描二维码进行学习。

> 【知识窗】
>
> 目前，运动生理学研究热点有哪些？
> 21世纪运动生理学研究方向主要有两大主题，即全民健身和运动训练科技服务，其研究热点主要集中在：运动性疲劳机制与身体机能恢复，运动员身体机能评定，运动科学选材，体育健身理论与方法等。

【复习思考题】

1. 名词解释：兴奋性、内环境、负反馈。
2. 生命活动的基本特征有哪些？
3. 人体生理机能是如何调节的？
4. 运动生理学的研究方法有哪些？
5. 目前运动生理学的研究重点有哪些？

（张日辉）

第二章 CHAPTER 02
氧运输系统

【内容提要】

血液、循环系统、呼吸系统共同组成氧运输系统。呼吸系统摄取的氧气等气体运输需要血液提供载体（红细胞、血红蛋白等），心脏提供动力，血管提供通道。首先，介绍血液组成和功能，以及运动对血液影响。其次，介绍心肌生理特性和心脏泵血功能的评定，动脉血压产生机制及其影响因素，心血管活动的调节，重点介绍运动对心血管系统的影响。最后，介绍呼吸系统的组成和功能，运动对呼吸机能的影响。

【本章重点】

1. 血液的组成和生理功能，长期运动对红细胞的影响，血红蛋白在运动训练中的应用。

2. 心动周期，心脏泵血功能评定，动脉血压产生机制及其影响因素，运动对心血管功能的影响。

3. 肺通气功能，气体运输，运动对呼吸机能的影响。

第一节　血液的功能及运动对血液的影响

一、血液的组成及理化特性

（一）血液的组成

血液由血浆和血细胞组成，如图 2-1 所示。

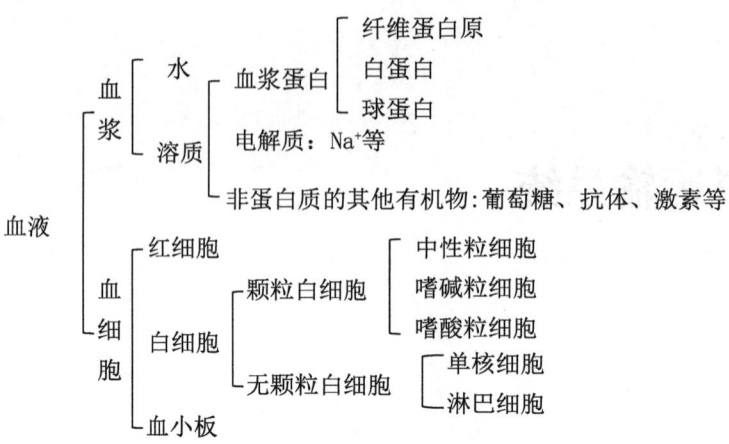

图 2-1 血液的组成

血细胞占全血的容积百分比称为血细胞比容，为 40%~50%。在血细胞中主要是红细胞，它在全血中所占的容积百分比称为红细胞比容。健康成人的红细胞比容，男子为 40%~50%，女子为 37%~48%。血小板和白细胞约占全血的 1%。血细胞内的物质通过细胞膜与血浆中的物质进行交换。

流出体外的血液如不加抗凝剂或进行其他处理，就会凝固成胶冻血块，血块周围出现的少量黄色澄清液称为血清。血清与血浆的主要区别在于血浆含有纤维蛋白原，而血清不含有纤维蛋白原。

正常成熟的红细胞（erythrocyte，red blood cell，RBC）没有细胞核，呈双凹圆盘形。红细胞在血管中流动时可因血流速度和血管口径不同而暂时改变形态，即可塑变形性。红细胞的寿命平均为 120 天。衰老的红细胞被巨噬细胞吞噬。正常成年男子每立方毫米（mm^3）血液中含有红细胞 450 万~550 万个，平均为 500 万个；成年女子每立方毫米（mm^3）血液中含有红细胞 380 万~460 万个，平均为 420 万个。红细胞和血红蛋白的作用是运输氧和二氧化碳，缓冲血液的酸碱度。

白细胞（leukocyte，white blood cell，WBC）无色，有核，体积比红细胞大。根据形态、功能和来源进行分类，各种白细胞在白细胞总数中所占的百分比叫白细胞分类计数，简称白细胞分类。正常人安静时血液中白细胞数为每立方毫米 4000~10 000 个，白细胞的生理变动范围较大，一日之内，下午比早晨多；运动时比安静时多；进食后、炎症、月经期和分娩期也会增多；训练程度、季节气候对白细胞也有影响。白细胞多少直接影响机体的免疫功能。

血小板（platelets，thrombocyte，PLT）是从骨髓中成熟的巨核细胞裂解下来的小块胞质。正常成人血小板的含量为 10 万~30 万个/mm^3，平均寿命约 7~14 天。在运动后、饭后、组织损伤、大量失血及传染病后恢复期，血小板增加；月经开始时，血小板减少。血小板减少到 1/5（2 万~5 万个/mm^3）时，就会在皮肤和黏膜下出现血瘀点。血小板的功能和生理特性主要有黏着、聚集、释放、收缩和吸附。这些特性与血小板在止血、凝血和纤溶过程中的作用密切相关，还与保持毛细血管的完整性有关。

(二) 血液的理化特性

血液的理化特性及生理意义如表 2-1 所示。

表 2-1　血液的理化特性及生理意义

特性类别	生理参数及意义
颜色	动脉血鲜红，静脉血暗红
比重	全血 1.050~1.060，取决于红细胞数量 血浆 1.025~1.035，取决于血浆蛋白含量
黏滞性	全血 4~5 倍蒸馏水，取决于血细胞比容、血流切率 血浆 1.6~2.4 倍蒸馏水，取决于血浆蛋白含量
血浆渗透压	晶体渗透压是指由晶体物质形成的渗透压，主要是 Na^+ 和 Cl^-，对保持细胞内外水平衡和细胞正常形态极为重要 胶体渗透压是指蛋白质形成的渗透压，主要是白蛋白，对调节血管内外水平衡和血浆正常容量起重要作用
酸碱度	pH7.35~7.45；血浆 pH 相对稳定依赖于血液内缓冲物质及肺、肾功能，血浆内最主要的缓冲物质是 $NaHCO_3/H_2CO_3$，正常比值为 20:1，缓冲能力最强；红细胞内最主要的是血红蛋白钾盐/血红蛋白 当酸性或碱性物质进入血液时，血浆中的缓冲物质可有效地减轻酸性或碱性物质对血浆 pH 的影响，起到缓冲作用，如肌肉运动产生 HL，$HL+NaHCO_3 \rightarrow NaL+H_2CO_3 \rightarrow CO_2+H_2O$ 碱贮备：血液中缓冲酸性物质的主要成分是碳酸氢钠，通常以每 100mL 血浆的碳酸氢钠含量来表示碱贮备量 碱贮备的单位是以每 100mL 血浆中 H_2CO_3 能解离出的 CO_2 的毫升数来间接表示，正常为 50%~70%

二、血液的功能

(一) 维持内环境的相对稳定

血液能维持水、渗透压、酸碱度和体温等相对稳定，人体有相对稳定的内环境，组织细胞才会有正常的兴奋性和生理活动。

(二) 运输作用

血液不断地将从呼吸器官吸入的氧和消化系统吸收的营养物质运送到身体各处，供给组织细胞进行代谢；同时，又将全身各组织细胞的代谢产物（二氧化碳、水、尿素等）运输到肺、肾、皮肤等器官排出体外。

(三) 调节作用

血液将内分泌器官分泌的激素运输到周身，作用于相应的器官（靶器官）改变其活动，起着体液调节的作用。通过皮肤的血管舒缩活动，血液在调节体温过程中发挥重要作用。

(四) 防御和保护

血液中的白细胞对于侵入人体的微生物和体内的坏死组织有吞噬分解作用，称为细胞防御。血浆中含有多种免疫物质，如抗毒素、溶菌素等（通称为抗体），它们能对抗或消灭外来的细菌和毒素（通称为抗原），从而免于传染性疾病的发生。血小板有加速凝血和止血作用，机体损伤出血时，血小板能够在伤口发生凝固，防止继续出血，对人体具有保护作用。

三、运动对血液的影响

(一) 运动对血量的影响

血量即全身血液的总量，正常成年人的血量占体重的7%~8%，包括血浆容量和血细胞容量。在安静状态下，大部分血量都在心血管中迅速流动称为循环血量；一小部分血量潴留在肝、肺、脾、腹腔静脉等处，流动缓慢，红细胞较多，称为贮存血量。

运动时由于贮存的血液被动员，使循环血量增加。一次性运动对血容量的影响，取决于运动的强度、持续时间、项目特点、环境温度、湿度、热适应和训练水平等。从事短时间大强度运动时，由于储血库里的血被动员入循环，血浆容量和血细胞容量都明显增加，而血细胞容量增加较明显。在长时间耐力性运动时，血容量的改变主要由血浆水分转移情况决定，如长跑运动员体内产热明显增加，大量出汗引起血液浓缩。温度越高，运动强度越大，或运动时间越长，出汗多，血浆的水分损失也越多。反之，如果组织间液的水分渗入到毛细血管，血浆容量增加，血液稀释。

(二) 运动对红细胞的影响

1. 运动对红细胞数量的影响

红细胞数量变化与运动的种类、运动强度和持续时间有关。据报道，在100% VO_{2max} 强度运动后即刻，红细胞数目比运动前增加10%左右，运动后30分钟仍有5%的增加。

（1）一次性运动对红细胞数量的影响

一般认为，进行短时间大强度快速运动比进行长时间耐力运动红细胞增加得更明显。在同样时间的运动中，运动量越大，红细胞增加越多。运动后即刻红细胞数增多，主要是由于血液重新分布所引起的。运动中红细胞数量的暂时性增加，在运动停止后便开始恢复，1~2小时后可恢复到正常水平。

（2）长期运动训练对红细胞数量的影响

经过长时间、系统的运动训练，尤其是耐力性训练的运动员，安静时，其红细胞数并不比一般人高，有的甚至低于正常值，这种情况被称为运动性贫血。"运动性贫血"现象在耐力型项目运动员中较为常见，应视为运动员血液系统对训练的一种适应性反应。单位容积内红细胞中血红蛋白的含量同正常值无明显差别，甚至偏低。安静时，运动员的红细胞浓度下降和红细胞压积下降具有一定的意义，因为它降低了血黏度，减少血循环的阻力，减轻了心脏负荷。而肌肉运动时，血浆的水分丢失，使血液比安静时更加浓缩，相应提高了血红蛋白含量，但又不会明显影响血液的流变性，所以优秀的运动员运动中血黏度、红细胞压积等没有明显变化。这表明，他们能承受血液中较大幅度的工作性变化，而血液能维持在正常状态，并且在提高氧的运输能力方面，他们仍有较大的机能潜力。我们将这种运动性贫血者称为假性贫血，这是一种适应及健康的表现，不能误认为"贫血"。

但需要注意的是，应认真区别真贫血和假性贫血。对于一些由于真正的运动性贫血而造成的红细胞数和血红蛋白含量下降的运动员，虽然血液某些指标的测定结果与假性贫血者相似，但发生机制和机能反应与假性贫血是有区别的。

（3）运动对红细胞压积的影响

运动时红细胞数量的变化直接影响红细胞压积的变化，其红细胞压积值的变化基本与红细胞数的变化相一致，与训练水平有关。一般优秀的耐力性运动员运动后红细胞压积变化不明显，而训练水平低的运动员运动后该值即刻明显增加。红细胞压积的变化和血黏度可作为评定耐力运动员机能的参考指标。

（4）运动对红细胞流变性的影响

正常情况下，红细胞各自呈分散状态存在于流动的血液中，并在切应力作用下很容易发生变形，即被动地适应于血流状况而发生相应的改变，以减少血流的阻力，红细胞的这一特性称为细胞的流变性。运动时，红细胞流变性依运动强度不同、运动持续时间不同和训练水平不同而有所差别。一次性极限强度运动也会使红细胞滤过率下降、悬浮黏度增加、红细胞变形性降低，进而可使血液流变性降低，并影响组织供氧和使心脏负荷加重，造成运动成绩下降，不利于运动后恢复。运动后心血管意外的发生可能与此有关。因此，无训练者不宜进行一次性高强度的极限运动。经过系统训练的运动员安静时红细胞变形能力增加。

2. 血红蛋白指标的应用

我国成年男性血红蛋白浓度为120~160 g/L，成年女性为110~150 g/L。血红蛋白低于正常值,即出现贫血,氧和营养物质供给不足,必然导致工作能力下降。血红蛋白值过高时,血液中红细胞数量和压积也必然增多,血流的黏滞性增大,造成血流阻力增加和心脏负担加重,血流动力学发生改变,也会引起一系列身体的不适应和紊乱。因此,保持血红蛋白值在最适范围,可使运动员达到最佳机能状态,这也是进行科学训练的有效途径之一。

（1）用于运动训练监控与指导

由于血红蛋白指标相对稳定,又能较敏感地反映身体机能状态,所以,人们通过观察和分析运动员血红蛋白含量的变动,可掌握运动员机能状态、训练水平、预测运动能力,有的放矢地调整运动员身体机能,使之达到最佳状态。

（2）用于运动员选材

按每个运动员的血红蛋白值的个体差异,可将运动员分为3种类型：偏高型、正常型和偏低型。每个基本类型中又可分为两个亚型,即按标准差（SD）大于10 g/L为波动大者,小于10 g/L为波动小者。运动训练实践证明,血红蛋白值高、波动小者最佳。这种类型运动员能耐受大负荷运动训练,从事耐力型项目运动较好。而血红蛋白值偏低、波动小者较差。因此,血红蛋白指标可用于运动员选材。

（3）应用时注意的问题

①冬训期间评价标准应当降低,女运动员月经期间亦偏低,这是正常生理波动。②血红蛋白值存在个体差异,以及季节、生物周期等的周期性差异。③男运动员Hb值不得超过170 g/L,女运动员不得超过160 g/L。最低值不得低于本人全年平均的80%。对于Hb值与同队平均值相差过大的运动员,应引起注意。④运动员身体机能状态"最佳期"可能是在大运动量后的调整期,Hb由低向高恢复期,运动员的自我感觉与运动成绩也最好。这并不是想象的"超量恢复期"。⑤血红蛋白指标主要用于评定某个训练周期或阶段,而不能用于评定每次训练课的情况。在分析Hb指标变化时,应结合其他指标（如无氧阈、尿蛋白、心率等）,以及运动员的自我感觉和运动能力进行综合分析。⑥在运动员训练期间,每周或每隔1周测定一次血红蛋白,1~2个月就可以基本判定运动员Hb属哪种类型。但是,分析时应根据运动训练的实际情况,并和同队的其他队员进行横向比较才较为客观。在耐力型项目或速度耐力型项目运动员选材时,血红蛋白值可作为参考指标。

（三）运动对白细胞的影响

1. 运动时白细胞的变化

研究表明,运动后即刻白细胞总数和淋巴细胞数的增加幅度主要与运动负荷有关,而与运动负荷的持续时间关系较小。检测结果发现,白细胞总数和淋巴细胞数增加的最大幅度出现在最大负荷运动停止后即刻,其增加的幅度随最大负荷运动的持续时间延长而增加。当以较低的强度运动时,随着运动时间的延长,白细胞总数和淋巴细胞数的增加幅度反而减少。不同持续时间的运动后淋巴细胞数增加幅度总是大于白细胞总数的增加幅度。在30分钟以内的一次性运动后,无论运动的强度如何,白细胞增多的主要成分还是淋巴细胞。

2. 运动白细胞增多症

苏联科学家叶果罗夫(A. B. Etopob)和兰道斯把运动引起的白细胞增多称为运动白细胞增多症,并将其分为3个时相,即淋巴细胞增多时相、中性粒细胞增多时相和中毒时相,如表2-2所示。

表2-2 运动白细胞增多症3个时相特征

时相	特征
淋巴细胞增多	白细胞总数略有增加,可达1万~1.2万个/mm^3;淋巴细胞数增至40%~50% 中性粒细胞相对减少10%~15% 在肌肉始动时、短时间轻微体力活动后及赛前状态可出现 增多原因主要是贮血库储存血细胞释放进血循环、淋巴结释放淋巴细胞入血
中性粒细胞增多	白细胞数明显增加,可达1.6万~1.8万个/mm^3 中性粒细胞明显增加,淋巴细胞减少至10%~12% 嗜酸性粒细胞减少至1%~2% 有训练的运动员在长时间中等强度或大强度运动后出现
中毒	再生阶段,白细胞总数增加明显,达3万~5万个/mm^3;嗜酸性粒细胞消失 变质阶段,白细胞被破坏,白细胞总数开始减少 中毒时相是没有训练的人在进行长时间、大强度的力竭性运动时,引起造血器官机能下降的不良反应

运动后白细胞的恢复与运动强度和持续时间有关。运动强度越大,持续时间越长,白细胞的恢复速度越慢。运动后所发生的白细胞数量变化能否影响机体免疫功能,主要取决于白细胞数变化的幅度和持续时间。如果变化幅度小且变化持续时间短,不会影响免疫功能。

(四)运动对血小板的影响

训练水平较高的运动员和一般不常参加体育活动的健康大学生,一次性剧烈运动后即刻血小板数量、血小板平均容积增加,血小板活性增强,循环血中血小板聚集趋势也增加。研究表明,血小板数的增加只在大强度运动下发生,其增加的幅度与负荷强度呈高度正相关($r=0.94$)。这些血小板多是在脾脏中贮存的那部分"中老年"血小板。

运动后,血小板黏附率和最大聚集率有明显增加。这些变化可能对运动中血管微细损伤的修复和通透性的调节具有十分重要的作用。

（五）运动对血液凝固和纤溶能力的影响

一次性运动引起血凝系统和纤溶系统机能亢进。长时间坚持体育锻炼对血凝系统不会产生明显影响，但可提高血液的纤溶能力。

（六）运动员血液

"运动员血液"是指由于良好运动训练使运动员血液的性状发生了一系列适应性变化，如纤维蛋白溶解作用增加、血容量增加、红细胞变形能力增加、血黏度下降等，具有这种特征的血液称为运动员血液。这种变化是对运动良好适应的表现，具有可逆性，训练停止后，可恢复。

运动员血液具有重要生理意义。血容量增加有利于增大运动时的心输出量，对于提高总体的运动能力尤其是有氧耐力意义重大。血液黏滞性下降，血容量增多，这些因素有利于减少血流阻力，加快血流速度，使营养物质、激素等运输及代谢物排出更迅速，从而有足够多的血量流到皮肤，有利于体温调节和大强度运动时散热，降低因运动时血浆水分转移、丢失而造成的血液过分浓缩的程度，同时，血浆清蛋白浓度升高，也有利于运载脂肪酸供能。

四、血型与输血原则

在此以 ABO 血型系统为例，可扫描二维码进行学习。

第二节　心血管功能及运动对血液循环系统的影响

一、心脏的一般结构与血液循环途径

循环系统包括血液循环系统和淋巴循环系统两部分，如图 2-2 所示。心脏和血管构成了机体的血液循环系统，又叫心血管系统。通过心脏的收缩，血液在血液循环系统内周而复始流动的过程称为血液循环。

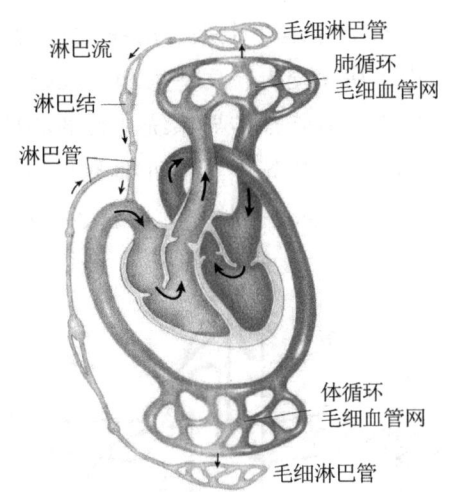

图 2-2　血液循环系统和淋巴循环系统示意图

心脏的一般结构与血液循环途径,可扫描二维码进行学习。

二、心脏生理

(一) 心肌的生理特性

心肌细胞分为特殊(自律)心肌细胞和普通(工作)心肌细胞。其生理学特征比较,如表 2-3 所示。

表 2-3　心肌的生理特性

心肌细胞	生理特性	生理参数及意义
特殊心肌细胞 (自律细胞: 窦房结细胞 房室交界 房室束 浦肯野细胞)	自动节律性	以窦房结为起搏点的心脏节律性活动称为窦性心律,一般 60~100 次/分钟,平均 75 次/分钟左右 窦房结以外的特殊心肌细胞为潜在起搏点,在窦房结异常时以此主导心脏搏动称为异位心律
	传导性	心肌细胞传导兴奋的能力;心脏的特殊传导系统:窦房结→结间束→房室交界→房室束→浦肯野纤维;窦房结产生的兴奋由特殊传导系统传至普通心肌细胞并引起兴奋,兴奋传导至房室交界处时有房室延搁,之后才传向心室
	兴奋性	心肌细胞每产生一次兴奋后,兴奋性要经历有效不应期、相对不应期、超常期和恢复期的周期性变化;心肌细胞兴奋性变化的特点是有效不应期特别长
普通心肌细胞 (工作细胞: 心房肌 心室肌)	传导性	普通工作心肌细胞产生的兴奋通过一种低电阻的缝隙连接闰盘迅速相互电传递;使心房肌或心室肌各细胞的兴奋和收缩几乎同步,产生同步式收缩
	收缩性	其特点为自动节律性收缩,对细胞外液的 Ca^{2+} 浓度有明显依赖性,"全或无"同步收缩,心肌由于有效不应期特别长,故不发生强直收缩

心脏的特殊心肌组织自动有节律地产生兴奋的特性称为自动节律性。心脏的特殊心肌组织包括窦房结、结间束、房室交界、房室束和浦氏纤维（图 2-3）。心肌细胞传导兴奋的能力称为心肌的传导性，有特殊传导系统和普通心肌的缝隙连接闰盘电传导。心肌细胞对刺激产生反应的能力即兴奋性，心肌细胞兴奋后，兴奋性的周期性变化（图 2-4）与骨骼肌相比，心肌收缩有 4 个特点，如表 2-3 所述。

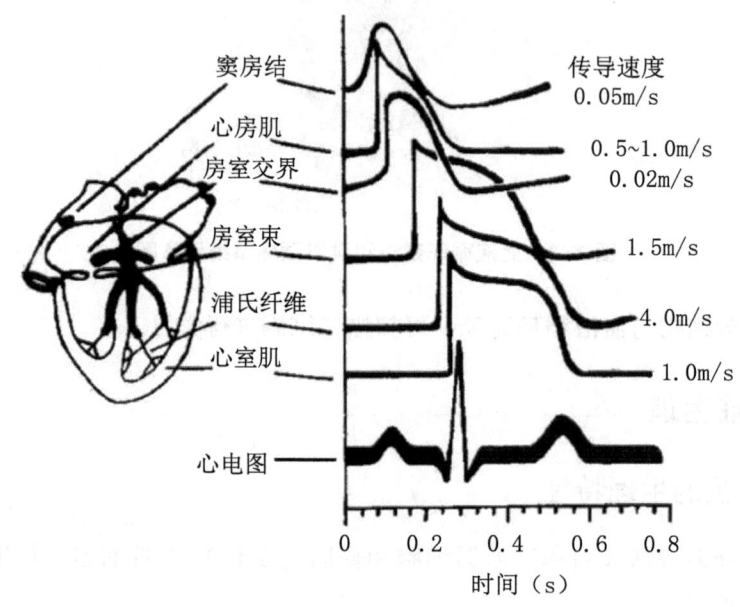

图 2-3　心脏的特殊心肌组织和普通心肌组织的动作电位及传导速度示意图

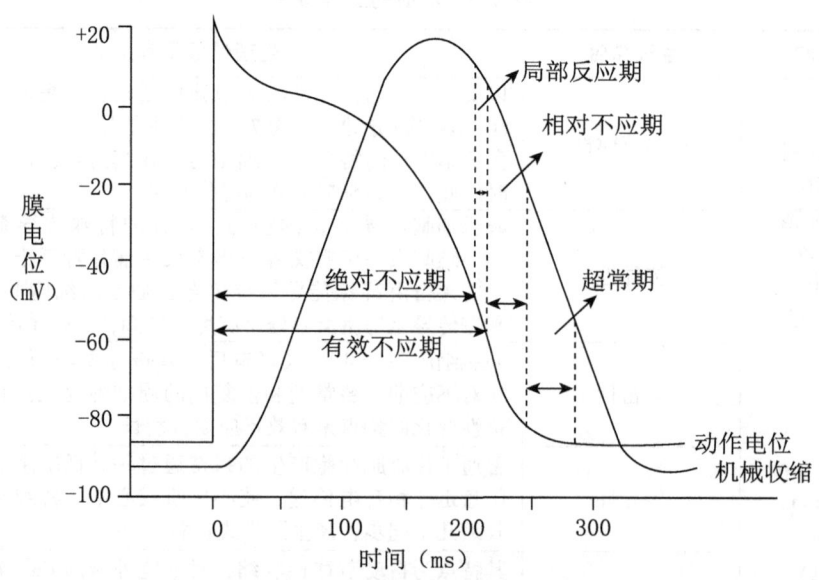

图 2-4　心室肌动作电位期间兴奋性变化与机械收缩的关系

通常情况下，心脏是按窦房结的节律进行活动的，但在某些异常情况下，心室在有效不应期之后受到一次窦房结之外的异常刺激，可能引起心室兴奋和收缩活动，而这次心室兴奋和收缩活动发生于下次窦房结兴奋所产生的正常兴奋收缩之前，故称为期前兴奋和期前收缩。在临床，期前收缩通常被称为早搏。由于期前兴奋也有自己的有效不应期，所以紧接着期前收缩之后的一次窦房结的兴奋传到心室时，常常正好落在期前兴奋的有效不应期中，因此不能引起心室兴奋，要等到再一次窦房结的兴奋传到时才发生收缩。所以在一次期前收缩之后，往往出现一段较长的心舒张期，称为代偿性间歇（图2-5），随之才恢复窦性节律。

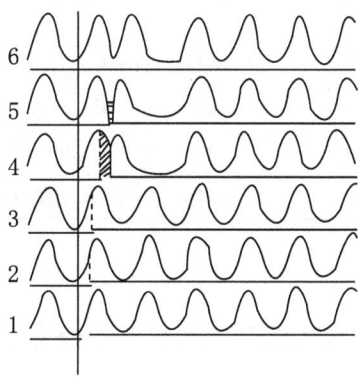

图2-5 期前收缩和代偿间歇

虚线指给予刺激的时间；曲线1~3，刺激落在有效不应期内，不引起反应；曲线4~6，刺激落在相对不应期内，引起期前收缩和代偿性间歇。

（二）心脏的泵血功能

1. 心动周期与心率

心脏收缩和舒张一次称为心动周期（cardiac cycle），分为收缩期和舒张期。心脏每分钟搏动的次数称为心率（heart rate）。心率=60秒/心动周期。成人正常安静心率在60~100次/分钟。例如，以心率75次/分钟计算，则一个心动周期为60秒/75次=0.8秒。心率若超过100次/分钟称为窦性心动过速，低于60次/分则称为窦性心动过缓。

影响心率的因素很多，如个体差异、年龄、性别、体力活动、进食、体温、情绪、精神、代谢状况等。每个人的心率增加都有一定的限度，这个限度叫最大心率（又称极限心率，HR_{max}）。

最大心率（次/分钟）=220-年龄。用公式粗略推测值不适用于科研工作中确定具体研究对象的最大心率和不同个体的横向比较研究。

2. 心脏的泵血过程

心脏的泵血过程以心室的收缩和舒张为例介绍。心动周期各期心脏内压力、容积、瓣膜开闭及血流方向如表 2-4 所示。

表 2-4　心动周期各期心脏内压力、容积、瓣膜开闭及血流方向

分期	瓣膜开闭		压力大小	容积变化	血流方向
	房室瓣	半月瓣			
心室收缩期					
等容收缩期	闭	闭	房内压<室内压<动脉压	不变	不变
快速射血期	闭	开	房内压<室内压>动脉压	减小	心室→动脉
减慢射血期	闭	开	房内压<室内压<动脉压	减小	心室→动脉
心室舒张期					
等容舒张期	闭	闭	房内压<室内压<动脉压	不变	不变
快速充盈期	开	闭	房内压>室内压<动脉压	增大	心房→心室
减慢充盈期	开	闭	房内压>室内压<动脉压	增大	心房→心室
心房收缩期	开	闭	房内压>室内压<动脉压	增大	心房→心室

3. 心脏泵血功能评定指标

心脏泵血功能的评定是日常生活和运动实践中经常遇到的问题，心脏泵血功能评定指标及评价，如表 2-5 所示。

表 2-5　心脏泵血功能评定指标及评价

指标	概念	评定及生理意义
心率（HR）	心脏每分钟搏动的次数	通过安静心率、运动时心率及运动后心率恢复速率来反映心脏收缩功能、运动强度及整体机能状态
每搏输出量（SV）	心室每次收缩射入动脉的血量	反映心脏收缩功能，受静脉回流量和心肌收缩力的影响，也受神经和体液调节
射血分数（EF）	每搏输出量占心室舒张末期的容积百分比	正常成人安静时为 55%~65%，运动时增加
心输出量（CO）	每分钟一侧心室射入动脉的血量	与性别、年龄、生理状况有关，与代谢水平相适应
心指数（CI）	以单位体表面积计算的心输出量	中等身材成年人安静时为 3.0~3.5L/min
每搏功（SW）	心室一次收缩所做的功	心脏做功为血液循环流动提供能量，维持血压，每搏功乘以心率即为每分功
心力贮备（CR）	心输出量随机体代谢需要而增长的能力	包括心率贮备和每搏量贮备
心电图（ECG）	将引导电极置于肢体或躯体的一定部位记录出来的心脏电变化	心电图反映心脏兴奋的产生、传导和恢复过程中的生物电变化，可用于分析心脏活动情况和诊断心脏疾病

4. 影响心输出量的因素

影响心输出量的直接因素是每搏输出量和心率。

每搏输出量的直接影响因素是静脉回心血量和心肌收缩力。有助于静脉回流的因素都可导致每搏量的增加，如由立位改为卧位，由于重力作用，有利于静脉血回流，心脏舒张期延长也有助于静脉回流，这些都会导致每搏量明显增大。运动引起交感神经兴奋、儿茶酚胺分泌增加，引起心肌收缩力增强，使得心室收缩末期余血量减少，更多的血液射入动脉，每搏量也会明显增加。此外，呼吸运动和骨骼肌收缩的唧筒作用也对静脉回流量产生影响。

心率是影响心输出量的另一个重要因素。在一定的范围内，每搏量随着心率的加快而增加，此时心输出量因心率和每搏量的共同增加而明显增高。正常人心率通常在120~130次/分钟，每搏量达到最大。但是，当心率进一步加快至140~150次/分钟时，由于心动周期缩短，特别是心脏舒张期大幅缩短，使得静脉回心血量减少，每搏量开始降低，降低的幅度随心率的加快而增大。当心率超过180次/分钟后，由于心率加快对心输出量的增高幅度已经低于每搏量减少对心输出量的降低幅度，使得心输出量呈下降趋势。在一定范围内，如果心率过缓（低于40次/分钟），虽然舒张期延长，心脏能获得足够的血液充盈，使每搏输出量有所增加，但因心率过低，每分输出量同样会减少。

（三）心电图

正常心电图的波形及间期的意义，以及心电图运动负荷试验等，可扫描二维码进行学习。

三、血管生理

（一）各类血管结构功能特点

按解剖结构和功能对血管进行分类，其特点如表2-6所示。

表2-6 各类血管结构和功能特点

结构分类	功能分类	特点及生理意义
主动脉和大动脉	弹性贮器血管	管壁厚，弹力纤维丰富，暂时贮存血液，缓冲血压
各级动脉	分配血管	调节血液分配
小动脉和微动脉	毛细血管前阻力血管	与毛细血管前括约肌一起控制毛细血管开闭以及毛细血管血流量，调节血液分配
静脉	容量血管	数量多，口径大，管壁薄，容量大，弹力纤维较丰富，具有血液贮存库作用
毛细血管	交换血管	仅由一层扁平内皮细胞构成，通透性很大，数量多、总截面积大，血流十分缓慢

(二) 动脉血压

1. 动脉血压的形成条件

有足够量的血液充满血管是前提条件，心室收缩获得动力射血入主动脉，小动脉和微动脉对血流产生外周阻力，大动脉的弹性贮器作用是缓冲血压的波动。

2. 血压及正常值

血压（Hlood Pressure，BP）是指血液在血管内流动时对单位面积血管壁的侧压力。血压的国际标准单位压强用千帕表示，符号为 kPa。我国习惯用毫米汞柱（mmHg）表示，1 mmHg=0.133 kPa，即 1 kPa=7.5 mmHg。

在一个心动周期中，心室收缩时，血液对动脉管壁的最大压强值称为收缩压（systolic pressure），心室舒张时血液对动脉管壁的最小压强值称为舒张压（diastolic pressure）。收缩压和舒张压之差称为脉搏压（pulse pressure）或脉压。整个心动周期内各瞬间动脉血压的总平均值称为平均动脉压（mean arterial pressure），由于心脏的收缩期比舒张期短，所以平均动脉压的数值接近舒张压，约等于舒张压与 1/3 脉压之和。

动脉血压习惯表示为"收缩压/舒张压"。正常成年人安静时的动脉血压：收缩压为 90~140 mmHg，舒张压为 60~90 mmHg，脉压为 30~40 mmHg，平均动脉压接近 100 mmHg。临床上，安静时收缩压超过 140 mmHg 或舒张压持续超过 90 mmHg，即认为是高血压；如舒张压低于 60 mmHg 或收缩压低于 90 mmHg，则认为是低血压。

正常人的血压随年龄、性别、体位、体力劳动、运动或情绪等生理情况而变化。随着年龄的增长，动脉血压逐渐升高，但收缩压的升高比舒张压升高更加显著。男性动脉血压一般比女性略高（表 2-7）。

表 2-7 中国正常人动脉血压平均正常值（mmHg）

年龄（岁）	收缩压（男）	舒张压（男）	收缩压（女）	舒张压（女）
11~15	114	72	109	70
16~20	115	73	110	70
21~25	115	73	110	71
26~30	115	75	112	73
31~35	117	76	114	74
36~40	120	80	116	77
41~45	124	81	122	78
46~50	128	82	128	79
51~55	134	84	134	80
56~60	137	84	139	82
61~65	148	86	145	83

3. 影响动脉血压的生理学因素

凡是影响心输出量、外周阻力和循环系统的血液充盈程度的生理学因素都能影响动脉血压，如表 2-8 所示。

表 2-8 影响动脉血压的因素

因素	变化情况	收缩压	舒张压	脉压
每搏输出量	每搏量升高	收缩压升高	舒张压升高不明显	脉压升高
心率	心率升高	收缩压升高不明显	舒张压升高	脉压下降
外周阻力	外周阻力升高	收缩压升高不明显	舒张压升高	脉压下降
主动脉和大动脉的弹性	正常人变化不大	老年人动脉硬化弹性下降	血压波动大	脉压升高
循环血量与血管容积比	失血时血量下降	收缩压下降	舒张压下降	—

4. 动脉脉搏

在每个心动周期中，由于心脏的收缩舒张所引起的动脉管壁周期性扩张回缩的搏动现象称为动脉脉搏（anterial pulse）。动脉脉搏产生后沿着血管壁向外周传递出去，因此在浅表的动脉上可用手触摸到这种搏动。中医学的切脉就是以手指的触觉和压觉，分析桡动脉脉搏的频率、强弱及其他特征，作为诊断疾病的重要指标之一。脉搏描记仪可以记录浅表动脉的脉搏波形，即为脉搏图。运动实践中常用脉搏来代替心率，了解运动强度、运动恢复状况和运动员机能水平。

（三）静脉血压和静脉回心血量

血液对单位面积静脉管壁所产生的侧压力即为静脉血压。通常将右心房和胸腔内大静脉的血压称为中心静脉压，而各器官静脉的血压称为外周静脉压。中心静脉压高低取决于心脏射血能力和静脉回心血量之间的相互关系。随着血液回流，静脉血压越来越低，右心房作为体循环的终点，血压最低，接近于零。

影响静脉回心血量的因素，如表 2-9 所示。

表 2-9 影响静脉回心血量的因素

因素	静脉回心血量变化
体循环平均充盈压	平均充盈压高，回心血量多，反之则少
心脏收缩力量	收缩力量大，回心血量多，反之则少
体位	从立位转向卧位时，回流加快，回心血量多，反之则少
呼吸运动	吸气时，回流加快，回心血量多；呼气时，则减慢，减少
骨骼肌挤压	骨骼肌收缩时，回流加快，回心血量多；舒张时，则减慢，减少

(四) 微循环

微循环是指微动脉和微静脉之间的血液循环，典型的微循环由微动脉、后微动脉、毛细血管前括约肌、真毛细血管、微静脉等组成。微循环可实现血液循环最根本的物质交换功能。

四、心血管活动的调节

(一) 神经调节

1. 心脏和血管的神经支配

（1）心脏的神经支配

支配心脏的传出神经为交感神经系统中的心交感神经和副交感神经系统中的心迷走神经，其调节作用如表2-10所示。

表2-10 心脏的神经支配及其作用

神经	节后纤维神经递质	作用
心交感神经	去甲肾上腺素	对心脏有兴奋作用，使心率加快，心肌收缩力加强
心迷走神经	乙酰胆碱	对心脏有抑制作用，使心率减慢，心肌收缩力减弱

（2）血管的神经支配

支配血管平滑肌的神经可分为缩血管神经和舒血管神经，其调节作用如表2-11所示。

表2-11 血管的神经支配及其作用

神经	节后纤维神经递质	分布	作用
交感缩血管神经	去甲肾上腺素	大多数血管	交感缩血管神经紧张性增强时，血管平滑肌收缩，血管口径缩小，血流量减少，动脉血压增高
交感舒血管神经	乙酰胆碱	骨骼肌	交感舒血管神经和副交感舒血管神经在运动、激动、恐慌时，使肌肉中血管扩张，血流量增加，调节局部器官血流量
副交感舒血管神经	乙酰胆碱	脑血管 肝血管 外生殖器等	

2. 心血管中枢

在中枢神经系统中，与心血管反射有关的神经元集中的部位称为心血管中枢。与心血管活动有关的神经元广泛地分布在自脊髓至大脑皮质的各级部位，其各级中枢的调节作用如表 2-12 所示。

表 2-12　心血管中枢及其作用

中枢	作用
脊髓	参与调节，在高位中枢控制下才能进行心血管反射活动
延髓	基本中枢，维持心血管最基本正常活动（与延髓呼吸中枢一同称为"生命中枢"），主要对血压、心输出量和器官血流量分配等进行调节，其活动受到下丘脑等高位中枢的直接影响
	延髓心交感中枢，可受高位中枢影响，该中枢活动增强可引起兴奋效应
	延髓心抑制中枢，可受高位中枢影响，该中枢活动增强引起心抑制效应
	延髓缩血管中枢，可受高位中枢影响，也受外周感受器和中枢局部刺激而增强活动
下丘脑	高位中枢，有诱发血压升、降的区域，是体温调节中枢、防御反射功能整合部位
大脑边缘系统	高位中枢，影响下丘脑或脑干其他部位的心血管神经元的活动，使心血管活动适应身体所处的各种生理、心理状态，是整合部位；大脑皮质运动区兴奋时，可引起骨骼肌中的血管舒张
小脑（顶核）	高位中枢，控制心血管活动的主要部位，体位姿势改变可引起血压、心率的改变

3. 心血管反射

心血管活动的神经调节是通过心血管反射实现的。各种心血管反射的生理意义在于维持体内环境的相对稳定，以及使机体适应外界环境的各种变化。体内较重要的心血管反射有压力感受性反射（负反馈，图 2-6）、化学感受性反射（图 2-7）和本体感受性反射（图 2-8）。

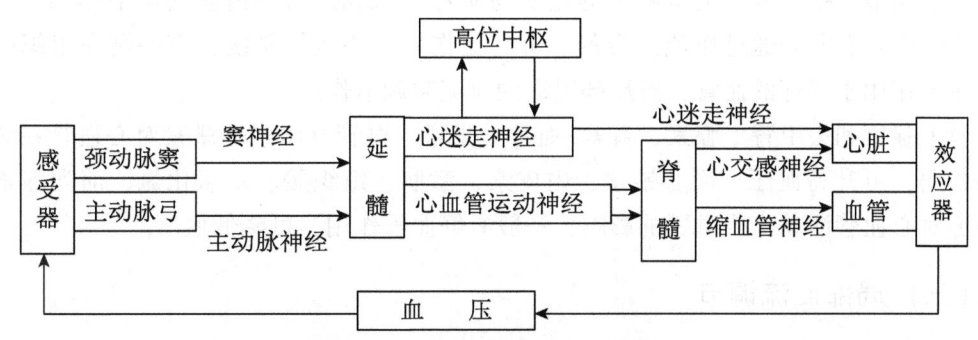

图 2-6　压力感受性反射示意图

说明：血压升高时，颈动脉窦和主动脉弓感受刺激，沿着反射弧通路将信息传递到中枢，经整合后，传出神经传递信息到效应器心脏和血管，负反馈调节使血压下降。

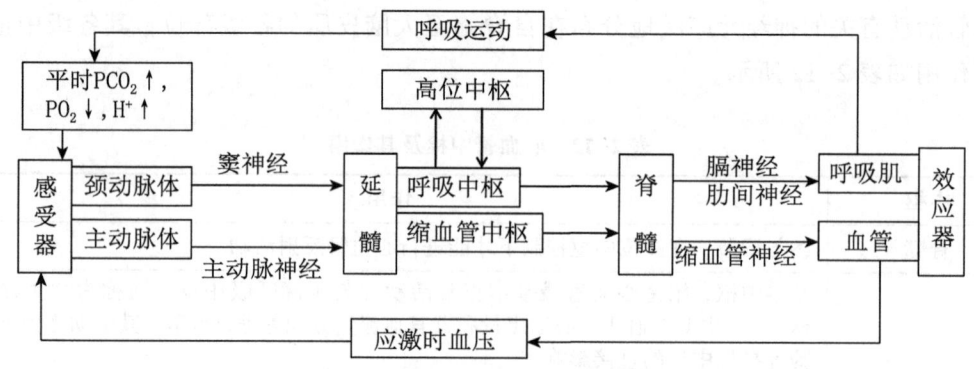

图 2-7 化学感受性反射示意图

说明：化学感受性反射主要是调节呼吸，平时对心血管活动并不起明显作用，只有在低温、窒息、失血、动脉血压过低和酸中毒等应激情况下才发挥作用。

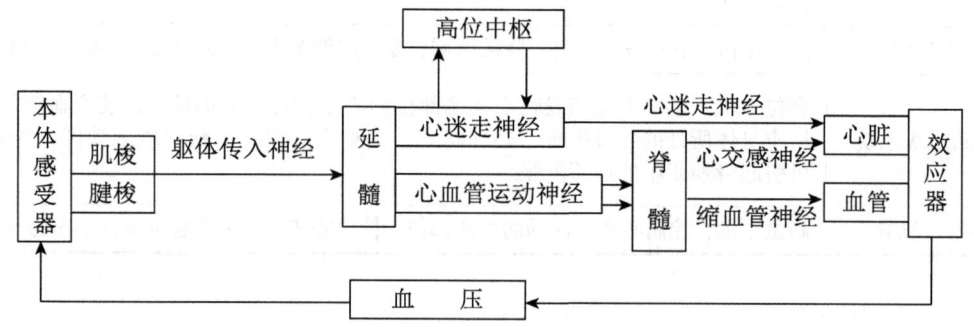

图 2-8 本体感受性反射示意图

说明：肌肉收缩时，本体感受器受到刺激，反射性地引起心率加快，血压升高。

（二）体液调节

体液调节是指血液和组织液中的化学物质对心肌和血管平滑肌的调节作用。这些体液因素中，有些是通过血流携带的，可广泛作用于心血管系统；有些则在组织中形成，主要作用于局部的血管，对局部组织的血流起调节作用。

肾上腺素和去甲肾上腺素、肾素-血管紧张素、血管升压素等激素对心血管系统起兴奋作用，可升高血压。而心钠素、内皮素、激肽、组织胺、一氧化氮、前列腺素等物质亦对心血管活动产生重要的影响，一般有舒血管作用，可降低血压。

（三）局部血流调节

当去除神经、体液因素时，在一定的血压变动范围内，器官、组织的血流量仍能通过本身局部的机制得到适当调节，称为自身调节。

一种调节是通过组织细胞代谢过程产生的代谢产物来完成的，称为代谢性自身调节。当组织代谢活动增强时，局部组织中氧分压降低，代谢产物积聚增加，CO_2、H^+、腺苷、ATP、K^+等刺激局部的微动脉和毛细血管前括约肌舒张，使局部的血流量增多，向组织提供更多的氧，并带走代谢产物。

另一种调节是通过血管平滑肌自身肌源性活动来完成，称为肌源性自身调节。血管平滑肌的特性是当血管的血量突然增加受到牵张时，其肌源性收缩活动会有所增强，其结果是器官的血流阻力增大。此种调配也可以保持器官血流量相对稳定。

五、运动与心血管功能

（一）运动时心血管功能的变化

运动时，心血管功能变化与运动形式、运动强度和时间相关。一般运动可导致心率明显增高，提高每搏输出量和心输出量，导致动脉血压的收缩压显著增高。同时，调节机制使各器官的血流量进行重新分配，使心脏和参与运动的肌肉血流量明显增加，不参与运动的骨骼肌及内脏器官血流量减少。这有利于血液和肌肉组织进行气体交换，维持一定的动脉血压。

此外，因为剧烈运动导致心肌缺血缺氧，能量供应发生障碍，导致心肌细胞出现微损伤，且这种损伤在运动后一段时间会持续加重，然后才逐渐恢复正常。

（二）运动员心脏的特点

1899年，瑞典医师Henshen通过叩诊发现滑雪运动员心脏肥大，并将其称为运动员心脏或运动心脏。运动员心脏（athlete's heart）是指机体长期接受系统运动训练刺激后逐渐形成的具有明显结构和功能特征的心脏。与一般人心脏相比，运动员心脏表现出如下特有的结构功能特点。

1. 运动性心脏肥大

长期系统的运动训练使运动员心脏发生明显增大，称为运动性心脏肥大。普通人心脏体积约为本人的拳头大小，重量为200~300g。运动心脏通常明显超过这一重量，有的甚至超重1倍以上，以耐力型运动员和力量型运动员尤其明显，速度型运动员心脏肥大程度较小。

运动性心脏肥大表现在心腔扩大和心肌肥厚两方面。超声心动图和影像测试等方法研究表明，长期承受耐力性运动刺激的心脏肥大以心室腔内径扩大为主，心室肌的肥厚为辅；长期承受力量性运动刺激的心脏则以心肌肥厚为主，其心腔内径的改变相对较小，甚至无改变。

运动员心脏是心肌细胞对运动刺激的一种良好适应性反应，是一种功能性代偿，它和临床上冠心病、肺心病和风湿性心脏病后期，常出现的病理性心脏肥大明显不同。运动员心脏心肌收缩功能增强，泵血效率显著提高，每搏量增大，且终止运动后一段时间，肥大心脏可逐步恢复到正常状态（可重塑性）；病理性心脏肥大心肌收缩功能减弱，每搏量减少，心余血量增加，一旦出现肥大，将不可逆转。

2. 运动性心动徐缓

在优秀耐力型运动员中，长期运动训练的运动员心脏一般安静心率明显低于正常值，这种现象称为运动性心动徐缓。心率常降到 40~50 次/分钟，最低可达 21 次/分钟。导致运动性心动徐缓的原因，是安静状态心迷走神经紧张性相对增高而心交感神经活动相对减弱所致。心交感神经和心迷走神经功能的动态平衡维持心率在特定水平。一般认为，运动性心动徐缓是长期训练后心功能改善的良好反应，是可逆的，停训多年后可接近正常值。

3. 心血管机能改善

运动员心脏与普通人心脏相比，主要在以下几方面表现出心血管机能的改善。

运动员心脏有心率低、每搏量高的能量节省化现象。运动员心脏安静时虽然心率较低，但由于心脏肥大而表现出较高的搏出量，因此安静状态下的心输出量与普通心脏无明显差异。较低的心率使得每分钟能量消耗远较普通人低，表现出安静状态下心功能出现心率低、每搏量高的能量节省化现象，以较小的能量消耗保证了同样的供血量。同时，安静状态下低心率使运动员心脏的心率贮备增大，有助于提高心力贮备。

运动员心脏在进行定量负荷运动（规定的强度和时间）时具有动员快、潜力大、恢复快的特点。这主要是因为运动员运动能力强，完成同样的运动更轻松，从而表现出较小的生理反应。在完成最大运动负荷时，运动员为取得更好的运动成绩，其代谢水平更高，心泵功能将表现出更高水平。普通人心脏体积较小，运动时的最大每搏量较小，约 100 mL，且维持最大值的时间短。而优秀运动员尤其是耐力型运动员一方面心脏扩大，舒张末期容积大；另一方面心肌收缩力较强，运动中搏出量可增至 200 mL 左右。普通人剧烈运动时的最大心输出量为 20~30 L/min，而运动员最大心输出量可超过 40 L/min。

（三）运动与心血管疾病

运动与心血管疾病及注意事项，可扫描二维码进行学习。

第三节 肺的通气机能及运动对呼吸机能的影响

呼吸系统包括呼吸道和肺泡。上呼吸道由鼻、咽、喉组成，下呼吸道由气管及各级支气管组成。呼吸道既有加温、润湿和净化空气的功能，也有通过调节支气管平滑肌的舒缩，改变呼吸道的口径进而影响气流阻力的功能，但呼吸道不具备气体交换的功能。

人体不断地从外界摄取 O_2，同时将体内所产生的 CO_2 排出体外，这种人体与外界环境之间进行的气体交换，称为呼吸（respiration）。呼吸过程由外呼吸、气体运输和内呼吸3个环节组成（图2-9）。

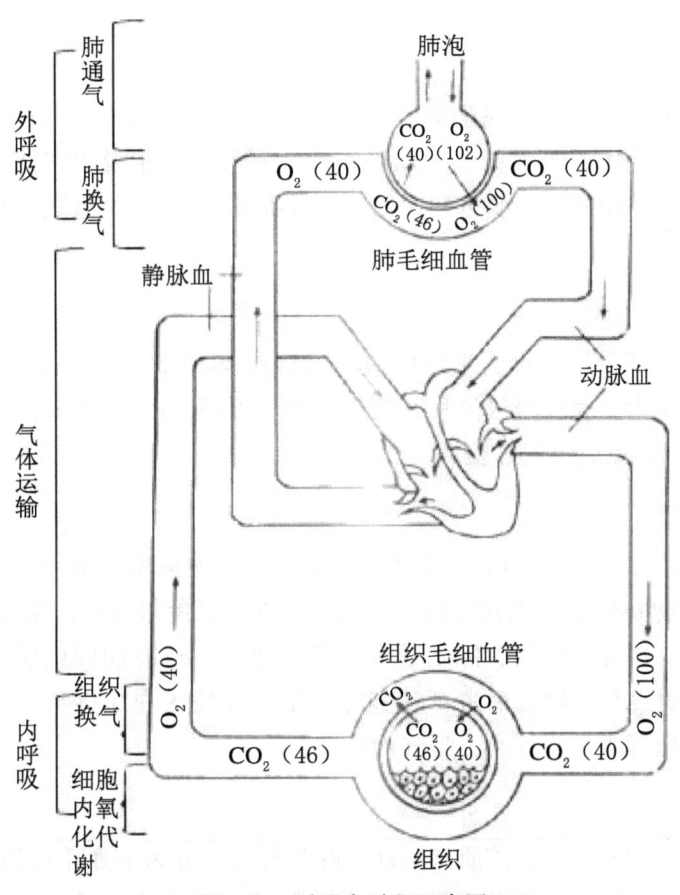

图2-9　呼吸全过程示意图

外呼吸是指在肺部实现的外界环境与血液间的气体交换，它包括肺通气（外界环境与肺之间的气体交换过程）和肺换气（肺与肺毛细血管中血液之间的气体交换过程）。

气体运输是指气体由血液载运，血液在肺部获得 O_2，经循环将 O_2 运送到组织毛细血管；组织细胞代谢所产生的 CO_2 通过组织毛细血管进入血液，经循环将 CO_2 运送到肺部。

内呼吸是指组织毛细血管中血液通过组织液与组织细胞间实现的气体交换（又叫作组织换气）和细胞内氧化代谢。

一、肺通气机能

(一) 肺通气的动力学

1. 呼吸运动

通过呼吸肌的舒缩活动实现胸廓的节律性扩大和缩小称为呼吸运动,它是肺的通气动力。呼吸肌分为主要吸气肌、辅助吸气肌和呼气肌。主要吸气肌由膈肌和肋间外肌组成,辅助吸气肌由胸肌、斜方肌、胸锁乳突肌和背阔肌等组成,呼气肌由肋间内肌和腹壁肌组成。

(1) 平静呼吸

安静状态下的呼吸运动称为平静呼吸。其特点是:吸气时,依靠膈肌和肋间外肌的收缩,使胸廓扩大,完成吸气过程;呼气时通过膈肌和肋间外肌的舒张,使扩大的胸廓回位(恢复),完成呼气过程。

(2) 用力呼吸

用力呼吸的特点是吸气与呼气过程均有肌肉的收缩活动。用力吸气时,除主要的吸气肌(膈肌和肋间外肌)加强收缩外,辅助吸气肌也参与收缩,使胸廓进一步扩大,从而增加吸气量。用力呼气时,除上述吸气肌舒张外,还有肋间内肌与腹壁肌的同时收缩,前者使肋骨充分下降,后者牵动胸骨向下,并使腹内压增加,使内脏推挤膈肌上移,从而促使胸廓进一步缩小,呼气加深。

(3) 呼吸形式

按呼吸运动深浅和参与收缩肌肉活动,呼吸形式可分为平静呼吸和用力呼吸。

按呼吸肌收缩和胸廓及腹腔活动特点分为胸式呼吸和腹式呼吸。膈肌舒缩时,腹部随之起伏,以膈肌活动为主的呼吸运动称为膈式呼吸或腹式呼吸。肋间肌的活动使肋骨发生提降移动,胸部也随之起伏,以肋间肌活动为主的呼吸运动称为肋式呼吸或胸式呼吸。儿童以腹式呼吸为主,成年人的呼吸形式一般是混合式的,但女性偏重胸式呼吸,男性偏重腹式呼吸。

运动时呼吸形式应与技术动作相配合。如在双杠或地上做倒立动作,由于臂和肩胸固定,胸式呼吸受到限制,再用胸式呼吸既会影响臂和肩胸的固定,也会造成身体重心不稳,故在做倒立时可采用腹式呼吸;若做屈体直角动作造型,腹肌用力,使得腹式呼吸受到限制,此时再用腹式呼吸会造成身体造型的抖动,影响做直角动作的质量,应立即改为胸式呼吸。

2. 肺内压和胸内压

肺泡内的压力称肺内压。气体进出肺泡是借助于肺内压与大气压之间的压差实现的。肌肉运动时，呼吸气体出入肺的流量与流速随运动强度和运动形式而增减，肺内压的波动幅度也发生相应变化。

胸内压指的是胸膜腔内的压力。胸膜位于肺表面的部分为胸膜脏层，位于胸壁内表面的部分为胸膜壁层。这两个部分延续相连，形成密闭的间隙，即胸膜腔。正常的胸膜腔内没有空气，仅有一薄层浆液，可以使胸膜腔两层间的摩擦阻力减小且相互紧贴。由此可见，胸膜腔并不存在实际意义的空隙。

胸内压＝肺内压（或大气压）－肺回缩力

胸内压在呼吸过程中始终低于大气压。胸膜腔内这种负压的形成与人的生长发育密切相关。

（二）肺通气机能

1. 肺容量及其变化

肺所容纳的气量称为肺容量。在呼吸运动中，肺容量发生周期性变化，变化的大小取决于呼吸的深度。吸入和呼出的气体容积，可用肺量计测得，如图 2-10 所示。肺容量及其变化相关概念及参数如表 2-13 所示。

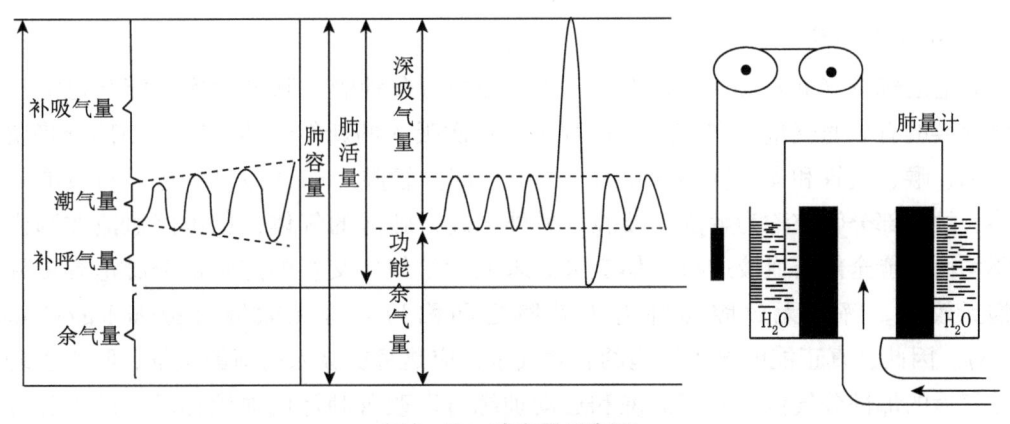

图 2-10 肺容量示意图

表 2-13 肺容量及其变化相关概念及参数

指标	概念	参数
潮气量（TV）	每一呼吸周期中吸入或呼出的气量又称呼吸深度	400~600 mL
补吸气量（IRV）	平静吸气后再做最大吸气增补吸入的气量	1500~2000 mL
深吸气量（IC）	补吸气量与潮气量之和	1900~2600 mL
补呼气量（ERV）	平静呼气后再做最大呼气时增补呼出的气量	900~1200 mL
肺活量（VC）	最大深吸气后再做最大呼气时所呼出的气量	男性 3500 mL 女性 2500 mL

续表

指标	概念	参数
余气量（RV）	尽最大力呼气之后仍贮留于肺内的气量	男性 1500 mL 女性 1000 mL
功能余气量（FRC）	平静呼气之后存留于肺中的气量	男性 2500 mL 女性 2000 mL
肺容量（TLC）	肺所能容纳的最大气量	男性 5000 mL 女性 3500 mL

注：参数均为正常成人数值。

2. 肺通气量

单位时间内吸入（或呼出）的气量称为肺通气量，也称每分通气量（minute ventilation，VE）。

每分通气量=呼吸深度（潮气量）×呼吸频率（每分钟呼吸次数）

安静时成年人的每分通气量为 6~8 L。呼吸深度和呼吸频率随年龄和人体新陈代谢水平而变化，代谢水平高时两者俱增。如剧烈运动时，呼吸频率可增至 40~60 次/分，每分通气量可增至 80~150 L 或更多。

3. 肺泡通气量

肺泡通气量（alveolar ventilation，VA）是指每分钟吸入肺泡的实际能与血液进行气体交换的有效通气量。在肺通气过程中，每次吸入的新鲜气体，有一小部分将留在鼻、咽、喉、气管和支气管等管腔内。由于这部分管腔内的气体没有进行有效的气体交换，故这部分管腔称为解剖无效腔。另外，进入肺泡的气体，也可因血流在肺内分布不均而未能全部与血液进行气体交换。未能发生气体交换的这一部分肺泡容量称为肺泡无效腔。解剖无效腔与肺泡无效腔之和称为生理无效腔（physiological dead space）。因此，真正能够进入肺泡的有效气量，应是每次吸入的新鲜气量，除去生理无效腔气后的那部分气量。体育锻炼和运动训练可以改善肺泡的血液循环，减小肺泡无效腔，提高肺泡通气量。若呼吸深度一致，则每分肺泡气量计算为：

每分肺泡通气量=（呼吸深度−生理无效腔）×呼吸频率

由于无效腔的存在，肺泡通气量总是少于肺通气量，如表 2-14 所示。

表 2-14 不同呼吸频率和潮气量时的肺通气量和肺泡通气量的比较

呼吸频率（次/分）	潮气量（mL）	肺通气量（mL/min）	肺泡通气量（mL/min）
8	1000	8000	6800
16	500	8000	5600
32	250	8000	3200

（引自王瑞元等，2012）

从表2-14中可以看出，浅而快的呼吸由于解剖无效腔存在，新鲜空气减少，深而慢的呼吸比浅而快的呼吸肺泡气的更新要多，深而慢的呼吸能提高肺泡通气的效率。安静时，呼吸采用适当的深度与频率次数，既节省用于呼吸肌工作的能量消耗，又保持了一定的肺泡通气量，有利于气体交换。运动时，呼吸不仅要深而且也要适当加快，这对进一步提高肺泡通气量是有帮助的。但由于用于呼吸肌工作的能量消耗增多，所以只有在进行剧烈运动、对氧需求大的情况下才采用这种呼吸方式。

(三) 肺通气机能的指标

1. 肺活量

肺活量反映肺一次通气的最大能力，是测定肺通气功能简单易行的指标，常用于评定运动员的训练水平，以及开展国民体质测定。

2. 连续肺活量

连续测5次肺活量，每次间隔30秒，根据5次所测数值的变化趋势，可以简单、快速地判断呼吸肌的疲劳及身体的机能状况。若肺活量后一次的比前一次的大，或与前一次的基本一致，表示呼吸肌的机能能力强，可视为身体机能状况良好的表现。如果肺活量呈下降趋势，则认为呼吸肌处于疲劳状态，表示身体机能状况恢复不佳，或身体的疲劳现象未能及时消除。

3. 时间肺活量

在最大吸气后，以最快速度进行最大呼气，记录在一定时间内所能呼出的气量称为时间肺活量（timed vital capacity）。正常成人最大呼气时，第1秒末、第2秒末、第3秒末呼出的气量分别占肺活量的83%、96%、99%，在3秒钟内人体基本上可呼出全部肺活量的气量，其中第1秒钟的时间肺活量最有意义。时间肺活量是一个评价肺通气功能较好的动态指标，它不仅反映肺活量的大小，而且还能反映肺的弹性是否降低、气道是否狭窄、呼吸阻力是否增加等情况。

4. 最大通气量

以适宜的呼吸频率和呼吸深度进行呼吸时所测得的每分通气量，称最大通气量（maximal voluntary ventilation，MVV）。在测量时，一般只做15秒钟通气量的测定，并将所测得的值乘以4，即为每分最大通气量。最大通气量可以用来评价受试者的通气储备能力，一般还可用通气贮量的百分比来表示。正常通气贮量的百分比值应大于或等于93%。

$$通气贮量的百分比 = \frac{最大通气量 - 安静时通气量}{最大通气量} \times 100\%$$

二、气体交换和运输

肺泡与肺泡毛细血管血液之间的气体交换称为肺换气。体内毛细血管血液与组织细胞之间的气体交换称为组织换气。

（一）气体交换

1. 气体交换原理

（1）分压差与气体扩散动力

由于气体分子的运动，在一定容积中的一定量的气体会表现出一定的压力。在混合气体的总压力中，某种气体所占的压力就是该气体的分压（用P表示）。当气体与液体表面接触时，溶于液体内的气体分子从液体逸出的力称为该气体的张力。该气体的张力就是气体在液体中的分压，如氧气和二氧化碳分压可表示为PO_2和PCO_2。

人体肺换气和组织换气的多少，除取决于膜的通透性和各种气体的理化特性之外，膜两侧气体的分压差是最关键的条件。分压差是实现气体交换的直接动力，分压差的大小决定着气体的扩散方向和扩散速率。分压差越大，预示气体扩散越多。气体扩散的最终结果是压力平衡，分压差消失。

（2）人体不同部位的PO_2和PCO_2

人在正常状态下，不同部位各种气体之分压较为恒定，人体不同部位的PO_2和PCO_2如表2-15所示。

表2-15　海平面空气、肺泡气、血液和组织细胞内的PO_2和PCO_2（mmHg）

气体分压	空气	肺泡气	动脉血	静脉血	组织细胞
PO_2	159	104	100	40	0~30
PCO_2	0.3	40	40	46	50~80

（引自王瑞元等，2012）

（3）气体扩散的速率

单位时间内气体扩散的容积称为气体扩散速率，它与气体的分压差、气体的温度、扩散面积以及气体在液体中的溶解度成正比，与气体分子量的平方根和扩散距离成反比。

（4）气体的肺扩散容量

在1 mmHg分压差作用下，每分钟通过呼吸膜扩散气体的量称为气体的肺扩散容量。氧扩散容量与体表面积成正比。受年龄、性别及体位的影响，儿童和老年人的氧扩散容量要小于成年人，女性的氧扩散容量小于男性，直立位的氧扩散容量小于仰卧位。在同一个体中，运动或体力劳动时，氧扩散容量增加。

2. 肺换气和组织换气

（1）肺换气

在肺循环中，当来自肺动脉的静脉血液流经肺泡毛细血管时，由于肺泡气中的 PO_2（102 mmHg）高于静脉血中的 PO_2（40 mmHg），而肺泡气中 PCO_2（40 mmHg）低于静脉血中的 PCO_2（46 mmHg），因此，O_2 由肺泡扩散入血液，CO_2 则由血液向肺泡扩散，由此完成肺换气，见图 2-9。

（2）组织换气

在组织中，当体循环的动脉血流经组织毛细血管时，由于动脉血的 PO_2（100 mmHg）高于组织中的 PO_2（0~40 mmHg），PCO_2（40 mmHg）低于组织中的 PCO_2（46~80 mmHg），因此，O_2 从血液向组织细胞扩散，CO_2 则从组织细胞向血液扩散，由此完成组织换气，见图 2-9。

3. 影响换气的因素

分压差的大小是影响换气的重要因素，除此之外，换气还受其他因素的影响，如表 2-16 所示。

表 2-16　影响换气的因素

因素	与气体扩散量的关系
气体特性	气体扩散量与气体的分压差、溶解度、温度等成正比；与气体分子量的平方根成反比
呼吸膜	气体扩散量与呼吸膜面积和通透性成正比；与呼吸膜厚度（扩散距离）成反比
通气/血流比值	每分钟肺泡通气量（VA）和肺毛细血管血流量（QC）的比值，即 VA/QC 当 VA/QC=0.84 时，通气量与血流量匹配最合适，换气效率最高 当 VA/QC<0.84 时，意为通气不足，血流过剩，换气效率下降 当 VA/QC>0.84 时，意为通气过剩，血流不足，换气效率下降
局部器官血流量	对于组织换气而言，组织器官血流量大，有利于组织进行换气
肺通气量	通气量增加，肺泡气更新率增加，肺泡与毛细血管血液间 O_2 和 CO_2 分压差增加，有利于肺换气；运动时，通气量加大，心输出量增加，肺血流量也加大，这对 VA/QC 值的影响不大，但气体的交换得到加强，机体对氧的摄取量提高

（二）气体运输

血液运输气体有两种方式：物理溶解和化学结合。物理溶解的量虽很少，但很重要，进入血液的气体要先溶解才能发生化学结合，结合的气体也要先溶解才能从血液中逸出。物理溶解与化学结合两者之间处于动态平衡。

1. 氧的运输

（1）血红蛋白与氧结合

在肺内 PO_2 高，血红蛋白与 O_2 结合形成氧合血红蛋白（HbO_2），该过程称为氧合作用。在组织内 PO_2 低，HbO_2 解离形成 O_2 和血红蛋白，这一过程称为氧离作用。血红蛋白结合 O_2 与解离 O_2 的反应迅速、可逆、不需酶的催化，但受 PO_2 高低的影响。

进入血液的 O_2 只有约 1.5% 物理溶解于血浆，98.5% 进入红细胞与血红蛋白（Hb）结合。1g 血红蛋白可结合 1.34~1.36 mL 的 O_2，每 100 mL 血液中血红蛋白与 O_2 结合的最大量（19~20 mL），称为血红蛋白的氧容量。每 100 mL 血液中血红蛋白实际与 O_2 结合的量，称为血红蛋白的氧含量。血红蛋白的氧含量所占血红蛋白的氧容量的百分比称为血红蛋白的氧饱和度。由于血液物理所溶解的 O_2 极少，若这部分忽略不计，测得血红蛋白的氧含量、血红蛋白的氧容量、血红蛋白的氧饱和度，可以代表血液的氧含量、血液的氧容量和血液的氧饱和度。动脉血的氧饱和度高于静脉血的氧饱和度。

（2）氧离曲线

氧离曲线或称氧合血红蛋白解离曲线，是表示 PO_2 与血红蛋白结合 O_2 量关系或 PO_2 与氧饱和度关系的曲线。氧离曲线反映了血红蛋白与 O_2 的结合量是随 PO_2 的高低而变化的。这条曲线的特点是呈"S"形，而不是呈线性关系，如图 2-11 所示。

"S"形氧离曲线的上段显示为当 PO_2 在 60~100 mmHg 时，曲线坡度不大，形式平坦，即使 PO_2 从 100 mmHg 降至 80 mmHg 时，血氧饱和度仅从 98% 降至 96%。这种特点对高原适应或有轻度呼吸机能不全的人均有好处。只要能保持动脉血中 PO_2 在 60 mmHg 以上，血氧饱和度仍有 90%，不致造成因供 O_2 不足而产生的严重后果。因此，氧离曲线的上段，对人体的肺换气有利。

"S"形氧离曲线的下段显示 PO_2 在 60 mmHg 以下时，曲线逐渐变陡，意味着随 PO_2 的下降，血氧饱和度将明显下降。当 PO_2 由 40 mmHg 下降为 10 mmHg 时，曲线更陡，此时 PO_2 稍有下降，血氧饱和度就会大幅度下降，释放出大量的 O_2 保证组织换气。这种特点十分有利于向代谢旺盛的组织提供更多的 O_2。因此，氧离曲线的下段对人体的组织换气大为有利。

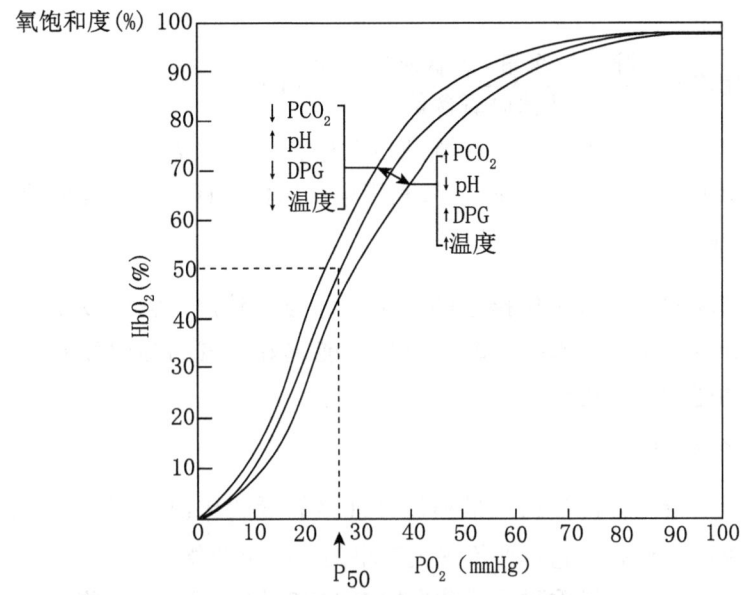

图 2-11 氧离曲线及生理意义示意图

血红蛋白与 O_2 的结合和解离在多种因素的影响下，会使氧离曲线的位置发生偏移。血液中 PCO_2 升高、pH 降低、体温升高及红细胞中糖酵解产物 2,3-二磷酸甘油酸（2,3-DPG）的增多都会使血红蛋白对 O_2 的亲和力下降，氧离曲线右移，从而使血液释放出更多的 O_2。反之，血液中 PCO_2 下降、pH 升高、体温降低和 2,3-DPG 的减少使血红蛋白对 O_2 的亲和力提高，氧离曲线左移，从而使血液结合更多的 O_2（图 2-11）。

运动过程中，由于肌肉代谢加强，H^+ 和 CO_2 的产生增多、体温上升、血中 PCO_2 升高，pH 降低，2,3-DPG 也显著增多（从平原进入海拔较高的高山时，红细胞中 2,3-DPG 也会增加），这些原因都会导致氧离曲线向右移动。氧离曲线的右移，说明在相同的 PO_2 下，血液中 HbO_2 能解离出更多的 O_2，与组织境态相适应，为机体组织细胞提供更多的 O_2。另外，一氧化碳（CO）与血红蛋白的亲和力比 O_2 与血红蛋白的亲和力大 200 倍，可以和 O_2 竞争与血红蛋白的结合，减少血液对 O_2 的运输，从而向组织扩散的 O_2 量下降，造成组织的呼吸窒息，严重者可导致 CO 中毒。

（3）氧储备

在骨骼肌、心肌和肝脏中有肌红蛋白，其化学结构与血红蛋白相似。肌红蛋白与 O_2 的亲和力比血红蛋白强，正常情况下，一小部分 O_2 与肌红蛋白结合储存在体内待用。储存在血液和肺中的 O_2 有 1300~2300 mL，储存在肌红蛋白中的 O_2 有 240~500 mL。在无氧代谢肌细胞 PO_2 极度下降时，氧合肌红蛋白才发挥作用。它能释放出结合 O_2 的 90% 供肌肉代谢。红肌纤维含有的肌红蛋白多于白肌纤维。

（4）氧利用率

每 100 mL 动脉血流经组织时所释放的 O_2 占动脉血氧含量的百分数，称为氧利用率。计算方法如下：

$$氧利用率 = \frac{动脉血氧含量 - 静脉血氧含量}{动脉血氧含量} \times 100\%$$

安静时，氧利用率约为25%，在剧烈运动中，局部血流量增加3倍以上，氧利用率也提高3倍以上，甚至接近100%。氧利用率可以作为评定训练程度的指标之一。

（5）氧脉搏

心脏每次搏动输出的血量所摄取的氧量，称为氧脉搏。它可以用每分钟摄氧量除以每分钟心率计算。氧脉搏越高，说明心肺功能越好，氧的摄取效率越高。氧脉搏可作为判定心肺功能的综合指标。

（6）氧通气当量

氧通气当量是指每分钟肺通气量和每分钟摄氧量的比值（VE/VO_2）。氧通气当量小，说明氧的摄取效率高。它是评价呼吸效率的一项重要指标。

在相同强度运动时，优秀耐力运动员的VE/VO_2较一般人低，提示在相同摄氧量情况下，运动员的肺通气量比无训练者要少。在相同肺通气量情况下，运动员的摄氧量较无训练者要大，即呼吸效率高，能完成的运动强度也大。

2. 二氧化碳的运输

CO_2从组织进入血液后物理溶解的量较少，只占总运输量的6%，血液中的CO_2大部分是化学结合形式存在的。CO_2的化学结合形式有两种：一种是形成碳酸氢盐的形式（如$NaHCO_3$、$KHCO_3$），这种结合方式占总运输量的87%；另一种是形成氨基甲酸血红蛋白的形式（$HbNHCOOH$），此种结合方式占总运输量的7%。

3. 呼吸与酸碱平衡

人体的酸碱平衡是依靠血液的缓冲作用，以及呼吸和肾脏的作用，三者共同进行调节的。

血液在运输CO_2过程中，形成了H_2CO_3与$NaHCO_3$，二者是血液中的重要缓冲物质，通常$H_2CO_3/NaHCO_3$的比值为1/20。当代谢产物中有大量酸性物质时，其中H^+与HCO_3^-作用生成H_2CO_3，后者分解为CO_2和H_2O，使血中PCO_2上升，导致呼吸运动加强，CO_2排出量增加，因而血浆中pH的变化不大。同样，当体内碱性物质增多时，与H_2CO_3作用使血中$NaHCO_3$等盐浓度增高，于是H_2CO_3浓度和PCO_2降低，导致呼吸减弱，呼吸的减弱又使H_2CO_3浓度逐渐回升，维持了$H_2CO_3/NaHCO_3$的正常比值，因此对血浆pH的影响也较小。

三、呼吸运动的调节

呼吸运动除了具有自主性的基本特征外，在清醒状态下一定程度上受大脑皮质有意识的控制，具有一定的随意性。

（一）调节呼吸运动的神经系统

1. 呼吸肌的神经支配

节律性呼吸是由延髓和脑桥通过膈神经和肋间神经进行调节的。支配膈肌的神经是膈神经，肋间肌受肋间神经支配。

2. 呼吸中枢

在中枢神经系统内，有许多调节呼吸运动的神经细胞群，称为呼吸中枢。上自大脑皮质、下丘脑及脑干，下至脊髓，均有控制呼吸运动的神经细胞群。

动物实验证明，调节呼吸运动的主要中枢在延髓和脑桥。在脑桥上部为呼吸调整中枢，有抑制吸气、调整呼吸节律的作用。脑桥下部为长吸中枢，可加强吸气。延髓既有吸气中枢，也有呼气中枢，能自动产生节律性呼吸，所以将延髓称为呼吸基本中枢。

呼吸还受脑桥以上部位（如大脑皮质、边缘系统、下丘脑等）的影响，特别是大脑皮质在一定范围内可以随意调节呼吸运动。如讲话、唱歌、吹奏乐器以及运动过程中根据技术动作要求进行的憋气和重新调整呼吸节奏等，都是靠大脑皮质对呼吸肌的随意调节实现的。正常人的呼吸运动可以通过大脑皮质建立条件反射。

3. 呼吸节律的形成

关于呼吸节律形成的机制，迄今比较公认的是"局部神经元回路反馈控制"假说。具体内容可扫描二维码进行学习。

（二）呼吸运动的反射性调节

呼吸运动直接受呼吸中枢的控制，但呼吸中枢的活动也受来自呼吸器官本身的各种感受器传入冲动的反馈影响。

1. 肺牵张反射

由肺扩张或缩小引起吸气抑制或兴奋的反射，称为肺牵张反射。肺牵张反射是典型的负反馈调节，其生理意义在于维持呼吸的节律性，使吸气不会过长过深。肺牵张反射调节活动与脑桥呼吸调整中枢共同调节呼吸的频率和深度。运动时发生的肺牵张反射，对呼吸频率和深度的调节具有更重要的意义。

2. 呼吸肌的本体感受性反射

呼吸肌本体感受性反射指的是呼吸肌本体感受器传入冲动所引起的反射性呼吸变化。这种反射属于正反馈的调节。

除呼吸肌外，身体躯干、四肢的肌肉和关节，都存在着本体感受器。人在运动或劳动时，躯干、四肢的本体感受器受到牵拉刺激，亦可反射性地引起呼吸加强。因此，无论身体任何部位的肌肉，只要其本体感受器受到牵拉刺激都会使呼吸加强。

3. 防御性呼吸反射

整个呼吸道都存在着感受器，它们是分布在呼吸黏膜上皮的迷走传入神经末梢，受到机械或化学刺激时，引起防御性呼吸反射，以清除激惹物，避免其进入肺泡，如咳嗽反射、喷嚏反射等。

4. 化学因素对呼吸的调节

呼吸运动可调节血液中 O_2、CO_2 和 H^+ 的浓度，血液中 O_2、CO_2 和 H^+ 浓度又通过化学感受器调节呼吸运动，维持着内环境 PO_2、PCO_2 及 pH 的相对稳定，如表 2-17 所示。

表 2-17 化学因素对呼吸反射性调节

部位	感受器	传入神经	化学因素刺激物	呼吸变化	特点
外周感受器	颈动脉体主动脉体	窦神经主动脉神经	$PCO_2\uparrow$、$[H^+]\uparrow$、$PO_2\downarrow$	加深加快	直接感受刺激物 刺激物有协同效应 CO_2 是维持正常呼吸刺激物 CO_2 超过 10% 抑制呼吸中枢
中枢感受器	延髓感受区	传入高位呼吸中枢	脑脊液 $[H^+]\uparrow$	加深加快	直接感受中枢部位 $[H^+]$ 间接感受 PCO_2、低 PO_2 刺激，抑制呼吸

注：↑为增加，↓为下降。

四、运动对呼吸机能的影响

运动时机体代谢加强，呼吸系统也适应机体代谢的需求发生一系列变化，以保证技术动作顺利完成。

（一）运动时肺通气机能的变化

运动时随着运动强度的增大，机体为适应代谢的需求，需要消耗更多的 O_2 和排出更多的 CO_2。运动时肺通气的多因素调节，使机体表现为呼吸加深加快，肺通气量增加，如图 2-12 所示。

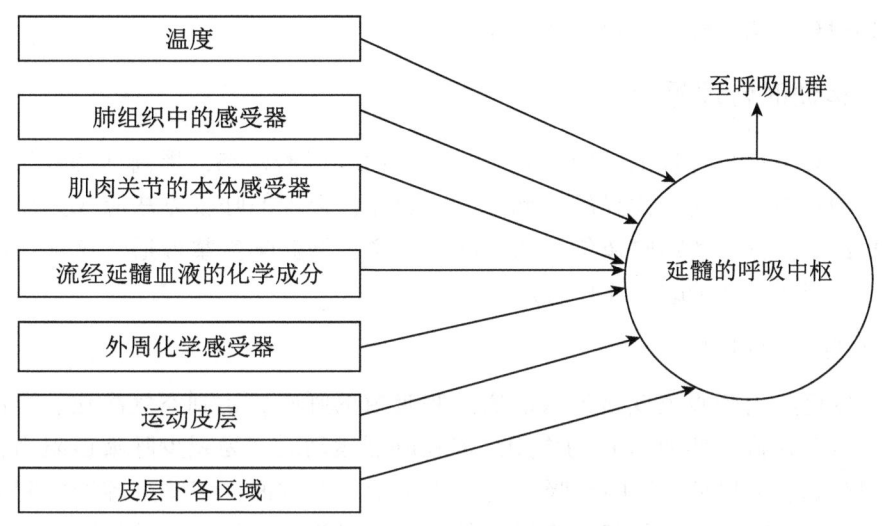

图 2-12 运动时肺通气的多因素调节

(二) 运动时换气机能的变化

运动时换气机能的变化,主要通过 O_2 的扩散和交换来体现。

肺换气的具体变化包括:①人体各器官组织代谢的加强,使流向肺部的静脉血中 PO_2 比安静时低,从而使呼吸膜两侧的 PO_2 差增大,O_2 在肺部的扩散速率增大;②血液中儿茶酚胺含量增多,导致呼吸细支气管扩张,使通气肺泡的数量增多;③肺泡毛细血管前括约肌扩张,开放的肺毛细血管增多,从而使呼吸膜的表面积增大;④右心室泵血量的增加也使肺血量增多,使得通气血流比值仍维持在 0.84 左右。但剧烈运动也会造成过度的通气,使通气血流比值大于 0.84。这些因素的变化,使得在耗氧量为 4 L/min 的运动时,肺的氧扩散容量达到 60 mL/(min·mmHg),当运动的耗氧量为 6 L/min,氧扩散容量可增加到 80 mL/(min·mmHg)。不参加体育锻炼的人,20 岁以后,肺换气功能将日趋降低,而经常参加体育锻炼的人,肺换气功能降低的自然趋势有所推迟。

组织换气的具体变化包括:①由于活动的肌肉组织需利用较多的 O_2 来氧化能量物质以重新合成 ATP,所以活动的肌肉组织耗氧量增加,组织的 PO_2 下降迅速,使组织和血液间的 PO_2 差增大,O_2 在肌肉组织部位的扩散速率增大;②活动组织毛细血管开放数量增多,增大了组织血流量,增大了气体交换的面积;③组织中由于 CO_2 积累,PCO_2 的升高和局部温度的升高,使氧离曲线发生右移,促使 HbO_2 解离进一步加强。运动时组织的这些变化,促使肌肉的 O_2 利用率提高,肌肉的代谢率可较安静时增高 100 倍。

(三) 运动时呼吸的调节

运动时呼吸(肺通气量)的调节属于多因素的调节,包括神经机制和体液机制两个方面，其中神经调节机制起着主导作用。

（四）运动时合理呼吸

运动时运动员进行合理的呼吸，有利于保持内环境的稳态，提高训练效果，充分发挥人体各项机能，以创造优异的运动成绩。因此，合理的呼吸方法应成为该项运动技能的有机组成部分。教师应像传授动作技术一样，培养学生掌握适于该项运动特点的呼吸技巧。以下是几种改善呼吸的方法。

1. 减小呼吸道阻力

正常人安静时由呼吸道实现通气。通过呼吸道的呼吸，达到空气净化、湿润、温暖或冷却（当气温高于体温时）的作用。但在剧烈运动时，为减少呼吸道阻力，人们常采用以口代鼻，或口鼻并用的呼吸。其优势包括3个方面：①减少肺通气阻力，增加通气；②减少呼吸肌为克服阻力而增加的额外能量消耗，推迟疲劳出现；③暴露满布血管的口腔潮湿面，增加散热途径。但应注意，在严寒季节里进行运动，张口不宜过大，尽可能使吸入的空气经由口腔加温后再通过咽喉、气管入肺。

2. 提高肺泡通气效率

提高肺通气量的方法，有增加呼吸频率和呼吸深度两种方式。据研究，呼吸频率是随着运动强度的增加而增加的，并经2~4分钟达到稳定状态。而呼吸深度和肺通气量则须经3~5分钟才达到稳定状态。剧烈运动时，呼吸频率和肺通气量迅速上升，而呼吸深度反而变浅。运动时（尤其是耐力运动），期望在吸气时肺泡腔中有更多的含O_2新鲜空气，呼气时能呼出更多的含CO_2的代谢气体。因此，提高肺泡通气量比提高肺通气量意义更大。

有意识地采取适宜的呼吸频率和较大的呼吸深度是很重要的。一般来讲，径赛运动员的呼吸频率以每分钟不超过30次为宜。自由泳运动员即使有特殊需要，也不宜超过每分钟60次。那么强调运动时的深呼吸，以偏重深吸气好，还是以偏重深呼气好呢？当吸入气量一定时，肺泡气新鲜率的大小，取决于呼气末或吸气前存在于肺泡腔中的功能余气量。功能余气量越少，吸入新鲜空气越多，肺泡气中的PO_2就会越高。运动中有效减少肺泡腔内功能余气量的方法是尽可能地做深呼气动作（有时也叫作深吐气），从而保证机体摄入更多的O_2。

运动时（特别是在感到呼吸困难、缺O_2严重的情况下）采用节制呼吸频率、适当加大呼吸深度，同时注重深呼气，有助于提高机体的肺泡通气量。例如，人在跑步或游泳时，因体内有过多的负氧会出现"极点"现象，为有效克服或缓解"极点"，提高O_2的摄入量，应有意识地保持有节奏地深吸气与深呼气。蛙泳时的正确呼吸应该是在水中做深呼气，将气吐尽，然后再抬头出水面吸气。

3. 与技术动作相适应

呼吸的形式、时相、节奏等必须适应技术动作的变换，必须随运动技术动作而进行自如的调整。这不仅为提高动作质量、配合完成高难度技术提供保障，同时也能推迟疲劳的发生。对于从事投掷、体操、技巧、武术、跳水、花样滑冰等专项的运动员来说，呼吸调节尤显重要。

(1) 呼吸形式与技术动作的配合

呼吸的主要形式有胸式呼吸和腹式呼吸。运动时采用何种形式的呼吸，应以有利于技术动作的运用而又不妨碍正常呼吸为原则，灵活转换。

有些技术动作通常需要胸、肩带部的固定，才能保证造型，那么这时的呼吸形式应转为腹式呼吸。例如，体操中的手倒立、肩手倒立、头手倒立、吊环十字悬垂、下"桥"动作等，这些需胸、肩带部固定的技术动作，采用腹式呼吸，就会消除身体重心不稳定的影响。而另一些技术动作需要腹部固定的，则要转为胸式呼吸，如上固定或下固定时的屈体静止造型动作、"两头起"的静止造型动作等，采用胸式呼吸有助于腹部动作的保持和完成。

(2) 呼吸时相与技术动作的配合

通常非周期性的运动要特别注意呼吸的时相，应以人体关节运动的解剖学特征与技术动作的结构特点为转移。

在完成两臂前屈、外展、外旋、扩胸、提肩、展体或反弓动作时，一般采用吸气比较有利。在完成两臂后伸、内收、内旋、收胸、塌肩、屈体或团身等动作时，采用呼气比较顺当。如"卧躺推杠铃"练习，杠铃放下过程（臂外展、扩胸）应采用吸气，杠铃推起过程（臂内收、收胸）应采用呼气。"仰卧起坐"练习，仰卧过程（展体）采用吸气，起坐过程（屈体）采用呼气。"俯卧撑"练习，俯卧过程（两臂外展、胸扩展）采用吸气，撑起过程（两臂内收、胸内收）采用呼气。但也有一些例外（如杠铃负重蹲起时的展体，改为呼气较好），应以立足完成技术动作为基础，然后再考虑吸气与呼气时相协调。

(3) 呼吸节奏与技术动作的配合

周期性运动通常采用富有节奏的、混合型呼吸，这种呼吸形式将会使运动更加轻松和协调，更有利于创造好的运动成绩。如周期性的跑步运动，长跑宜采用2~4个单步一吸气、2~4个单步一呼气的方法进行练习。短跑常采用"憋气"与断续性急促呼吸相结合，即每"憋气"2~12个单步（或更多）后，做一次1秒以内完成的急骤深呼吸。周期性游泳运动的呼吸节奏，蛙泳可采用一次划手、一次蹬腿、一次头出水面呼吸的组合；自由泳可采用两侧呼吸，即三次划臂（打腿多少次数以个人特点定），完成一次侧换气的组合。

(4) 憋气的合理运用

或深或浅的吸气后，紧闭声门，做尽力呼气的动作，称为憋气。在完成最大静止用力的动作时，通常需要憋气来配合，如大负荷的力量练习、举重运动、角力、拔河、"掰手腕"等。憋气对运动的良好作用有：①憋气时可反射性地引起肌肉张力增加，如人的臂力和握力在憋气时最大，呼气时次之，吸气时较小。②可为有关的运动环节创造最有效的收缩条件，如短跑时憋气一方面可控制胸廓起伏，使快速摆臂动作获得相对稳定的支撑点。另一方面又避免腹肌松弛，为提高步频、步幅提供更强劲的牵引力。

憋气有时会对人体产生一些负面作用，包括：①长时间憋气压迫胸腔，使胸内压上升，造成静脉血回心受阻，进而心脏充盈不充分，输出量锐减，血压大幅下降，导致心肌、脑细胞、视网膜供血不全，产生头晕、恶心、耳鸣、眼黑等感觉，影响运动的正常进行。②憋气结束，出现反射性深呼吸，造成胸内压骤减，原先潴留于静脉的血液迅速回心，冲击心肌并使心肌过度伸展，心输出量大增，血压也骤升。这对心力储备差者，十分不利。儿童的心脏因承受能力低而易造成心肌过度伸展导致松弛；老年人因血管弹性差、脆性大，而容易造成心、脑、眼等部位的血管破损，都会带来不良的后果。

由此看来，憋气对运动有利有弊。正确合理的憋气方法应该是：①憋气前的吸气不要太深。②结束憋气时，为避免胸内压的骤减，使胸内压有一个缓冲、逐渐变小的过程，呼出气应逐步少许地、有节制地从声门中挤出，即采用微启声门、喉咙发出"嗨"声的呼气。③憋气应用于决胜的关键时刻，不必每一个动作、每一个过程都憋气。如跑近终点的最后冲刺、杠铃举起、摔跤制服对手的一刹那，可运用憋气。对运动员和健康人来说，一般的憋气属于生理现象，如排便动作。有时还可以把采用适当的憋气作为提高心肺功能的手段之一，只是要遵守循序渐进的规律而已。

（五）呼吸肌与运动训练

呼吸肌的训练主要是进行肌力训练和耐力训练。方法包括：①借助呼吸肌训练仪进行。通过调整仪器中的呼气吸气阻力、呼吸深度频度等参数，达到提高呼吸肌肌力和耐力的目的。②通过运动训练获得。进行长时间的耐力训练是训练呼吸肌有效、简便的方法。此外，还有简单的呼吸操，如深慢腹式呼吸、传统的气功等对呼吸肌的训练也起到一定作用。

第一篇 基础运动生理学

【知识窗】

大学生甲在一次体育测试中，完成100米冲刺到达终点时感觉眼前发黑，随即晕倒，1分钟后清醒。大学新生乙在入学军训站姿时，突然晕倒。请用心血管生理机制分析甲乙两名同学晕倒的可能原因。

甲同学剧烈运动后，眼前发黑，晕倒随即清醒，这是一过性脑供血不足的表现。因为剧烈运动后心跳加速，心脏收缩心动周期变短。心动周期包括收缩期和舒张期，心脏收缩期把血液泵入主动脉，随血液循环运输到全身各器官，舒张期是血液从静脉回心流入心脏。只有舒张期有足够的回心血量，收缩期才能有足够的血液泵入血管，保障心脏射血。而心跳加速时（到达140~150次/分钟以上时），心脏周期缩短，主要是舒张期缩短，舒张期太短回心血量不足，心脏没有足够的血液，收缩期时就不能为机体提供足够的血液供应。该大学生的症状就是这种情况，剧烈运动后心跳加速，心脏周期缩短，舒张期尤为明显缩短。当心脏内压（中心静脉压）过大时，血液不能充分回流进入心脏，造成心脏血液充盈不足，收缩期没有足够的血液泵入血管，进而造成脑供血不足而产生眼前发黑、晕倒等症状。

乙同学在入学军训站姿时，突然晕倒，也是一过性脑供血不足的表现。这是因为静脉压及静脉回心血量与人体所取的体位、骨骼肌挤压、呼吸运动等有关。由卧位转变为立位时，身体低垂部分的静脉跨壁压增大扩张，容纳的血量增多，回心血量减少。此外，四肢静脉有静脉瓣，骨骼肌的肌肉收缩挤压，静脉瓣开放促进血液回心，肌肉舒张静脉瓣关闭防止血液倒流。这样，骨骼肌和静脉瓣膜一起，对静脉回流起着"泵"的作用，称为"肌肉泵"的唧筒作用。如军训站姿长久站立体位不动，及肌肉不做收缩和舒张的交替活动，失去肌肉泵的唧筒作用，均可导致回心血量减少，进而心输出量减少，脑供血不足，引起头晕甚至昏撅。

所以，建议科学运动和参加比赛，科学军训。在剧烈运动后不能马上停下来，而要继续主动做些放松运动，军训不能长久站立不动，防止因各种因素引起静脉回心血量不足，心输出量减少，导致脑供血不足，引起晕倒等不良现象。

【复习思考题】

1. 名词解释：红细胞比容、碱储备、运动性贫血、运动员血液、心动周期、窦性心律、每搏输出量、心指数、心输出量、射血分数、血压、呼吸、动脉脉搏、运动员心脏、运动性心动徐缓、肺活量、肺泡通气量、时间肺活量、最大通气量、氧脉搏。
2. 试述血液的组成与功能。
3. 试述长期运动对红细胞的影响。
4. 如何应用血红蛋白指标科学地指导训练？
5. 影响心输出量的因素有哪些？

6. 各种因素是如何影响动脉血压的？
7. 运动员心脏有何特点？
8. 为什么在一定范围内深慢的呼吸比浅快的呼吸效果要好？
9. 试述肺通气的机能指标测定意义和评定方法。
10. 试述影响换气的因素。
11. 氧离曲线的生理意义是什么？哪些因素影响氧离曲线的变化？
12. 运动时应如何进行与技术动作相适应的呼吸？如何合理地使用憋气？

（张日辉）

第三章 CHAPTER 03
能量代谢与骨骼肌机能

【内容提要】

物质和能量代谢是维持人体各种生理机能的基本保证，是骨骼肌收缩的重要能量来源。本章首先通过介绍人体主要营养物质的生理作用及其消化与吸收的特点、代谢方式，人体的各种状态下的能量代谢，运动过程中的能量供应，以及体温的产生及调节等内容，为学习骨骼肌机能奠定基础。

肌肉收缩是完整机体的主要活动形式之一。在介绍骨骼肌的结构、生物电的产生及神经冲动的传导、骨骼肌的收缩原理基础上，阐明骨骼肌的特征、不同收缩形式和力学表现。比较分析不同类型肌纤维的形态、机能和代谢特点，以及运动训练对骨骼肌和肌纤维的影响。

【本章重点】

1. 营养物质的体内代谢。
2. 人体运动时的能量供应与消耗。
3. 骨骼肌肌纤维的收缩原理。
4. 骨骼肌收缩形式及生理学特点。
5. 不同类型肌纤维的形态学、生理学和生物化学特征。
6. 肌纤维类型与运动能力。

第一节 物质与能量代谢

一、物质代谢

（一）营养物质的消化与吸收

食物在消化道内被分解为小分子的过程称为消化（digestion）。经过消化的食物透过消化道黏膜，进入血液和淋巴循环的过程称为吸收（absorption）。

1. 消化

消化的方式有两种。一种消化方式是通过咀嚼、消化道肌肉的舒缩活动，将食物磨碎，并使之与消化液充分混合，将食物不断地向消化道远端推送，最终把不能被消化和吸收的残渣以粪便形式排出体外，此种方式称为机械性消化或物理性消化。另一种消化方式是通过消化腺分泌的消化液来完成的，消化液中所含的各种消化酶，能分别将糖类、脂肪及蛋白质等物质分解成小分子颗粒，此种消化方式称化学性消化，如表3-1所示。两种消化方式同时进行，互相配合，共同完成消化过程。

表3-1 各种消化液的组成及主要生理作用

消化液	分泌量（升/日）	pH	主要成分	酶作用的底物	酶的水解产物
唾液	0.8~1.5	6.0~7.0	黏液		
			α-淀粉酶	淀粉	麦芽糖
胃液	1.5~2.5	0.9~1.5	黏液、盐酸		
			胃蛋白酶（原）	蛋白质	胨、多肽
			内因子		
胰液	1.0~2.0	7.8~8.4	HCO_3^-		
			胰蛋白酶（原）	蛋白质	氨基酸、肽链
			糜蛋白酶（原）	蛋白质	
			羧基肽酶（原）	肽	氨基酸
			核糖核酸酶	RNA	单核苷酸
			脱氧核糖核酸酶	DNA	
			α-淀粉酶	淀粉	麦芽糖、寡糖
			胰脂肪酶	甘油三酯	脂肪酸、甘油、甘油一酯
			胆固醇酯酶	胆固醇酯	脂肪酸、胆固醇
			脂肪酶	磷脂	脂肪酸、溶血磷脂
胆汁	0.6~1.0	6.8~7.4	胆盐		
			胆固醇		
			胆色素		
小肠液	1.2①	8.2~9.3	黏液		
	1.8②	7.5~8.0	肠激活酶	胰蛋白酶原	胰蛋白酶
大肠液	0.5	8.3~8.4	黏液		

注：①十二指肠腺分泌小肠液；②小肠腺分泌小肠液。

2. 吸收

消化道不同部位对物质的吸收能力和吸收速度明显不同，这主要取决于消化道各部位的组织结构，以及食物在各部位被消化的程度和停留的时间，如表3-2所示。

表3-2 消化道各部位主要营养物质的吸收概况

部位	营养物质	吸收机制	去路
口腔	不吸收营养物质，吸收部分药物（如亚硝酸甘油、吗啡）		入血
胃	酒精和少量水		入血
小肠	糖（单糖）	继发性主动转运吸收（为主）	入血
	蛋白质（氨基酸）	继发性主动转运吸收	入血
	水溶性维生素	易化扩散，B_{12}与内因子结合在回肠吸收	入血
	脂肪（脂肪酸、甘油一酯及胆固醇等）	被动转运（为主），需胆盐协助	入淋巴（为主）或门静脉
	水	被动吸收（渗透为主）	入血
	脂溶性维生素	扩散，需胆盐协助	入血
	Na^+	继发性主动转运吸收，顺电化学梯度	入血
	Ca^{2+}	主动转运，VD、脂肪、胃酸促进吸收	入血
	Cl^-、HCO_3^-	被动吸收，电荷电场力吸引	入血
十二指肠（空肠）	Fe^{2+}	主动转运，VC和胃酸促$Fe^{3+} \rightarrow Fe^{2+}$有利吸收	入血
大肠	水、盐类		入血

3. 肌肉运动对消化和吸收机能的影响

肌肉运动可引起骨骼肌血管扩张、血流量增加，内脏血管收缩、血流量减少的效应，导致胃肠道血流量明显减少（约较安静时减少2/3），消化腺分泌消化液量下降。运动应激也可致胃肠道机械运动减弱，使消化能力受到抑制。为了解决运动与消化机能的矛盾，一定要注意运动与进餐之间的间隔时间。饱餐后，立即运动，将会影响消化，甚至可能因食物滞留造成胃膨胀，出现腹痛、恶心及呕吐等运动性胃肠道综合征。剧烈运动结束后，亦应经过适当休息，待胃肠道供血量基本恢复后再进餐，以免影响消化吸收机能。

(二) 营养物质的生理作用

营养物质主要包括糖类、脂肪、蛋白质、水、无机盐和维生素等。这些物质除了为机体正常生命活动及运动提供必不可少的物质能量来源，还有一些其他生理作用，如表3-3所示。

表3-3 主要营养物质的生理作用

营养物质	生理作用
糖	主要能源物质，所需O_2较脂肪和蛋白质少，最经济的能源；糖类可与脂类构成糖脂，与蛋白质结合成糖蛋白，构成生物膜、神经组织、结缔组织、血浆球蛋白（抗体）、许多酶及激素等生物活性物质的重要成分
脂肪	主要能源物质，具有防止散热及保护脏器的作用
蛋白质	在糖和脂肪大量消耗或糖供应不足时，可作为供能物质，但正常情况下，蛋白质主要用于维持机体生长发育和组织的更新修复
水	构成体液，具有维持物质代谢、调节体温和润滑作用
无机盐	维持细胞内外液的容量、渗透压及电中性；维持神经、肌肉的膜电位、兴奋性、收缩性等；参与血液缓冲对的构成，维持酸碱平衡；参与人体体质构成，通过生物酶的调节作用，影响物质代谢过程等
维生素	水溶性维生素（特别是B族维生素）参与某些辅酶的组成、某些重要化学基团的转运及体内的氧化还原反应等，在物质代谢中起重要作用。 脂溶性维生素有维持上皮细胞健全和机体正常生长发育、调节钙磷代谢、促进多种凝血因子的合成、作为抗氧化剂等重要功能

（三）营养物质在体内的代谢

1. 糖代谢

（1）人体的糖贮备及其供能形式

食物中的糖大多是多糖或双糖，经消化分解成单糖并被吸收入血液后，补充血糖使血液中的葡萄糖浓度维持在一定范围。血糖，一部分被组织直接氧化利用，一部分合成肝糖原，一部分随血液运输到肌肉合成肌糖原贮存起来，此外，在空腹或饥饿条件下，非糖物质也可通过糖异生作用生成糖来补充或恢复肝糖原储备，用以补充血糖；在能量供应充足的条件下，食物中的糖也可经过三羧酸循环转化为脂肪或蛋白质。各种形式处于一种动态平衡（图3-1）。

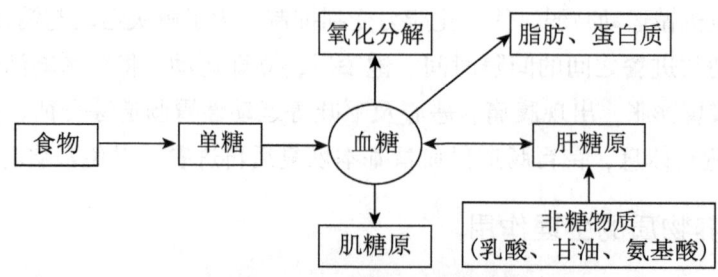

图3-1 糖的动态平衡示意图

葡萄糖（glucose）是人体内糖类的运输形式，而糖原（glycogen）是糖类的贮存形式。脑组织中糖原含量甚少，人体肝糖原为70~100g，肌糖原为300~400g。一个体重70kg的运动员，肌糖原储量约为420g，肝糖原储量约为100g。肌糖原既是高强度无氧运动时机体的重要能源，又是中大强度有氧运动时的主要能源。糖原贮量（特别是肌糖原）的增多，有助于提高大强度耐力项目运动的成绩。

血液中的葡萄糖又称为血糖，总量为5~6g，正常人空腹浓度为每百毫升血液中80~120 mg（4.2~6.6 mmol/L）。血糖是包括大脑在内的中枢神经系统的主要能源。饥饿及长时间运动时，血糖水平下降，运动员会出现工作能力下降及疲劳的征象。肝糖原可以迅速分解入血以补充血糖，维持血糖的动态平衡。

（2）糖在体内的分解代谢

糖在人体的主要分解途径有两条：在不需氧的情况下进行糖酵解（glycolysis）和在耗氧情况下进行有氧氧化（aerobic oxidation）。

①糖酵解：在人体缺氧或供氧不足的情况下，糖能经过一系列的化学反应分解成乳酸，并释放出一部分能量的过程。糖酵解也是人体某些组织、细胞（如红细胞）正常生理情况下的主要供能途径，不需耗氧而糖分解成乳酸提供能量。

剧烈运动时，糖酵解产生乳酸释放能量，这些能量由二磷酸腺苷（ADP）接受并生成三磷酸腺苷（ATP）。1分子葡萄糖生成2分子乳酸，并释放能量生成2分子ATP。糖酵解过程ATP的生成量少，但酵解酶浓度高，反应速度快，在剧烈运动时可以快速提供肌肉收缩的能量。

经糖酵解产生的乳酸，一部分在供氧充分时继续氧化分解，通常发生在心脏、静息时或恢复时的骨骼肌；另一部分扩散入血，在肝脏重新转变成葡萄糖或糖原，循环利用，该过程需要氧和能量的供给。

②有氧氧化：糖原或葡萄糖在耗氧条件下彻底氧化产生二氧化碳和水的过程，称为有氧氧化。

糖的有氧氧化过程可分为3个阶段：第一阶段，由糖原或葡萄糖分解为丙酮酸，该过程与糖酵解相同；第二阶段，由丙酮酸氧化生成乙酰辅酶A（乙酰CoA）；第三阶段，乙酰辅酶A经三羧酸循环（tricarboxylic acid cycle）生成二氧化碳和水。每个阶段均有脱氢反应，脱下的氢原子与氧化合生成水的过程中，产生大量能量，用以合成ATP（图3-2）。糖的有氧氧化产生能量较多，1分子葡萄糖完全氧化时，产生38分子ATP，为糖酵解产能的19倍。糖的有氧氧化是机体正常生理条件下及长时间运动中供能的主要方式。

乙酰辅酶A不仅是糖氧化分解的产物，同样也可来自脂肪和蛋白质的分解代谢。因此，三羧酸循环实际上是糖、脂肪、蛋白质三大营养物质在体内氧化分解的共同途径。

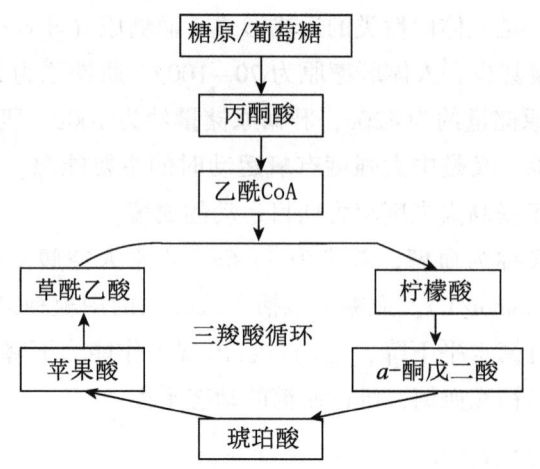

图 3-2 糖的有氧氧化途径（引自王瑞元等，2012）

（3）运动与补糖

适当补糖，有助于推延运动性疲劳的产生，直接或间接调节机体免疫机能，并可促进运动性疲劳的恢复，以保持运动能力，提高训练效果及比赛成绩。目前大多数学者认为，超长距离的耐力项目（如公路自行车、马拉松跑）有必要进行糖的补充。

一般认为，运动前 2~4 小时补糖可以增加运动开始时肌糖原的贮量。运动前 5 分钟内或运动开始时补糖效果较理想。应当注意的是，在比赛前 1 小时左右不要补糖，以免因胰岛素效应使血糖降低。进行一次性长时间耐力运动时，以补充高糖类食物作为促力手段，需在运动前 3 天或更早些时间食用。在长时间运动中，如马拉松比赛，可以通过设立途中饮料站适量补糖。运动后补糖将有利于糖原的恢复，而且越早越好。理想的运动后补糖是在运动后即刻、运动后 2 小时及每隔 1~2 小时连续补糖。耐力运动员在激烈比赛或大负荷量训练期，膳食中糖类总量应占其每日能量消耗的 70%，这有利于糖原的恢复。

运动前或赛前补糖可采用稍高浓度的溶液（35%~40%），服用量为 40~50g 糖。运动中或赛中补糖应采用浓度较低的糖溶液（5%~8%），因为当摄入的饮料中糖浓度超过 10% 时，胃的排空速率就会明显下降。糖的补充应有规律地间歇进行，一般每 20 分钟给 15~20g 糖为宜。

低聚糖是一种人工合成糖（目前多使用由 2~10 个葡萄糖单位聚合成的低聚糖），渗透压低，分子量大于葡萄糖。研究表明，浓度为 25% 的低聚糖的渗透压相当于 5% 葡萄糖的渗透压，故可提供低渗透压高热量的液体，效果较理想。对于糖原恢复的研究发现，淀粉、蔗糖合成肌糖原的速率大于果糖，但果糖合成肝糖原的效果则比蔗糖或葡萄糖好。因此，补糖时应注意合理搭配糖的种类。同时，运动员膳食中应注意保持足够量的淀粉。

2. 脂代谢

（1）脂肪贮备

人体脂肪的贮存量很大，充沛的脂肪贮备为机体提供了丰富的能源。一般认为，最适宜的体脂含量：男性为体重的15%~20%，女性为体重的20%~25%。

（2）脂肪在体内的分解代谢

脂肪在脂肪酶的作用下，分解为甘油及脂肪酸，然后再分别氧化生成二氧化碳和水，同时释放出大量能量，用以合成ATP。在氧供应充足时进行运动，脂肪可被大量消耗利用。在安静时，脂肪也是心肌、骨骼肌的主要能源。

（3）运动减肥

如果男性体脂>20%、女性>30%则属肥胖。肥胖易诱发高血压、冠心病等疾病。

体脂含量可以通过调整食物摄入量及增加机体活动程度加以控制，进行减肥。运动还有助于增强心血管系统及呼吸系统的机能，提高肌肉的代谢能力，增强体质，促进健康。采取运动与节食相结合的方式，减肥效果最佳。

运动减肥提倡采用动力型、大肌肉群参与的有氧运动，如快走、跑步、游泳、骑单车、跳绳、健身操等运动。由于水中运动可以减轻关节的负担（水有浮力），体热容易散发，水的静水压力可使中心血容量增加，通过水中运动减肥为近年来提倡的减肥方式，如在水中行走、跑步、跳跃、踢水、水中球类游戏等活动。

在有条件的情况下，可进行"理想"体重的测定：

"理想"体重 = 100×瘦体重（kg）/（100－"理想"的体脂百分比）

减体重的运动量常根据要减轻体重的数量及减重速度决定。许多学者提出，每周减轻体重0.45kg（1磅）较适宜，每周减轻体重0.9kg（2磅）为可以接受的上限，但不宜超过此限度，约相当于每日亏空能量2093~4186 kJ（500~1000 kcal），每周累计的热能短缺量为14 651~29 302 kJ（3500~7000 kcal）。具体措施为：每周运动3~5次，每次持续30~60分钟，运动强度为刺激体脂消耗的"阈值"，即50%~85%VO_{2max}或60%~70%最大心率，使每周运动的热能消耗量至少达到3767.4 kJ（900 kcal）。

3. 蛋白质代谢

（1）蛋白质在体内的代谢

正常成人每日蛋白质的摄取量与消耗量基本相等，氮的收支保持平衡状态称为氮平衡（nitrogen balance）。儿童少年、孕妇、病后恢复阶段及运动训练过程中，蛋白质摄入多于排出，称为氮的正平衡。饥饿、营养不良、患消耗性疾病、衰老和大运动量训练期间，机体蛋白质消耗大于摄入，称为氮的负平衡。蛋白质在体内缺乏30%以上，将会影响正常生命活动。

只有在某些特殊情况下,如食物中糖类供应不足或是糖、脂肪被大量消耗后,机体才会依靠由组织蛋白分解产生氨基酸的方式供能。蛋白质作为能源物质氧化分解时,首先分解为氨基酸,氨基酸进而分解为相应的 α-酮酸及氨,酮酸经过三羧酸循环彻底氧化分解为二氧化碳和水,释放出一定量的能量。氨则在肝脏转化为尿素,最终经肾脏随尿排出。

在长时间运动中蛋白质分解代谢增加,促进了运动后合成代谢的加强,使得肌肉质量提高,肌肉粗壮有力。因此,运动员增加食物蛋白质的摄入量,目的是增加肌肉蛋白质的数量和质量,而并非作为能源贮备。

(2) 蛋白质的补充

由于蛋白质在人体具有特殊的作用,在运动训练过程中,运动员特别是力量、耐力项目的运动员的蛋白质补充非常重要。一般认为,成人蛋白质最低生理需要量为30~45克/天或0.8克/公斤体重。生长发育期的青少年由于组织增长及再建的需要,蛋白质的需要量为2.5~3克/公斤体重。运动员的蛋白质供给量比普通人高,目前认为我国运动员的蛋白质需求为1.2~2克/公斤体重,优秀举重运动员蛋白质补充量每日为1.3~1.6克/公斤体重,耐力项目运动员蛋白质的补充量为1.5~1.8克/公斤体重,但不能超过2克/公斤体重。在整个耐力训练阶段,运动员应持续补充蛋白质,以促进肌肉蛋白质的合成,预防运动性贫血的发生。

(3) 三大物质代谢的关系

糖类、脂肪、蛋白质三大营养物质在神经、激素的调控下,各自发挥其生理作用。它们的氧化分解途径均需经过三羧酸循环完成。三大物质在一定条件下,以三羧酸循环为枢纽可以发生互相转化,如丙酮酸、乙酰辅酶A等均是糖、脂肪、蛋白质相互转化的交叉点(图3-3)。

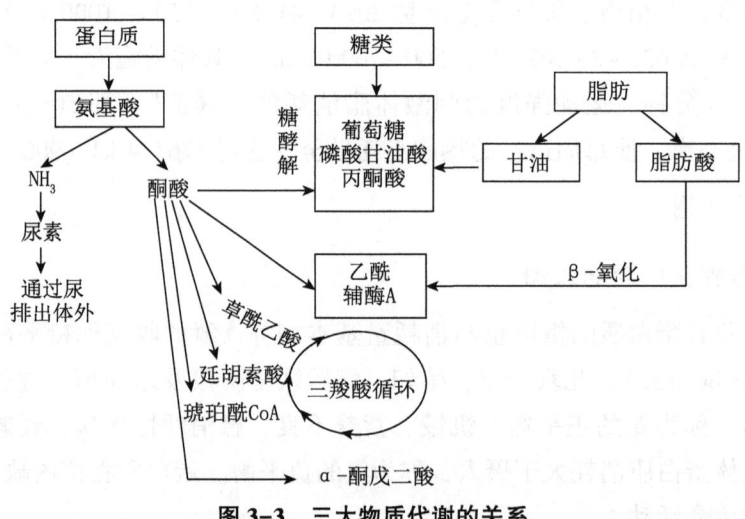

图3-3 三大物质代谢的关系

4. 水代谢

(1) 人体内水的分布及功能

成人体内的含水量约占体重的60%。水在体内有游离水和结合水两种形式。游离水仅占体内水的一小部分，为3~4 L，它们可以自由流动，如血液、淋巴液、组织液。结合水占绝大部分，它们与无机盐离子及蛋白质、糖原等亲水胶体颗粒结合，参与构成器官组织。

(2) 人体的水平衡

人体的含水量与饮水、排汗量有关，也因年龄、性别而异。水的动态平衡依赖于其来源与去路保持恒定，如表3-4所示。

表3-4 水的来源和去路

水的来源	水的去路
(1) 每日饮水约1.2L； (2) 食物摄取，每日约1L； (3) 代谢产生，体内物质氧化每日约0.3L；运动时糖和脂肪的氧化分解也会产生水	(1) 经消化道随粪便排出，每日0.1~0.15L； (2) 呼吸蒸发，每日约0.35L； (3) 皮肤排汗，每日排出非显性汗 约0.5L（运动中或高温条件下排汗量增加）； (4) 通过肾脏以尿液的形式排出，每日约1.5L

(3) 运动员脱水及复水

脱水是指体液丢失达体重1%以上。运动员在训练过程中，由于气温、运动强度、运动持续时间等因素的影响，可能产生不同程度的水分丢失称为被动脱水。运动员有目的、有计划地在长期训练过程中缓慢减轻体重（主要为体脂）于较低的水平，或在赛前较短的时间内快速降低体重的过程称为主动脱水。

机体轻度脱水（失水量为体重的2%左右）时，以丢失细胞外液为主，血容量减少，出现口渴、尿少、尿钾丢失。中度脱水（失水量达体重的4%左右）时，细胞内外液的丢失程度相当，出现心率加快、体温升高、严重口渴、疲劳、血压下降。重度脱水（失水量达体重的6%~10%）时，主要丢失细胞内液，出现呼吸加快、肌肉抽搐，甚至昏迷，严重威胁机体健康及生命安全。

失水量对运动能力的影响与训练水平有关。一般训练水平的运动员，在机体轻度脱水时，即可影响体温调节能力、循环机能及运动能力；而训练水平高的运动员失水量在3%~4%以内，基本不会影响运动能力。

为改善和缓解脱水状况所采用的补水方法称为复水。复水所采用的液体成分中应含有一定比例的糖类、无机盐类，但浓度均较低，以低渗液体为佳，并应注意少量多次。一般认为，补液中无机盐浓度不应超过20 g/L，糖的浓度不能超过25 g/L，每

10~15分钟饮用150~250 mL、6~12 ℃的低渗液体。有人建议，进行长时间耐力运动赛前1~2小时应一次性饮用500 mL液体，因为在产生口渴之前进行强制性饮水，可以减少脱水的产生。对于运动持续时间超过1小时的大强度运动，运动员应补充0.5~0.7g/L含Na^+糖盐水。而运动后液体补充量一定要大于汗液的丢失量（为汗液丢失量的150%~200%）。

5. 无机盐代谢

（1）人体无机盐的种类

自然界存在的92种元素中，目前在人体已检出81种。因其在体内的含量不同，这些元素可分为宏量元素和微量元素两大类，日需量大于100 mg的元素称为宏量元素，微量元素是指不足人体质量0.01%的元素，浓度可用μg/g（微克/克）或μg/L（微克/升）来表示，如表3-5所示。

表3-5 宏量元素和微量元素

类别	主要元素名称	生理意义
宏量元素	除氧、碳、氢、氮外，包括主要电解质钾、钠、镁、氯、磷等，一般以离子的形式存在	在于维持机体内的渗透平衡、酸碱平衡及电解质平衡，并成为维持神经、肌肉兴奋性的主要因素
微量元素	人体必需的微量元素有14种，包括锌、铜、铁、碘、硒、铬、钴、锰、铂、钒、氟、镍、锶和锡	与维生素、激素、酶等生物学活性有关，锶和锡等有抗衰老作用

（2）运动中无机盐代谢及补盐问题

在激烈运动中，Na^+向细胞内转移，K^+则向细胞外转移，转移后的离子浓度差异，导致膜电位改变，进而影响神经肌肉传导，这通常是长时间运动中运动性疲劳产生的原因之一。另外，长时间耐力运动中运动员由于大量出汗，导致水分大量丢失的同时，亦可致无机盐的大量丢失。长时间运动时，机体主要丢失细胞外液的无机盐。汗液的丢失会使血浆渗透压升高，并影响机体的排热过程。

一般认为，平衡膳食足以提供运动员所必需的无机盐。运动中没有必要补充无机盐。但是，在一些超长距离项目中，如超长马拉松跑、铁人三项比赛等，有必要适当补充无机盐。因为在这类比赛中，单纯摄入水分，可能稀释体液中的Na^+，引起低钠血症即水中毒。此外，对那些为比赛而控制饮食，以及不能从膳食中获得充足营养供给者，可以适当补充一些无机盐。无机盐的补充一般与补水同步进行。

6. 维生素

维生素（Vitamin）是维持细胞正常生理功能所必需的，是需要量极小的低分子有机化合物。这类物质由于体内不能合成或者合成不足，必须由食物供给。维生素可以分为脂溶性和水溶性两类。脂溶性维生素包括 A、D、E、K，难溶于水。水溶性维生素包括硫胺素（B_1）、核黄素（B_2）、烟酸及烟酰胺（合称 PP）、吡哆素（B_6）、泛酸（B_5）、生物素（H）、叶酸（B_9 或 BC、FA）、钴胺素（B_{12}）和抗坏血酸（C）。

运动员维生素推荐量及在运动中可能参与的重要作用，如表 3-6 所示。

表 3-6 运动员维生素推荐量及在运动中可能参与的重要作用

维生素	推荐量（日）	可参与的作用
A	1500μg 或 1800μg	抗氧化剂，防止红细胞损伤
D	10~12.5μg	参与肌内钙转运
E	30 mg（高原训练 30~50 mg）	抗氧化剂，防止红细胞膜损伤，提高氧化能系统水平
B_1	3~5 mg	(1) 参与糖的分解过程 (2) 参与红细胞的形成 (3) 保持适度的神经系统功能
B_2	2~2.5 mg	参与糖和脂肪的分解产能过程
PP	20~30 mg	(1) 作用于糖的有氧氧化及酵解两个产能过程 (2) 阻断脂肪组织释放游离脂肪酸
B_6	2.5~3 mg	(1) 作用于糖的产能过程 (2) 参与血红蛋白和氧化酶的生成 (3) 保持神经系统的正常功能
B_{12}	2μg	参与红细胞生成过程
B_9	400μg	(1) 参与红细胞生成过程 (2) 作用于糖和脂肪的分解产能过程
H	30μg	参与糖和脂肪的合成
C	140mg（比赛期间为 200mg）	(1) 抗氧化剂 (2) 促进铁的吸收 (3) 参与肾上腺素的合成 (4) 促进氧化能系统能量的生成 (5) 参与结缔组织形成

（引自 Williams, 1990；陈吉棣, 2001）

二、能量代谢

（一）基础代谢

基础代谢（basal metabolism）指基础状态下的能量代谢。所谓基础状态是指人体处在清醒、安静、空腹、室温在 20~25℃ 条件下的状态。基础代谢率（basal metabolic rate，BMR）指在基础状态下，单位时间内的能量代谢，这种能量代谢是维持最基本生命活动所需要的最低限度的能量。基础代谢率以每小时每平方米体表面积的产热量为单位，通常以 kJ/（$m^2 \cdot h$）来表示。正常成年男子的基础代谢率约为 170 kJ/（$m^2 \cdot h$），女子约为 155 kJ/（$m^2 \cdot h$）。基础代谢率受年龄、性别等因素影响而产生生理波动，一般男性高于女性，幼年高于成人，老年低于成人。基础代谢率的测定值与正常值上下浮动 10%~15%，均属正常。相差超过 20% 属病理情况。过度训练状态下，运动员基础代谢率升高。安静代谢率（resting metabolic rate，RMR）指人体安静状态下的单位时间内的能量代谢。

（二）能量代谢的测定原理

机体的能量代谢遵循能量守恒定律。因此，测定在一定时间内机体所消耗的食物，或测定机体所产生的热量与所做的外功，均可测算出整个机体单位时间内所消耗的能量。

能量代谢的测定有直接和间接测定两种方式，而以间接测定应用较多。间接测定的基本原理是，按照一般化学反应中，反应物的量与产物的量之间成一定的比例关系，即定比定律。间接测定法的关键是收集安静和运动时的呼出气体，分析呼出气中氧和二氧化碳的量，并换算成热量。

（三）与能量代谢有关的几个概念

1. 食物热价及氧热价

1 克食物完全氧化分解所释放出的热量称为食物热价（thermal equivalent）。食物的热价分为物理热价和生物热价，前者指食物在体外燃烧时释放的热量，后者指食物在体内氧化所产生的热量。糖和脂肪的物理热价与生物热价相等，而蛋白质的生物热价小于其物理热价。这是由于蛋白质在体内分解时产生含有部分能量的尿素被排出体外的缘故。

某种能源物质在体内氧化分解时，每消耗 1 升 O_2 所产生的热量称为该物质的氧热价（thermal equivalent of oxygen），如表 3-7 所示。

表 3-7 三种能源物质氧化时的数据

能源物质	产热量（kJ/g）			耗氧量（L/g）	CO_2产量（L/g）	氧热价（kJ/L）	呼吸商（RQ）
	物理热价	生物热价	营养学热价				
糖	17.17	17.15	16.74	0.83	0.83	20.66	1.00
蛋白质	23.43	17.99	16.74	0.95	0.76	18.93	0.80
脂肪	39.75	39.75	37.66	2.03	1.43	19.58	0.71

注：1 kcal=4.186 kJ，1 kJ=0.23885 kcal。

（引自姚泰等，2005）

2. 呼吸商

某种物质在体内氧化时所产生的 CO_2 与所消耗的 O_2 的容积之比称为呼吸商（Respiratory Quotient，RQ）。糖在氧化时消耗的 O_2 与产生的 CO_2 分子数相等，故呼吸商为1。脂肪氧化时需要消耗更多的 O_2，其呼吸商小于1，约为0.71。由于蛋白质在体内不能完全氧化，且氧化分解途径的细节尚未完全搞清，只能间接推算其呼吸商，约为0.80。一般情况下，人类摄取的食物为混合食物，其呼吸商约为0.85，如表3-8所示。

表3-8 非蛋白质呼吸商和氧热价

非蛋白呼吸商	氧化的百分比（%）		氧热价	
	糖	脂肪	kJ/L	kcal/L
0.70	0.00	100.0	19.620	4.686
0.71	1.10	98.9	19.637	4.690
0.72	4.75	95.2	19.687	4.702
0.73	8.40	91.6	19.738	4.714
0.74	12.0	88.0	19.792	4.727
0.75	15.6	84.4	19.842	4.739
0.76	19.2	80.8	19.892	4.751
0.77	22.8	77.2	19.947	4.764
0.78	26.3	73.7	19.997	4.776
0.79	29.9	70.1	20.047	4.788
0.80	33.4	66.6	20.102	4.801
0.81	36.9	63.1	20.152	4.813
0.82	40.3	59.7	20.202	4.825
0.83	43.8	56.2	20.257	4.838
0.84	47.2	52.8	20.307	4.850
0.85	50.7	49.3	20.357	4.862
0.86	54.1	45.9	20.412	4.875
0.87	57.5	42.5	20.462	4.887
0.88	60.8	39.2	20.512	4.899
0.89	64.2	35.8	20.562	4.911
0.90	67.5	32.5	20.617	4.924
0.91	70.8	29.2	20.667	4.936
0.92	74.1	25.9	20.717	4.948
0.93	77.4	22.6	20.772	4.961

续表

非蛋白呼吸商	氧化的百分比（%）		氧热价	
	糖	脂肪	kJ/L	kcal/L
0.94	80.7	19.3	20.822	4.973
0.95	84.0	16.0	20.872	4.985
0.96	87.2	12.8	20.927	4.998
0.97	90.4	9.58	20.997	5.010
0.98	93.6	6.37	21.027	5.022
0.99	96.8	3.18	21.082	5.035
1.00	100.0	0.0	21.132	5.047

（引自王瑞元等，2012）

3. 代谢当量

运动时的耗氧量与安静时耗氧量的比值称为代谢当量（MET）。1 MET 约相当于安静时 1 分钟的能量消耗（耗氧量），即约相当于 250 mL/min 或 3.5 mL/（kg·min）。2 MET 相当于 2 倍安静时的耗氧量。它可以用于评价机体运动时的相对能量代谢水平，在运动处方的制定中具有实际应用价值。

4. 影响能量代谢的因素

①肌肉活动。任何轻微的活动均可提高耗氧量。运动中机体耗氧量增加，消耗能量增多，产热量增加，因而能量代谢率增高。

②精神活动。人在精神紧张（如烦恼、恐惧或情绪激动）时，产热量显著增加。这是因为伴随情绪变化，会出现无意识的肌紧张及促进代谢的激素释放增多等。

③食物的特殊动力作用。安静状态下摄入食物后的一段时间内，食物能使机体产生"额外"热量的现象称为食物的特殊动力作用（specific dynamic action of food）。例如，蛋白质可额外增加 30% 的产热量，糖类或脂肪食物特殊动力作用为其产热量的 4%~6%，而混合食物可使产热量增加 10%。额外增加的热量不能用于做功，只能用于维持体温。目前认为，这种效应可能与肝脏内氨基酸的脱氨基过程和尿素的形成有关。

④环境温度。人体安静时的能量代谢在 20~30℃ 环境中最稳定。环境温度过高或过低均可使机体能量代谢率升高。

（四）人体运动时的能量供应与消耗

1. 骨骼肌收缩的直接能源——ATP

人体各种生理活动所需要的能量基本由 ATP 直接供给。ATP 在酶的催化下，分解为二磷酸腺苷（ADP）和无机磷酸（Pi），并释放出能量：$ATP+H_2O \rightarrow ADP+Pi$。每克分子 ATP 可释放 29.26~50.16 kJ（7~12 kcal）的能量。

细胞内 ATP 的浓度很低，ATP 贮量有限。运动中 ATP 消耗后的补充速度成为影响运动能力的重要因素。直接补充过程由肌肉中的另一高能磷酸化合物磷酸肌酸（CP）完成。CP 释出的能量用以将 ADP 再合成为 ATP，同时生成肌酸（Creatine，C）：CP+ADP→C+ATP。肌肉中 CP 的再合成则要靠三大能源物质的分解。人体 ATP 最终来源于糖、脂肪、蛋白质的氧化分解。

2. 三种能源系统的特征

人体在各种运动中所需要的能量分别由 3 种不同的能源系统供给，即磷酸原系统（phosphagen system）、酵解能系统（glycolytic system）和氧化能系统（aerobic system），如表 3-9 所示。

表 3-9　人体运动时 3 种能源系统的特征

能源系统名称	底物	贮量 (mmol/kg)	可合成 ATP 量 mmol/（kg·s）	可供运动时间	供给 ATP 恢复的物质和代谢产物
磷酸原系统	ATP	24.6	—	6~8 秒（或<10 秒）	CP
	CP	76.8	100		CP+ADP→ATP+C
酵解能系统	肌糖原	365	250	2~3 分钟	肌糖原→乳酸
氧化能系统	肌糖原	365	13000	1.5~2 小时	糖+O_2→CO_2+H_2O
	脂肪	48.6	不受限制	不限时间	脂肪+O_2→CO_2+H_2O
	蛋白质	—	—	—	蛋白质+O_2→CO_2+H_2O+尿素

（引自王瑞元等，2012）

(1) 磷酸原系统

磷酸原系统又称 ATP-CP 系统。在运动中 ATP 直接分解供能，为维持 ATP 水平，CP 在肌酸激酶作用下，再合成 ATP。CP 在肌肉中贮存量很少，约为 76.8 mmol/kg 湿肌。实际上，磷酸原在运动中的可用量只占 1% 左右。磷酸原系统作为极量运动的能源，虽然维持运动的时间仅仅 6~8 秒，但却是不可替代的快速能源。运动训练中及恢复期，既应设法提高肌肉内磷酸原的贮备量，又要重视提高 ATP 再合成的速率。如在 100m、200m 跑等速度项目中，磷酸原系统是首选能源。

(2) 酵解能系统

酵解能系统又称乳酸能系统，运动中骨骼肌糖原或葡萄糖在无氧条件下酵解生成乳酸并释放能量供肌肉利用的能源系统。尽管生成能量的数量不多，但在极量运动的能量供应中具有特殊的重要性。在极量强度运动的开始阶段，该系统即可参与供能，在运动 30~60 秒供能速率达最大，维持运动时间 2~3 分钟，如进行 800m 跑。

酵解能系统与磷酸原系统共同为短时间高强度无氧运动提供能量,中距离跑等运动持续时间在 2 分钟左右的项目,主要由酵解能系统供能。而篮球、足球等非周期性项目在运动中加速、冲刺时的能量亦由磷酸原及酵解能系统提供。

（3）氧化能系统

氧化能系统又称有氧能系统。糖类、脂肪和蛋白质在氧供充分时,可以氧化分解提供大量能量。该能源系统以糖和脂肪为主,尽管供能的最大输出功率仅达酵解能系统的 1/2,但其贮备量丰富,可以维持运动的时间较长（糖类可达 1.5~2 小时,脂肪可达更长时间）,是长时间运动的主要能源。这些运动如 3000m、马拉松跑等。

3. 能源系统与运动能力

（1）能量连续统一体

一切运动过程的能量供应都是由 3 个能源系统按不同比例提供的,比例大小取决于运动性质和特点。人体不同能源系统的供能能力决定了运动能力的强弱。

运动项目的能量供应之间紧密相连,形成一个连续的统一整体,称为"能量连续统一体",可扫描二维码进行学习。

例如,100m 跑是典型的速度性项目,要求快速高输出功率的能量供应,磷酸原系统为首选能源,但酵解能及氧化能系统在运动中仍占有一定比例。马拉松跑的持续时间长,运动中机体的能量供应以氧化能系统为主,但酵解能系统供能亦占有一定比例。另外,随着训练水平的提高,马拉松运动员运动中酵解能系统供能所占比例将进一步增加,有利于满足途中加速和终点冲刺时的能量需求。

（2）运动中能源物质的动员

运动开始时骨骼肌首先分解肌糖原,如 100m 跑在运动开始 3~5 秒,肌肉便通过糖酵解方式参与供能;持续运动 5~10 分钟后,血糖开始参与供能,当运动强度达到最大摄氧量强度时,可达安静时供能速率的 50 倍;运动时间继续延长,由于骨骼肌、大脑等组织大量氧化分解利用血糖,而致血糖水平降低时,肝糖原分解补充血糖,其分解速率较安静时增加 5 倍。脂肪在安静时为主要供能物质,在运动 30 分钟左右时,其输出功率达最大。在长时间运动中,当肌糖原大量消耗或接近耗竭,氧供充足时脂肪才被大量动用。蛋白质在运动中作为能源供能时,通常发生在持续 30 分钟以上的耐力项目。随着运动员耐力水平的提高,可以产生肌糖原及蛋白质的节省化现象。

对人体糖、脂肪、蛋白质三大能源物质在运动中的利用速率进行比较,糖的利用速率最快,是一种非常经济的能源,但能源物质的利用情况与运动强度密切相关。一般运动强度在 90%~95%VO_{2max} 以上强度运动时,肌糖原利用速率最大。在 65%~85% VO_{2max} 强度运动时,肌糖原利用情况随运动持续时间的延长而降低。30% VO_{2max} 强度运动时,肌内主要由脂肪酸氧化供能,很少利用肌糖原。

（3）健身运动的能量供应

由于健身运动的形式多种多样，运动强度均比较低，运动持续时间比较长，因而动用的能源物质亦与运动的特点相适应。研究表明，运动强度低于 $50\%VO_{2max}$ 时，脂肪氧化分解成为主要能源，血浆中游离脂肪酸的浓度每两分钟就更新 50%，说明脂肪代谢非常活跃。当运动强度超过 $50\%VO_{2max}$ 时，糖的分解供能显著加强。健身运动的强度基本处于 $50\%\sim70\%VO_{2max}$ 范围内，而且较理想的运动时间应在 30 分钟~1 小时。由于运动时可大量分解利用脂肪作为能源，这也是健身运动在增强体质的同时亦能产生减肥效果的原因。

4. 运动能量消耗的计算

运动时的能量消耗在运动生理学中特指因某项运动而引起的净能量消耗，即总能量消耗减去同一时间内安静状态下的能量消耗。在实际测量和计算中，必须考虑不同强度运动产生的能量消耗。具体步骤包括：①测定安静、运动、恢复期消耗的氧和产生的二氧化碳；②求出各阶段的呼吸商；③根据呼吸商，查氧热价对照表；④以该氧热价乘以所计算时间段内机体的总耗氧量，再减去同一时间安静状态时的能量消耗，即为该运动阶段的净能量消耗。

例如，试计算某受试者完成 5 分钟功率自行车定量负荷运动的净总能量消耗，其测试数据如表 3-10 所示。

表 3-10 某受试者进行自行车定量负荷运动的净总能量消耗

时间	内容	耗氧量（L）	CO_2产量（L）
5 分钟	安静（坐在车上）	1.5	1.275
5 分钟	蹬车（定量负荷）	16.5	14.851
30 分钟	恢复（坐在车上）	14.0	12.320

（查呼吸商和氧热价对照表：0.85RQ→4.862，0.88RQ→4.899，0.9RQ→4.924）

5 分钟安静时的呼吸商 = CO_2呼出量 ÷ O_2耗量

$= 1.275 \div 1.5$

$= 0.85$

5 分钟安静时的能量消耗 = O_2耗量 × 氧热价

$= 1.5 \times 4.862$

$= 7.293$（kcal）

5 分钟运动时的呼吸商 = CO_2呼出量 ÷ O_2耗量

$= 14.851 \div 16.5$

$= 0.9$

5分钟运动时的净能量消耗 = 运动时总能量消耗 - 相同时间安静状态下的能量消耗

$$= (16.5 \times 4.924) - (1.5 \times 4.862)$$

$$= 81.246 - 7.293$$

$$= 73.953 \text{ (kcal)}$$

30分钟恢复期内的呼吸商 = CO_2呼出量 ÷ O_2耗量

$$= 12.32 \div 14.0$$

$$= 0.88$$

30分钟安静状态的能量消耗 = 每分钟安静状态的能量消耗 × 30

$$= 7.293 \div 5 \times 30$$

$$= 43.758 \text{ (kcal)}$$

30分钟恢复期的净能量消耗 = 恢复期的总能量消耗 - 相同时间安静的能量消耗

$$= (14.0 \times 4.899) - (7.293 \div 5 \times 30)$$

$$= 68.586 - 43.758$$

$$= 24.828 \text{ (kcal)}$$

运动总净能量消耗 = 运动时净能量消耗 + 恢复期的净能量消耗

$$= 73.953 + 24.828$$

$$= 98.781 \text{ (kcal)}$$

$$= 413.50 \text{ (kJ)}$$

因此，该运动中机体的净总能量消耗为413.50 kJ。

三、代谢等因素对体温的影响

（一）体温的概念及影响因素

体温（body temperature）特指机体深部（心、肺、脑和腹腔脏器等部位）的平均温度。机体深部的温度通常比较稳定。体表不同部位测量的机体表层温度有温差。影响体温的因素有很多，如表3-11所示。

表3-11 体温及影响因素

影响因素		温度波动情况
体表不同部位	足皮肤	约27°C
	手皮肤	约30°C
	躯干	约32°C
	额部	33~34°C
	四肢末梢	皮肤温最低，越近躯干、头部、皮肤温越高

续表

影响因素		温度波动情况
深部不同部位	直肠	正常值为 36.9~37.9℃
	口腔	温度（舌下部）平均比直肠低 0.2~0.3℃
	腋窝	温度又比口腔温度低 0.3~0.4℃
	肝脏	安静时代谢最活跃，产热量最大，温度最高，38℃左右
	骨骼肌	人体肌肉活动的最适温度为 38℃，其温度因代谢水平不同而有差异，在运动时则骨骼肌的温度最高
代谢等其他因素	昼夜节律	清晨 2~6 时体温最低，午后 1~6 时体温最高，波动不超过 1℃
	性别差异	成年女性的体温平均比男性高 0.3℃ 女性的基础体温随月经周期发生周期性变动
	年龄差异	儿童基础代谢率较高，体温也略高于成人，老年人略低于成人
	肌肉活动	运动时代谢增强，产热量增加，因而温度升高，超出正常水平 在运动时则骨骼肌的温度最高
	进食活动	进食后一段时间内，因食物特殊动力作用，产热量比空腹时多，影响体温
	环境温度	在 20~30℃ 时能量代谢最稳定，<20℃ 时肌肉紧张加强，>30℃ 时呼吸循环等功能增强，温度过低或过高都使代谢增加，影响体温
	麻醉药等	麻醉药使肌紧张活动减弱，代谢减弱，产热量减少，体温降低；情绪激动，紧张等也影响体温

注：部位的温度均在环境温度为 23℃ 时测得。

（二）体温调节

人体的体温在体温调节机制的调控下，保持相对稳定，这种平衡有赖于产热和散热过程的动态平衡，具体内容可扫描二维码进行学习。

人体对高温或低温环境所产生的不适应到适应的生理过程，称为习服（acclimatization）。这是一个经过反射性调节、维持体热平衡并维持正常健康状态的过程。运动员在长期的运动训练中，体温调节可以在较大范围内实现对冷及热环境的习服，保证其在特殊气温环境下仍具有良好的运动能力，不过习服是有限度的。

第二节 骨骼肌机能

骨骼肌是体内最多的组织，约占体重的 40%。在运动过程中，骨骼肌收缩是人体运动的动力，人体各种形式的运动主要是靠骨骼肌收缩活动来完成的。

一、肌纤维的结构

肌细胞又称肌纤维（muscle fiber），是肌肉的基本结构和功能单位。每条肌纤维外面包有一层薄的结缔组织膜，称为肌内膜。许多肌纤维排列成束（肌束），表面被肌束膜包绕。许多肌束聚集在一起构成肌肉，外面包以结缔组织膜，称为肌外膜（图3-4）。

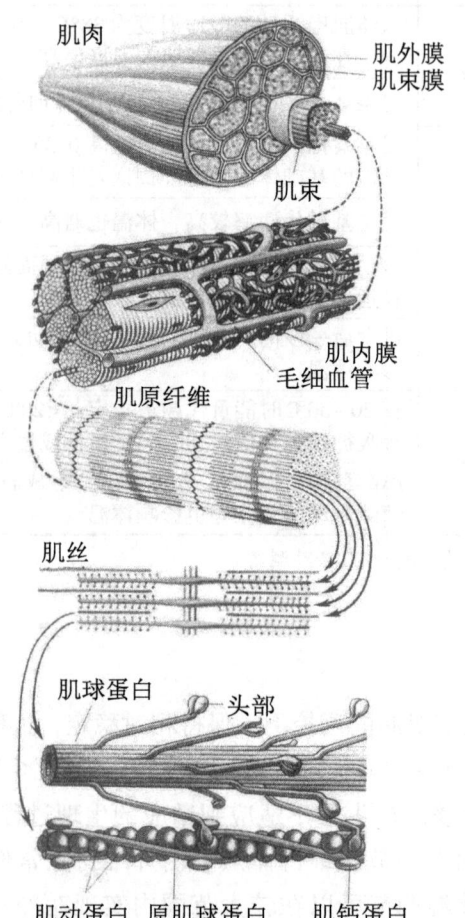

图3-4 骨骼肌超微结构示意图（引自王瑞元等，2012）

每一块肌肉中间膨大的部分，称为肌腹。两端为没有收缩功能的肌腱。肌腱直接附着在骨骼上。骨骼肌收缩时通过肌腱牵动骨骼而产生运动。

（一）肌原纤维和肌节

每个肌细胞含有数百至数千条与肌纤维长轴平行排列的肌原纤维（myofibril）。每条肌原纤维的全长都由暗带（A带）和明带（I带）呈交替规则排列，在显微镜下呈现有规律的横纹排列，故骨骼肌也称为横纹肌（图3-4）。

肌原纤维由粗、细两种肌丝按一定规律排列而成（图3-5）。A表示A带，A带由粗肌丝和细肌丝组成；I表示I带，I带只有细肌丝而没有粗肌丝；H表示H区，H区只有粗肌丝而没有细肌丝；M表示M线；Z表示Z线。

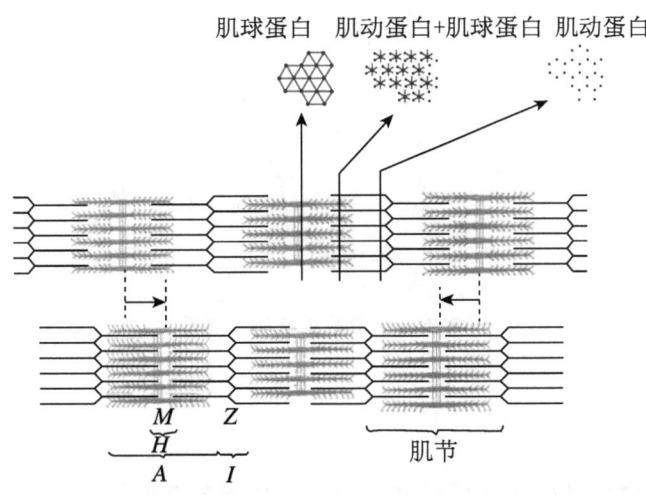

图3-5　肌原纤维结构示意图（引自王瑞元等，2012）

两条Z线之间的结构是肌纤维最基本的结构和功能单位，称为肌节（sarcomere）。肌节的长度变化范围为1.5~3.3μm，肌肉收缩时较短，舒张时较长，肌肉安静时肌节的长度为2.0~2.2μm。

粗、细肌丝相互重叠时，在空间上呈现严格规则排列，每一根粗肌丝被6根细肌丝包围。粗、细肌丝间这种密切的空间关系，为肌细胞收缩时粗、细肌丝的相互作用创造了条件。

（二）肌管系统

肌原纤维间有两种不同的肌管系统，即横管系统（transverse tabular system，又称T管系统）和纵管系统（longitudinal tubular system，又称L管系统）。横管系统是肌细胞膜从表面横向伸入肌纤维内部的膜小管系统。纵管系统，即肌质网（Sarcoplasmic Reticulum，SR）系统。细胞内肌质网在接近横小管处形成特殊的膨大，称为终末池（terminal cistern）。每一个横小管和来自两侧的终末池构成复合体形成三联管（triad）结构（图3-6）。

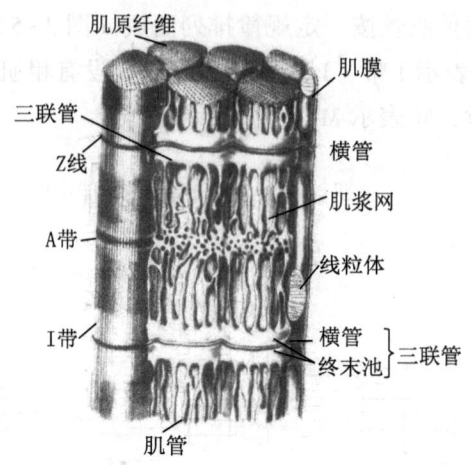

图 3-6　肌管系统结构示意图

(三) 肌丝的分子组成

肌细胞收缩的物质基础是粗肌丝和细肌丝，如图 3-7 所示。

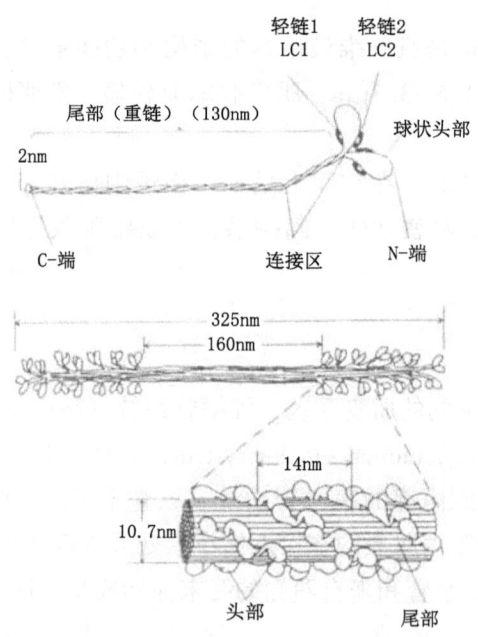

图 3-7　细肌丝与粗肌丝结构示意图（引自王瑞元等，2012）

粗肌丝主要由肌球蛋白（myosin，又称肌凝蛋白）组成。许多肌球蛋白的杆状部分集束构成粗肌丝的主干，其头部向外突出，形成横桥（cross bridge）。横桥部具有 ATP（三磷酸腺苷）酶活性，可分解 ATP 而获得能量，用于横桥的运动。在一定条件下，头部可与细肌丝上的肌动蛋白呈可逆结合，并产生粗细肌丝的相对滑行，而使肌肉收缩。

细肌丝主要由肌动蛋白（actin，又称肌纤蛋白）、原肌球蛋白（tropomyosin，又称原肌凝蛋白）和肌钙蛋白（troponin，又称原宁蛋白）组成（图3-8）。Ca^{2+}通过和肌钙蛋白结合，诱发横桥和肌动蛋白之间的相互作用，最终使肌纤维收缩。

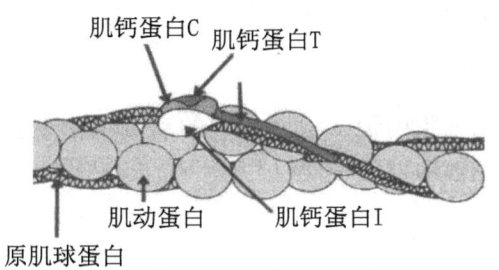

图3-8　细肌丝结构示意图（引自王瑞元等，2012）

二、骨骼肌细胞的生物电现象

一切活组织的细胞都存在电活动称为生物电（bioelectricity）。利用适当的仪器设备可以将生物电记录下来，如心电图、脑电图和肌电图。生物电主要有两种形式：静息电位和动作电位。

（一）静息电位

1. 静息电位的概念

细胞处于安静状态，细胞膜内外所存在的电位差称为静息电位（resting potential），又称跨膜电位，或简称膜电位（membrane potential）。

2. 静息电位产生的原理

静息电位产生的原理可以用"离子学说"来解释。离子学说认为：①细胞内外各种离子的浓度分布是不均匀的。②细胞膜对各种离子通透具有选择性。③当细胞处于静息状态时，细胞膜对K^+的通透性大，而对Na^+的通透性较小，Na^+的通透性仅为K^+的1/100~1/50。而细胞膜对阴离子几乎没有通透性，所以就形成在静息时，K^+向细胞外流动，离子的流动必然伴随着电荷的转移，结果细胞内因丢失带正电荷的K^+，电位下降，同时细胞外因增加带正电荷的K^+，电位上升，形成细胞外电位高而细胞内电位低的电位差。所以，K^+的外流是静息电位形成的基础。静息电位主要是K^+由细胞内向外流动达到平衡时的电位值，故静息电位为K^+平衡电位。

(二) 动作电位

1. 动作电位的概念

可兴奋细胞兴奋时，细胞内产生的可扩布的电位变化称为动作电位（action potential）。动作电位是在静息电位的基础上产生的电位变化。

2. 动作电位的变化过程

以神经轴突为例，用细胞内记录法所得到的动作电位变化过程包括静息相、去极相和复极相3个时相（图3-9）。

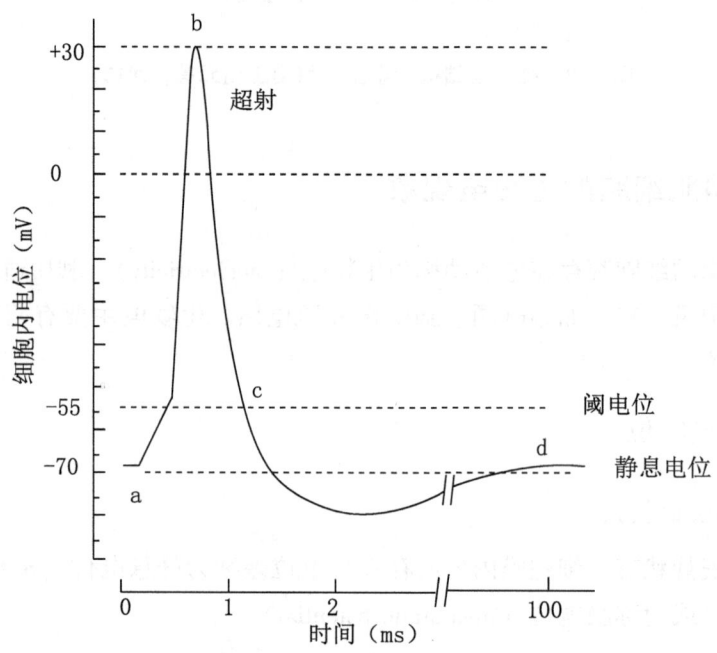

图3-9 动作电位变化过程示意图（引自王瑞元等，2012）
ab：动作电位的上升相；bc：动作电位的下降相；
abc：动作电位的锋电位；cd：动作电位的后电位。

静息相为极化状态，外正内负的电位差。

去极相为动作电位曲线的上升支，细胞膜的静息电位由-90 mV 减小到 0 mV 的过程被称为去极相（depolarization phase）。去极化是膜电位消失的过程。细胞膜电位由0mV 转变为外负内正的过程称为反极化。反极化的电位幅度称为超射（over shoot）。

复极相为动作电位的下降支，动作电位的上升支到顶点（+30 mV）后快速下降，即在去极化的前提下膜极化状态的恢复，膜内电位由正变负，直到接近静息电位的水平，形成曲线的下降支，称为复极相（repolarization phase）。

动作电位的上升支和下降支持续时间都很短，历时不超过2.0ms。所记录下来的图形尖锐，因此称为锋电位（spike potential）。其锋电位特别是它的上升支是动作电位的主要成分。一般所说的动作电位就是指锋电位。锋电位之后还有一个缓慢的电位波动，这段时间较长、波动较小的电位变化过程称为后电位（after potential）。后电位完结后细胞膜电位才完全恢复到静息电位水平。

动作电位的特征：①"全或无"现象；②不衰减性传导；③脉冲式。

3. 兴奋性的变化过程

可兴奋组织细胞在受到刺激发生兴奋时产生动作电位。动作电位的出现作为可兴奋组织细胞兴奋的标志，并且将组织细胞产生动作电位的能力称为兴奋性。

在动作电位变化过程中，神经细胞的兴奋性也发生相应的变化。兴奋性变化分为绝对不应期、相对不应期、超常期、低常期和恢复期，如图3-10所示。

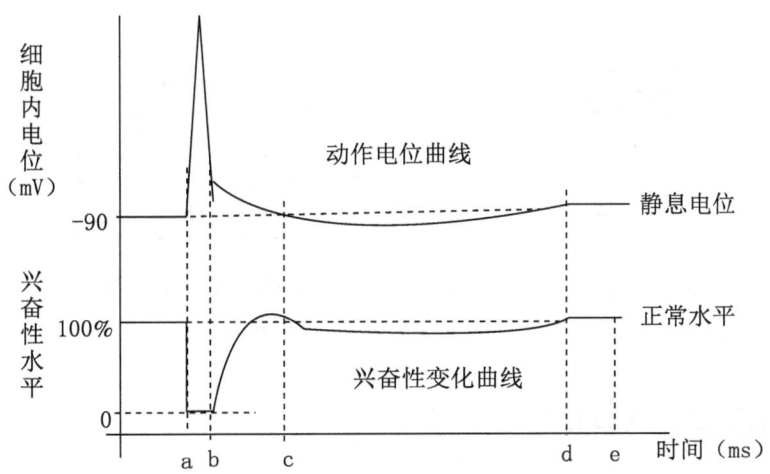

图3-10 动作电位变化与兴奋性变化之间的关系

ab：锋电位——绝对不应期；bc：后电位前部——相对不应期、超常期；
cd：后电位后部——低常期；de：恢复期。

4. 动作电位产生原理

动作电位产生的原理也可用离子学说来解释。①由于Na^+在细胞外的浓度比细胞内高得多，它有由细胞外向细胞内扩散的趋势。②离子进出细胞是由细胞膜上的离子通道来控制的，安静时膜上Na^+通道关闭。③当作用细胞膜上的刺激达到一定强度时（阈刺激），膜上的Na^+通道被激活而开放，Na^+顺浓度梯度瞬间大量内流，细胞内正电荷增加，导致电位急剧上升，负电位从静息电位水平减小，最后消失，进而出现膜内为正、膜外为负的电位变化，形成锋电位的上升支，即去极化和反极化时相。当膜内正电位所形成的电场力增大到足以对抗Na^+内流时，膜电位达到一个新的平衡点，即Na^+平衡电位。这时，Na^+通道逐渐失活而关闭，K^+通道逐渐被激活而重新开放，使Na^+内流停止，K^+快速外流，细胞内电位迅速下降，恢复到兴奋前的负电位状态，形成动作电位的下降支,即复极相。

5. 动作电位的传导

动作电位一旦在细胞膜的某一点产生,就会沿着细胞膜向各个方向传播,直到整个细胞膜都产生动作电位为止。这种在单一细胞上动作电位的传播称为传导(conduction)。如果发生在神经纤维上,动作电位的传导是双向的。

无髓神经纤维上的动作电位是以局部电流的形式进行传导的(图3-11A-C)。

有髓神经的纤维外面包裹着一层电阻很高的髓鞘,动作电位只能在没有髓鞘的朗飞结处产生局部电流(图3-11D)。因此,动作电位是越过每一段带髓鞘的神经纤维呈跳跃式传导的。因为有髓神经纤维较粗大、电阻较小,呈跳跃式传导,所以动作电位在有髓神经纤维上的传导速度要比在无髓神经纤维上快得多。

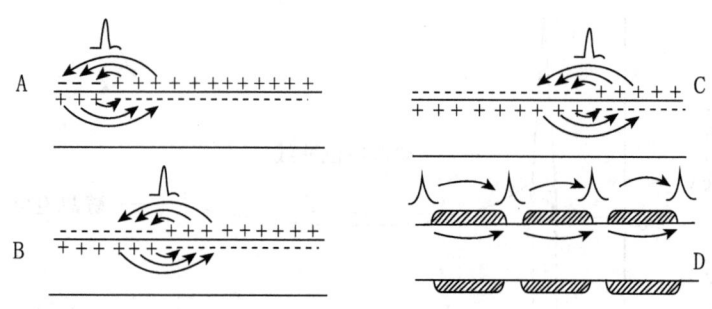

图 3-11　动作电位传导示意图

(三) 细胞间的兴奋传递

细胞间的兴奋传递有两种情况:一种是神经细胞之间的兴奋传递;另一种是神经细胞与肌细胞之间的兴奋传递。这两种传递过程有相似之处,在此仅对神经细胞与肌细胞之间的兴奋传递进行叙述。

神经-肌肉接头的结构又称为运动终板(motor end plate),如图3-12所示。当动作电位沿神经纤维传到轴突末梢时,引起轴突末梢处的突触前膜上的 Ca^{2+} 通道开放,Ca^{2+} 从细胞外液进入轴突末梢,促使轴浆中含有乙酰胆碱的突触小泡向突触前膜移动。当突触小泡到达突触前膜后,突触小泡膜与突触前膜融合进而破裂,并将乙酰胆碱释放到突触间隙。乙酰胆碱通过突触间隙扩散到达突触后膜后,和突触后膜上的特异性的乙酰胆碱受体结合,引起突触后膜上的 Na^+、K^+ 通道开放,使 Na^+ 内流,K^+ 外流,结果使突触后膜处的膜电位幅度减小,即去极化,这一电位变化称为终板电位(end-plate potential)。当终板电位达到一定幅度(肌细胞的阈电位)时,可引发肌细胞膜产生动作电位,从而使骨骼肌细胞产生兴奋。

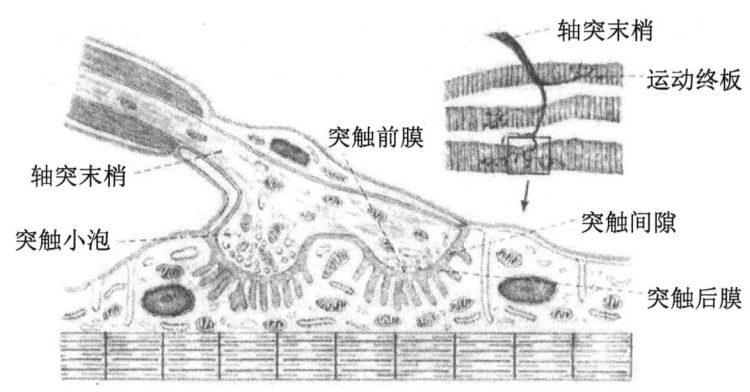

图 3-12 神经-肌肉接头示意图

三、肌纤维的收缩过程

(一) 肌丝滑行学说

Huxley 等人提出骨骼肌收缩的肌丝滑行学说 (sliding-filament theory)。该学说认为,肌肉的缩短是由于肌节中细肌丝在粗肌丝之间滑行造成的,粗、细肌丝长度不变。即当肌肉收缩时,由 Z 线发出的细肌丝在某种力量的作用下向 A 带中央滑动,结果相邻的各 Z 线互相靠近,肌节的长度变短,从而导致肌原纤维乃至整条肌纤维和整块肌肉的缩短,如图 3-5 所示。

(二) 肌纤维的兴奋-收缩耦联

通常把以肌细胞膜电变化为特征的兴奋过程和以肌丝滑行为基础的收缩过程之间的中介过程称为兴奋-收缩耦联 (excitation-contraction coupling)。兴奋-收缩耦联过程包括以下 3 个主要步骤。

①兴奋(动作电位)通过横管系统传导到肌细胞内部。横管是肌细胞膜的延续,动作电位可沿着肌细胞膜传导到横管,并深入到三联管结构。

②三联管结构处的信息传递(肌纤维收缩的分子机制)。横管膜上的动作电位可引起与其邻近的终末池膜及肌质网膜上的大量 Ca^{2+} 通道开放,Ca^{2+} 顺浓度梯度从肌质网内进入胞浆,肌浆中 Ca^{2+} 浓度升高后,Ca^{2+} 与肌钙蛋白亚单位 C 结合时,引起肌钙蛋白的分子结构改变,进而导致原肌球蛋白的分子结构改变,原肌球蛋白滑入 F-肌动蛋白双螺旋沟的深部,肌动蛋白分子上的活性位点暴露。一旦肌动蛋白分子上的活性位点暴露,粗肌丝上的横桥即与之结合。横桥与肌动蛋白结合后会产生两种作用:一是激活横桥上的 ATP 酶,使 ATP 迅速分解并产生能量供横桥摆动之用;二是激发横桥的摆动,拉动细肌丝向 A 带中央移动。然后,横桥自动与肌动蛋白上的活性位点分离,并与新的活性位点结合,横桥再次摆动,拖动细肌丝又向 A 带中央前进一步。如此继续,

横桥头部前后往复运动，一步一步地在细肌丝上"行走"，拖动细肌丝向 A 带中央滑行。肌肉收缩时形成的横桥数目越多，肌肉的收缩力量也就越大（图 3-13）。

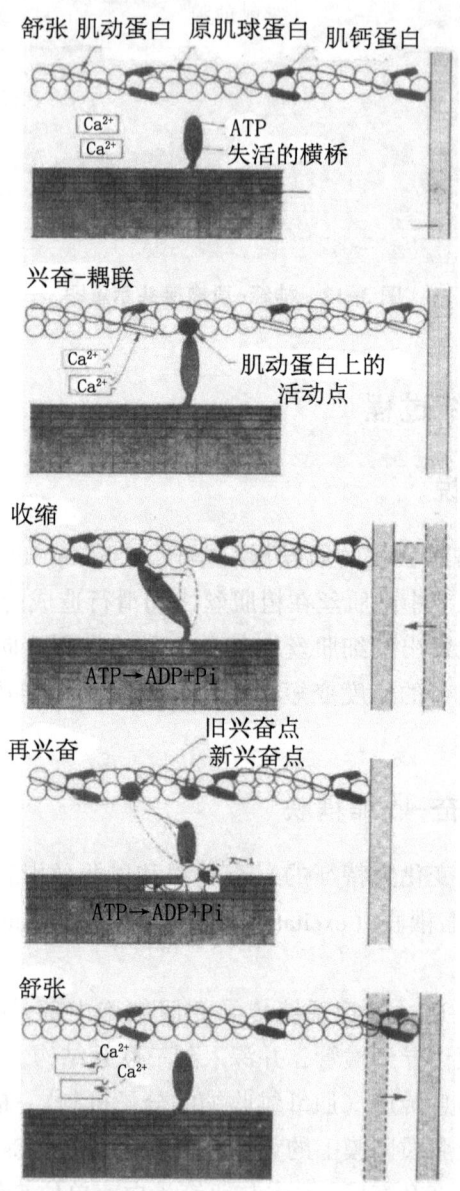

图 3-13　肌丝滑行原理示意图（引自 Donald K. Mathews and Edward L. Fox）

③肌质网对 Ca^{2+} 再回收。肌质网膜上存在的钙泵（Ca^{2+}-Mg^{2+} 依赖式 ATP 酶），当肌浆中的 Ca^{2+} 浓度升高时，钙泵将肌浆中的 Ca^{2+} 逆浓度梯度转运到肌质网中贮存，从而使肌浆中 Ca^{2+} 浓度保持较低水平。由于肌浆中的 Ca^{2+} 浓度降低，Ca^{2+} 与肌钙蛋白亚单位 C 分离，肌肉舒张。

四、骨骼肌特性

(一) 骨骼肌的物理特性

骨骼肌在受到外力牵拉或负重时可伸长，这种特性称为伸展性。当外力或负重消失后，肌肉的长度又可恢复，这种特性称为弹性。骨骼肌还具有黏滞性。黏滞性是由于肌浆内各分子之间的相互摩擦作用所产生的。因此，骨骼肌不是一个完整的弹性体，而是一个黏弹性体。骨骼肌的物理特性受温度影响，当温度下降时，肌浆内各分子间的摩擦力加大，肌肉的黏滞性增加，伸展性和弹性下降；当温度升高时，肌肉黏滞性下降，伸展性和弹性增加。在运动实践中，做好充分准备活动，使肌肉温度升高，降低黏滞性，提高肌肉伸展性和弹性，有利于运动员提高运动成绩。

(二) 骨骼肌的生理特性

骨骼肌是可兴奋组织，受到刺激后可产生兴奋（动作电位），这种特性称为兴奋性。肌肉受到刺激产生兴奋后，立即产生收缩反应，这种特性称为收缩性。

1. 骨骼肌的兴奋性

要引起骨骼肌兴奋必须给予适当的刺激。刺激应满足以下条件：

①刺激强度。要使肌肉产生兴奋，刺激必须达到一定强度。引起肌肉兴奋的最小强度刺激称为阈刺激。高于阈强度的刺激称为阈上刺激；低于阈强度的刺激称为阈下刺激。阈刺激可以评定组织兴奋性，阈刺激小表示组织兴奋性高。

②刺激的作用时间。无论刺激强度多大，要使可兴奋组织兴奋，刺激必须持续足够时间。在一定范围内，刺激强度越小，需要刺激的作用时间就越长。

③刺激强度变化率。要使可兴奋组织兴奋，刺激必须有足够的变化率。如果用恒定的电流刺激组织，只有通电和断电的瞬间可以引起组织兴奋。所谓刺激强度变化率是指刺激电流由无到有或由小到大的变化速率。同样电流强度，变化速率越大越容易引起组织兴奋。

2. 骨骼肌的收缩性

整块骨骼肌或单个肌细胞受到一次刺激时，先产生一次动作电位，紧接着出现一次机械收缩，称为单收缩（single twitch）。在一次单收缩过程中，从施加刺激开始到肌肉开始收缩需要一定的时间，这段时间内肌肉无明显的收缩，此时期称为潜伏期。从肌肉收缩产生张力到张力最大所经历时间为收缩期。从张力最大到张力恢复到最低水平所经历时间为舒张期（图 3-14）。

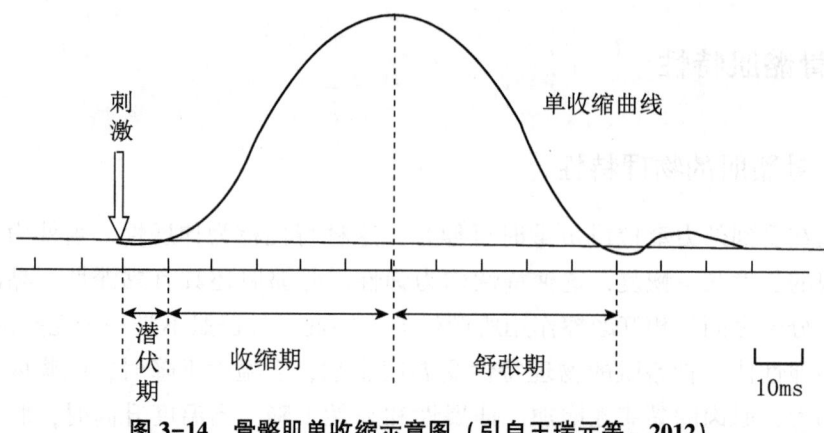

图 3-14 骨骼肌单收缩示意图（引自王瑞元等，2012）

如果增加刺激频率，各刺激所引起的单收缩就可以相互融合，若后一次刺激均在前次收缩的舒张期结束之前刺激肌肉，则形成不完全强直收缩（incomplete tetanus）。如果刺激频率继续增加，后一次刺激就会落在前次收缩的收缩期内，形成新的收缩，各次收缩的张力变化或长度缩短完全融合或叠加，使得肌肉处于更强的持续收缩状态，称为完全强直收缩（complete tetanus），如图 3-15 所示。

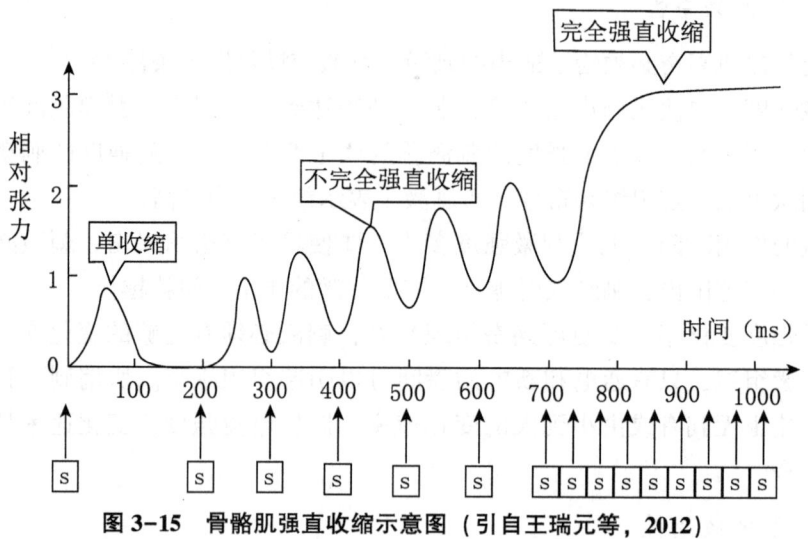

图 3-15 骨骼肌强直收缩示意图（引自王瑞元等，2012）

五、骨骼肌的收缩形式

根据肌肉收缩时的长度变化，把肌肉收缩分为以下几种形式。

（一）向心收缩

肌肉收缩时长度缩短的收缩称为向心收缩（concentric contraction）。向心收缩时肌肉张力增加出现在前，长度缩短发生在后，主动收缩做功，其做功为负荷重量与负荷移动距离的乘积。向心收缩时既可以是等张收缩也可以是等动收缩。

1. 等张收缩

肌肉张力在肌肉开始缩短后即不再增加，直到收缩结束，这种收缩形式称为等张收缩（isotonic contraction），又称为动力性或时相性收缩。

在向心收缩过程中，等张收缩是相对的。在整个运动范围内，肌肉用力最大的一点称为"顶点"。出现"顶点"主要是因为在此关节角度下杠杆效率最差，加上肌肉缩短损失一部分力量，而促成了"顶点"的产生。因此，在整个关节的运动范围内，只有在"顶点"，肌肉才有可能达到最大力量收缩。这是等张训练的不足之处。

2. 等动收缩

在整个关节运动范围内，肌肉以恒定的速度进行最大用力收缩，且外界的阻力与肌肉收缩时肌肉产生的力量始终相等的肌肉收缩称为等动收缩（isokinetic contraction）。由于在整个收缩过程中收缩速度是恒定的，等动收缩有时也称为等速收缩。肌肉进行等动收缩时在整个运动范围内都能产生最大的肌张力。此外，等动收缩的速度可以根据需要进行调节。因此，理论和实践均证明，等动练习是提高肌肉力量的有效手段。通常肌肉做等动收缩需要使用专门的等动练习器。在运动实践中，自由泳的划水动作就具有等动收缩的特点。

（二）等长收缩

肌肉在收缩时长度不变的收缩称为等长收缩（isometric contraction），又称为静力收缩。肌肉等长收缩时由于长度不变，因而不做机械功。

等长收缩有两种情况：其一，肌肉收缩时对抗不能克服的负荷，如试图拉起根本不可能拉起的杠铃时，肱二头肌所进行的收缩就是等长收缩。其二，当其他关节由于肌肉离心收缩或向心收缩发生运动时，等长收缩可使某些关节保持一定的位置，为其他关节的运动创造适宜的条件。要保持一定的体位，某些肌肉就必须做等长收缩，如体操中的"十字支撑""直角支撑"和武术中的站桩，参与的肌肉就是等长收缩。

（三）离心收缩

肌肉在收缩产生张力的同时被拉长的收缩称为离心收缩（eccentric contraction）。如下蹲时，股四头肌在收缩的同时被拉长，以控制重力对人体的作用，使身体缓慢下蹲，起缓冲作用。因此，肌肉做离心收缩也称为退让性收缩，可防止运动损伤。离心收缩时肌肉做负功。

（四）超等长收缩

超等长收缩（plyometric contraction）是指骨骼肌工作时先做离心式拉长，继而做向心式收缩的一种复合式收缩形式。如跳深练习时股四头肌进行的就是一种典型的超等长收缩。

超等长收缩的优点在于做离心收缩工作时,肌肉先被迅速拉长,在肌肉被拉长过程中,肌肉中的牵张感受器受到刺激并产生兴奋,导致肌肉产生牵张反射性收缩。当肌肉被拉长后会产生弹性势能,拉长后产生的牵张反射性收缩,以及主动向心收缩所产生的力量形成合力时,肌肉将产生较大收缩力。完成超等长练习时,肌肉最终收缩力量的大小是由肌肉在离心收缩中被拉长的速度和被拉长的长度所决定的,而且肌肉被拉长的速度比被拉长的长度所起的作用更大。

(五) 不同骨骼肌收缩形式的比较

1. 力量

同一块肌肉,在收缩速度相同的情况下,离心收缩可产生最大的张力。离心收缩产生的力量比向心收缩大50%左右,比等长收缩大25%左右。

2. 肌电

在等速向心收缩和离心收缩时,积分肌电(IEMG)值与肌肉张力成正比。在负荷相同的情况下,离心收缩的积分肌电较向心收缩低。

3. 代谢

在输出功率相同的情况下,肌肉离心收缩时所消耗的能量低于向心收缩,其耗氧量也低于向心收缩,与代谢有关的生理指标的反应均低于向心收缩。

4. 肌肉酸疼

研究表明,肌肉大负荷离心收缩可引起肌肉酸疼和肌纤维超微结构改变,以及收缩蛋白代谢的显著变化,等长收缩次之,向心收缩最低。

六、骨骼肌收缩的力学特征

(一) 绝对力量与相对力量

在整体情况下,一个人所能举起的最大重量称为该人的绝对力量。绝对力量的大小和体重有关,在一般情况下,体重越大绝对力量越大。按每公斤体重计算的肌肉力量即为相对力量。相对力量可更好地评价运动员的力量素质。

某块肌肉做最大收缩时所产生的张力为该肌肉的绝对肌力。肌肉的绝对肌力和肌肉的横断面大小有关,肌肉的横断面越大,其绝对肌力越大。而肌肉横断面的大小又取决于组成该肌肉的肌纤维数量和每条肌纤维的粗细。相对肌力是指肌肉单位横断面积(一般为$1cm^2$肌肉横断面积)所具有的肌力。

（二）肌肉力量与运动

1. 力量负荷-速度

肌肉收缩的快慢和所克服的外部阻力相关。当负荷较小时，肌肉收缩速度加快；当负荷较大时，肌肉收缩速度减慢。通过不同负荷量的训练，可得到不同的训练效果。小负荷训练可使肌肉的收缩速度得到提高，大负荷训练时，虽然肌肉力量可得到较好发展，但无助于收缩速度的提高。如果要达到最大的输出功率，得到最佳的训练效果，就必须采用最适的负荷和速度。

2. 肌肉力量与运动速度

肌肉力量增加可以提高运动速度。在负荷相同的条件下，力量越大动作速度越快。

3. 肌肉力量与爆发力

人体运动时所输出的功率，就是爆发力，它是指人体单位时间内所做的功。

爆发力的计算公式为：

$$P=\frac{F \times D}{t} \quad 或 \quad P=\frac{m \times a \times D}{t}$$

式中：P 表示功率（爆发力），单位是（kg·m）/s（公斤·米/秒）；F 表示力，单位是 kg（公斤）；D 表示位移的距离，单位是 m（米）；m 表示质量 kg（千克）；a 表示加速度 m/s^2（米/秒^2）；t 表示做功时间，单位是 s（秒）。

爆发力的产生与神经中枢的骨骼肌总体控制有关，如运动单位的募集，主动肌、拮抗肌和固定肌之间的协调配合等。

在训练中是极大限度地提高相对爆发力还是绝对爆发力，取决于所从事的运动项目中更需要哪种爆发力，如短跑、跳跃、拳击和橄榄球等项目，需要有较大的爆发力，运动员应保持较轻的体重，使肌肉的相对力量得到提高，同时又要使肌肉的收缩速度得到提高。对于投掷项目及日本相扑运动等需要提高绝对爆发力的运动员，应增加肌肉的体积，这样才可能使加速度有所下降，但不应下降到引起绝对爆发力下降的水平。

七、运动单位的动员

（一）运动单位

一个 α-运动神经元和受其支配的肌纤维所组成的最基本的肌肉收缩单位称为运动单位（Motor Unit，MU）。在同一运动单位中的肌纤维的兴奋与收缩活动是同步的，而同一肌肉中不同运动单位的肌纤维的活动却不一定是同步的。

根据生理功能的不同，可将运动单位分为两类，即运动性运动单位（kineticmotor unit）和紧张性运动单位（tonic motor unit）。运动性运动单位的肌纤维兴奋时发放的冲动频率较高,收缩力量大,但容易疲劳,氧化酶的含量较低,属于快肌运动单位。紧张性运动单位的肌纤维兴奋时冲动频率较低,但发放可持续较长的时间,氧化酶的含量较高,属于慢肌运动单位。

运动单位的大小是不同的。眼外直肌每个运动单位只有5~7条肌纤维,而腓肠肌却有200多条肌纤维。一般来说,一个运动单位中的肌纤维数目越少就越灵活,但产生的力量小,而越多则产生的张力越大,但灵活性差。

(二) 运动单位动员

肌肉收缩时产生张力的大小与兴奋的肌纤维数目有关。由于肌肉中所有的肌纤维属于不同的运动单位,因此同时兴奋的运动单位数目决定了张力的大小。张力不但与兴奋的运动单位数目有关,而且与运动神经元传到肌纤维的冲动频率有关。参与活动的运动单位数目与兴奋频率的结合,称为运动单位动员(Motor Unit Involvement,MUI),也称为运动单位募集(motor unit recruitment)。

当肌肉做持续最大收缩时,运动单位动员可以达到最大水平,随收缩时间的延长,肌肉因疲劳而肌肉力量下降,但运动单位动员基本保持不变(图3-16)。但是,如果让肌肉保持次最大力量(50%最大力量)收缩至疲劳,可以发现,在持续的收缩过程中,肌肉的张力可以基本保持不变,但运动单位动员却逐渐增加(图3-17)。

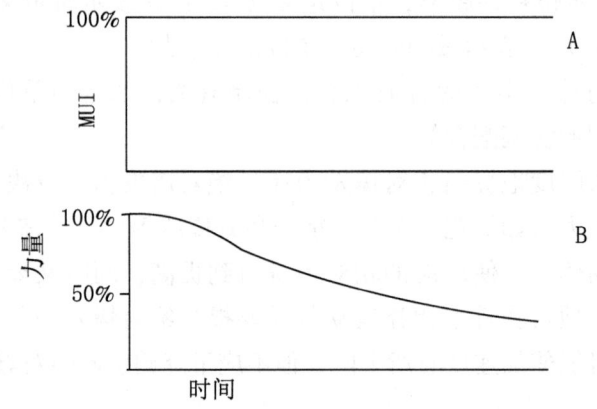

图3-16 肌肉用最大力量收缩时肌力与运动单位动员的关系

(引自 Richard A. Berger)

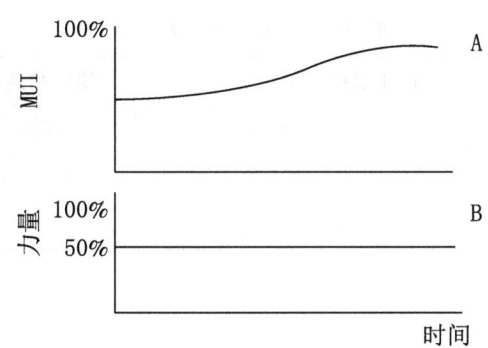

图 3-17　肌肉用 50%最大力量持续收缩时肌力与运动单位动员的关系
(引自 Richard A. Berger)

八、肌纤维类型与运动能力

(一) 肌纤维类型的划分

骨骼肌纤维类型有不同的分类方法，可依据肌纤维的颜色、收缩速度和肌纤维机能、代谢特点等进行划分。

1. 根据肌纤维的收缩速度划分

根据肌纤维的收缩速度，肌纤维可划分为快肌纤维（fast-twitch，FT）和慢肌纤维（Slow-Twitch，ST）。

2. 根据肌肉的色泽划分

根据肌肉的色泽，肌纤维可划分为红肌纤维和白肌纤维。如果再结合肌肉的收缩速度，可将肌纤维划分为快缩白肌纤维、快缩红肌纤维和慢缩红肌纤维 3 种类型。

3. 根据肌纤维的收缩速度及代谢特征划分

根据肌纤维的收缩速度及代谢特征，肌纤维可划分为快缩-糖酵解型（fast glycolytic，FG）、快缩-氧化-糖酵解型（fast oxidative glycolytic，FOG）和慢缩-氧化型（slow oxidative，SO）。

4. 根据肌球蛋白重链同功型划分

肌球蛋白由两条重链（myosin heavy chain，MHC）和两条轻链（myosin light chain，MLC）组成。现在已经明确，肌球蛋白重链（MHC）同功型是反映肌纤维类型的标志性蛋白。据此将成年哺乳动物骨骼肌中 MHC 划分为 4 种异形体，即 MHC-I、MHC-Ⅱa、MHC-Ⅱx（或 MHC-Ⅱd）和 MHC-Ⅱb。

各肌纤维分类对应关系如表 3-12 所示。

表 3-12　肌纤维分类对应

速度	颜色	肌球蛋白重链亚型		颜色和速度	速度和代谢特征
快肌	白肌	MHC-Ⅱ	MHC-Ⅱb	快缩白	FG
			MHC-Ⅱa	快缩红	FOG
慢肌	红肌	MHC-Ⅰ		慢缩红	SO

（引自王瑞元等，2012）

（二）不同类型肌纤维的形态、机能及代谢特征

快肌纤维和慢肌纤维的一些不同的特性如表 3-13 所示。

表 3-13　快肌和慢肌纤维（运动单位）的比较

	特　性	快肌（FT）	慢肌（ST）
形态	毛细血管密度	低	高
	纤维直径	大	小
	肌浆网	发达	不发达
	肌红蛋白	多	少
	线粒体	少	多
	神经支配	较大运动神经元	较小运动神经元
机能	收缩速度	快	慢
	收缩力量	大	小
	抗疲劳性	弱	强
代谢	氧化酶系统	弱	高
	无氧代谢酶系统	高	弱
	有氧能力	低	高
	无氧能力	高	低
动员	动员模式	速度类活动	耐力类活动
分布	不同项目运动员	高（非耐力运动员）	高（耐力运动员）

（三）运动时不同类型运动单位的动员

运动中不同类型的肌纤维参与工作的程度依运动强度而定。在较低的强度运动时，慢肌纤维首先被动员，运动强度较大时，快肌纤维首先被动员。

运动训练时，采用不同强度的练习，可以发展不同类型的肌纤维。为了增强快肌纤维的代谢能力，训练计划必须包括大强度练习。如果想提高慢肌纤维的代谢能力，

训练计划就要由低强度、持续时间较长的练习组成。

(四) 肌纤维类型与运动项目

运动员的肌纤维组成与其从事的运动项目密切相关。参加时间短、强度大的项目的运动员，其骨骼肌中快肌纤维百分比较从事耐力项目运动员和一般人高；而从事耐力项目运动员的慢肌纤维百分比却高于非耐力项目运动员和一般人；既需要耐力又需要速度项目的运动员（如中跑、自行车等），其肌肉中快肌纤维和慢肌纤维百分比相当。

(五) 训练对肌纤维的影响

关于运动训练能否导致肌纤维类型转变目前还有争论。运动训练使肌纤维形态和代谢特征发生适应性变化是毋庸置疑的，训练适应表现在两个方面。

1. 肌纤维选择性肥大

萨尔庭（Saltin）发现耐力训练可引起慢肌纤维选择性肥大，速度、爆发力训练可引起快肌纤维选择性肥大。

2. 酶活性改变

肌纤维对训练的适应还表现为肌肉中有关酶活性的选择性增强。考斯特尔（Costil）研究了不同项目赛跑运动员和无训练者腿肌中琥珀酸脱氢酶、乳酸脱氢酶及磷酸化酶的活性，发现酶活性改变与运动项目密切相关，如表3-14所示。

表3-14 短、中、长跑运动员肌肉中酶活性的差异

项目	性别	例数	琥珀酸脱氢酶	乳酸脱氢酶	磷酸化酶
短跑	男	2	12.9	1287	15.3
中跑	男	7	14.8	868	8.4
长跑	男	5	16.6	767	8.1
无训练者	男	11	7.4	822	7.6

（引自 Costil，1976）

九、运动对骨骼肌形态和机能的影响

(一) 运动导致的骨骼肌超微结构改变

骨骼肌超微结构改变主要表现为肌节缩短，Z 带扭曲、增宽、部分或全部消失，M 线模糊、扭曲或消失，肌丝排列改变，粗细肌丝相互位置紊乱，部分肌丝断裂或消

失等。

(二) 运动导致的延迟性肌肉酸痛

从事不适应的运动负荷或大负荷运动,在运动停止后 24~72 小时,运动肌会产生不同程度的酸痛,并伴随僵硬、肿胀和肌力下降等症状,称为延迟性肌肉酸痛(Delayed Onset Muscle Soreness, DOMS)。

这种情况一般无需临床治疗,会持续 1~4 天,在 5~7 天后可自行消失,肌肉酸痛可直接影响运动员的运动成绩,还可能引发运动损伤。在运动后如果对参与工作的肌肉进行针刺、按摩、理疗等处理,延迟性肌肉酸痛的症状会减轻,持续时间会缩短。

(三) 延迟性肌肉酸痛和运动性骨骼肌超微结构改变的机制

一般来说,延迟性肌肉酸痛和延迟性肌肉超微结构改变具有相似的机制。

1. 肌肉痉挛学说

肌肉痉挛学说(muscle spasm theory)首先由 De Vries(1961)提出。他根据骨骼肌大负荷运动后,肌肉激活程度仍在加强,因而推测运动导致运动肌局部发生痉挛。肌纤维中的微血管因肌纤维痉挛而受到挤压,以致局部肌肉缺血,导致 P 物质等酸痛物质积累。这又反过来进一步刺激疼痛神经末梢,反射性地加剧了肌肉痉挛和局部缺血状态,进而形成恶性循环,最后导致延迟性肌肉酸痛。

2. 损伤学说

肌肉损伤学说(muscle damage theory)首先由 Hough(1902)提出。该学说认为,延迟性肌肉酸痛是由于骨骼肌纤维损伤造成的。根据损伤学说,除了把骨骼肌超微结构变化作为骨骼肌直接损伤证据外,血液中的某些肌肉蛋白酶(如肌酸激酶、乳酸脱氢酶等)通常也作为肌肉损伤的间接指标。这些肌肉蛋白酶在血液中浓度增加意味着骨骼肌细胞膜损伤或通透性增加,肌肉存在某种程度的损伤。

3. 急性炎症学说

急性炎症学说(acute inflammation theory)是由 Smith 和 Cheung 等在系统分析延迟性肌肉酸痛与肌肉炎症反应,如肿胀、炎症因子浸润之间的关系之后提出的。该学说的主要论点:肌肉损伤后,骨骼肌中含有的多种蛋白水解酶降解损伤的脂质和蛋白结构,导致除了缓激肽、组胺、前列腺素在损伤区域堆积外,也诱发单核细胞和中性粒细胞浸润肌肉损伤部位。同时,骨骼肌小血管通透性增加,导致蛋白含量丰富的体液扩散至肌肉内部,造成水肿。最终,炎症因子和升高的渗透压激活Ⅳ类神经感受器受体,引起肌肉酸痛。

4. 骨骼肌蛋白降解学说

王瑞元等人提出,运动导致骨骼肌纤维超微结构改变是骨骼肌中蛋白代谢、重组的过程，而不是肌肉损伤，在正常情况下可自行恢复。但如果骨骼肌纤维的超微结构发生了改变，在没有得到恢复就进行下一次大负荷运动，久而久之就会使骨骼肌的超微结构改变发生积累，当这种积累达到一定程度就会发生运动损伤。由于运动导致骨骼肌收缩蛋白和骨架蛋白降解，使骨骼肌骨架解体，最终在形态上表现出骨骼肌超微结构改变，在功能上表现出收缩能力下降。骨骼肌蛋白的降解会导致骨骼肌的炎症过程发生，诱发延迟性肌肉酸痛。

5. 钙离子损伤学说

该学说认为，大负荷运动产生的高张力使细胞膜受牵拉，激活 Ca^{2+} 通道，Ca^{2+} 顺浓度差进入细胞内。另外，细胞膜的损害可造成 Ca^{2+} 内流，运动后肌浆网功能下降，摄钙能力下降也可导致胞浆内高钙。肌细胞内异常高钙可对肌纤维造成损伤。

（四）运动导致的延迟性肌肉酸痛和超微结构改变的防治

运动后对肌肉进行热敷（热疗）可减轻延迟性肌肉酸痛和超微结构改变。在大负荷运动后，对参加工作的肌肉进行静力牵张，可有效地减轻肌肉的延迟性酸痛和超微结构改变。与静力牵张一样，在大负荷运动后对参加工作的肌肉进行按摩，可有效促进肌肉酸痛和超微结构改变的恢复。卢鼎厚用斜刺针法治疗肌肉损伤也获得了很好的疗效。

以上治疗延迟性肌肉酸痛的防治方法的机制可能是通过加快血流、减少肌肉张力和改变神经兴奋性实现的。

【知识窗】肌电的测试原理与应用

骨骼肌在兴奋时，由于肌纤维动作电位的传导和扩布，会发生电位变化，这种电位变化称为肌电。用适当的方法将骨骼肌兴奋时发生的电位变化引导、记录所得到的图形，称为肌电图（electromyogram，EMG）。利用肌电研究骨骼肌的机能是运动生理学、运动医学常用的方法之一。

在体育科学研究中肌电图被广泛地应用在以下几个方面：①利用肌电图测定神经的传导速度；②利用肌电评定神经和肌肉的机能状态及肌肉疲劳；③利用肌电评价肌力；④利用肌电进行动作分析，在运动过程中可用多导肌电记录仪将肌电记录下来，然后，根据运动中每块肌肉的放电顺序和肌电幅度，结合高速摄像等技术，对运动员的动作进行分析诊断。

目前，肌电分析技术在运动技术分析和评价中的应用越来越广泛。例如，利用肌电技术对田径、体操、举重、摔跤、足球、排球、篮球、乒乓球、网球、滑冰等诸多项目中的一些基本动作和技术进行分析和评价，可以有效而及时地纠正运动员的错误动作，促进运动员的运动技能的形成及运动成绩的提高。

【复习思考题】

1. 名词解释：消化、吸收、氮平衡、基础代谢、肌小节、静息电位、动作电位、兴奋-收缩耦联、向心收缩、等长收缩、超等长收缩、运动单位、运动单位动员。

2. 从物质和能量代谢的角度，试分析马拉松运动员运动中机体机能状态的变化及其可能机制。

3. 为什么说各种项目运动中机体不存在绝对单一的某个能源系统的供能？

4. 结合运动实例说明运动中机体的三种能源系统是如何供能的。

5. 试述骨骼肌肌纤维的收缩原理。

6. 试述在神经-肌肉接头处动作电位是如何进行传递的。

7. 骨骼肌有几种收缩形式？它们各有什么生理学特点？

8. 试述绝对力量、相对力量、绝对爆发力和相对爆发力在运动实践中的应用及其意义。

9. 骨骼肌肌纤维类型是如何划分的？不同类型肌纤维的形态学、生理学和生物化学特征是什么？

10. 从事不同项目运动员的肌纤维类型的组成有什么特点？运动时不同类型肌纤维是如何被动员的？

（张日辉）

第四章 CHAPTER 04
感觉和神经机能与运动技能学习

【内容提要】

人体有多种感觉机能。位觉、本体感觉、视觉及听觉的功能活动、基本生理现象和机制与体育运动关系密切,各种感觉功能在运动教学和训练中发挥着重要作用。

神经系统是控制和协调全身各种功能活动的主要调节系统。肌肉运动主要由脊髓、脑干和大脑皮质三级调控,并由小脑和基底神经节进行监控,使人体运动功能和植物性神经系统的功能整合协调一致,对体内外环境变化做出迅速而完善的适应性反应,满足生理活动的需要,从而维持整个机体的正常生命活动。

运动技能形成的生理机制是建立运动条件反射。运动技能形成包括泛化阶段、分化阶段和巩固阶段。分析影响运动技能形成和发展的主要因素。

【本章重点】

1. 感受器的一般生理特征。
2. 视觉、听觉、位觉、本体感觉的功能及其在运动训练中的作用。
3. 神经系统基本结构、机能和神经元间的信息传递。
4. 肌肉运动的神经控制。
5. 运动技能形成的机制和运动技能形成过程。

第一节 感觉机能

一、感觉机能概述

(一)感受器、感觉器官及感觉的定义和分类

感受器(sensory receptor)是指分布在体表或组织内部的一些专门感受机体内、外环境变化的结构或装置。感受器按分布部位可分为外感受器和内感受器。外感受器感受

外界的环境变化，如视觉、听觉和嗅觉感受器属于距离感受器，触觉、压觉、味觉、温度觉感受器属于接触感受器。内感受器感受机体内部的环境变化，如本体感受器、内脏感受器和平衡感受器等。感受器还可按接受刺激性质的不同分为光感受器、机械感受器、温度感受器、化学感受器和伤害感受器等。

感觉器官（sense organ）是感受器与其附属装置共同构成的结构。人最主要的感觉器官有眼、耳、前庭、鼻腔的嗅上皮、舌的味蕾、皮肤等。

感觉（sensation）是客观事物在人脑中的主观反映。感受细胞把机体内、外环境中的各种刺激转变为电位变化，以神经冲动的形式通过感觉神经纤维传向中枢特定部位，最后在大脑皮质上产生各种感觉，如视觉、听觉、位觉、痛觉等。需要指出的是，一些感受器的传入冲动通常都能引起主观感觉，但也有一些感受器一般只是向中枢神经系统提供内、外环境中某些因素改变的信息，引起各种调节性反应，在主观上并不产生特定的感觉。

（二）感受器的一般生理特征

1. 适宜刺激

一种感受器通常只对某种特定形式的能量刺激最敏感，这种刺激就是该感受器的适宜刺激。例如，一定波长的电磁波（300~800 nm）是视网膜上视锥细胞和视杆细胞的适宜刺激。一定频率（16~20 000 Hz）的机械振动是耳蜗毛细胞的适宜刺激等。非适宜刺激也可以引起一定的反应，但所需刺激强度通常要比适宜刺激大得多。引起感受器兴奋所需的最小刺激强度称为强度阈值。在刺激强度不变时引起感受器兴奋所需的最短作用时间称为时间阈值。此外，对于同一种性质的两个刺激，其强度的差异必须达到一定程度才能使人在感觉上得以分辨，这种刚能分辨的两个刺激强度的最小差异，称为感觉辨别阈。

2. 换能作用

各种感受器可将作用于它们的各种形式的刺激能量转换为传入神经的动作电位，把感受器的这种能量转换功能称为感受器的换能作用。在换能过程中，一般不是直接把刺激能量转变为神经冲动，而是先在感受器细胞或感觉神经末梢产生一种过渡性的电位变化。在感受器细胞上产生的电位称为感受器电位，通过递质释放量改变，引起与之有突触联系的传入神经产生动作电位。在感觉神经末梢上产生的电位称为发生器电位，去极化达阈电位引起传入神经产生动作电位。

3. 编码作用

感受器不仅可以将各种刺激能量转换为神经动作电位，而且可以将刺激所包含的环境变化信息转移到动作电位的序列中，我们把这种信息的转移作用称为感受器的编码作用。关于感受器编码作用的详细机制尚不清楚。

4. 适应现象

当某一恒定强度的刺激持续作用于感受器时，感觉神经上产生的动作电位的频率会逐渐降低，这一现象称为感受器的适应现象。适应的程度因感受器的类型不同可分为两类。一类是快适应，如皮肤触觉感受器仅在恒定压力刺激开始后的短时间内有传入冲动发放，以后虽然刺激仍在作用，但其传入冲动的频率却很快降低到零。快适应感受器的特点是对刺激的变化十分敏感，适于传递快速变化的信息，这对生命活动是十分重要的，它既有利于机体探索新异事物或障碍物，又有利于感受器和中枢再接受新的刺激。另一类是慢适应，如肌梭、腱梭及颈动脉窦压力感受器，在刺激持续作用时，一般仅在刺激开始后不久出现冲动频率的轻微降低，以后可以较长时间维持在这一水平。慢适应感受器的特点是适应过程发展慢，有利于机体对某些功能状态进行长时间持续的监测，并根据其变化随时调整机体的功能，从而保证调节系统运转的精度。适应并非疲劳。因为对某一强度的刺激产生适应后，如果再增加该刺激的强度，又可引起传入冲动的增加。

（三）感觉信息的传入通路

1. 躯体感觉的传入通路

躯体感觉的传入通路一般由三级神经元接替。初级传入神经元的胞体位于脊髓后根神经节或脑神经节中，其周围突与感受器相连，中枢突进入脊髓和脑干后发出两类分支，一类在不同水平直接或间接通过中间神经元与运动神经元相连而构成反射弧，完成各种反射，另一类经多级神经元接替后由丘脑投向大脑皮质而形成感觉信息的传入通路，产生各种不同感觉。

表 4-1　丘脑特异投射系统与非特异投射系统的区别

组成和功能	特异投射系统	非特异投射系统
神经通路组成	丘脑特异感觉接替核、联络核及其投射至皮质的通路	丘脑非特异投射核及其投射至皮质的通路
接受的冲动	有特异性	无特异性
传导途径	有专门传导途径	无专门传导途径
投射部位	大脑皮质特定感觉区	弥散投射至大脑皮质各区
感觉与皮层定位	有点对点的联系	无点对点联系
功能	引起特异感觉，激发大脑皮质发放传出神经冲动	维持和改变大脑皮质的兴奋性，维持大脑清醒状态

（引自王瑞元等，2012）

丘脑是感觉传导信息转换站，感觉神经元均在此处更换神经元（除嗅觉外）后再向大脑皮质投射，同时进行感觉的粗略分析和综合。由丘脑向大脑皮质的感觉投射系统可分为特异投射系统与非特异投射系统（表4-1）。

2. 内脏感觉的传入通路

内脏感觉的传入神经为自主神经，包括交感神经和副交感神经。它们的细胞体主要位于脊髓和脑神经节内。内脏感觉的传入冲动进入中枢后，沿着躯体感觉的同一通路上行到达大脑皮质。

3. 特殊感觉的传入通路

特殊感觉的传入通路将在视觉、听觉、平衡感觉等部分分别叙述。

（四）大脑皮质的感觉代表区及其功能分析

1. 大脑皮质代表区

大脑皮质的不同区域在功能上具有不同的作用，称为大脑皮质的功能定位（图4-1）。各种感觉信息经特异投射系统分别投射到大脑皮质的特定区域，该特定区域称为该感觉的大脑皮质代表区。中央后回第一感觉区皮层的细胞呈纵向柱状排列构成感觉皮层最基本的功能单位称为感觉柱（sensory column）。同一个柱内的神经元对同一感受野的同一类刺激起反应。一个柱内细胞兴奋时，其相邻细胞柱则受抑制。这种形态和功能的特点，在第二感觉区、视区、听区和运动区中也同样存在。

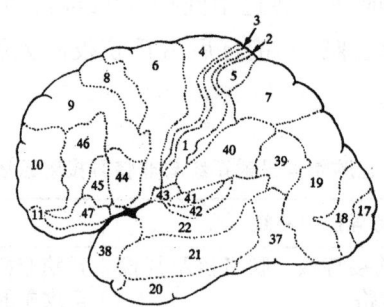

图4-1 人类大脑皮质分区（外侧观）（引自王瑞元等，2002）

（1）体表感觉代表区

体表感觉代表区有第一和第二两个感觉区。第一感觉区位于中央后回（3-1-2区）。其感觉投射规律是：①躯干四肢的感觉向皮质投射呈左右交叉，但头面部感觉的投射是双侧性的。②投射区域具有一定的分野（代表区），呈倒置投射，即下肢的代表区在中央后回顶部，上肢代表区在中央后回中间，头面部代表区在中央后回底部（图4-2）。③投射区域的大小与感觉分辨精细程度有关。

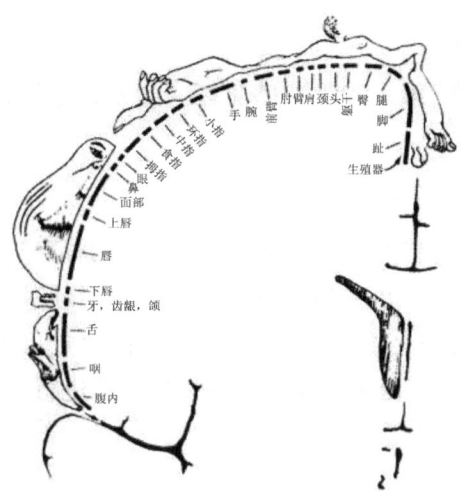

图 4-2 人类大脑皮质感觉代表区

第二感觉区位于大脑外侧沟的上壁，由中央后回底部延伸到脑岛的区域。第二感觉区面积小，身体各部分的定位不如后回那么完善和具体。切除人脑第二感觉区并不产生显著的感觉障碍。此外，第二感觉区还接受痛觉传入的投射。

（2）本体感觉代表区

位于中央前回（4区），它是运动区。在猫、兔等较低等的哺乳动物，体表感觉区与运动区基本重合在一起，称为感觉运动区。在猴、猩猩等灵长类动物，体表感觉区和运动区逐渐分离，体表感觉区位于中央后回，运动区位于中央前回。运动区主要接受从小脑和基底神经节传来的反馈投射，可能参与随意运动的启动与形成。刺激人脑中央前回，可引起受试者产生企图发动肢体运动的主观感觉。

（3）视觉代表区

视觉代表区位于枕叶距状裂上下缘（17、18区）。来自两眼鼻侧视网膜的视神经纤维交叉而形成视交叉，投射到对侧枕叶；而来自颞侧视网膜的纤维则不交叉投射到同侧枕叶。因此，如果一侧枕叶皮质受损，造成两眼偏盲；双侧枕叶皮质受损，将造成全盲。

（4）听觉和前庭觉代表区

听觉的投射区域位于颞叶的颞横回和颞上回（41、42区），听觉传入神经先在同侧脑干的耳蜗神经核换元，换元后的纤维大部分交叉到对侧上橄榄核，再次换元后形成外侧丘系，小部分不交叉或于同侧上橄榄核换元，或不换元并沿同侧外侧丘系上行。外侧丘系投射抵达内侧膝状体，再发出投射至初级听皮层。由于上橄榄核以上通路是双侧性的，故该水平以上一侧通路损伤，也不会产生明显的听觉障碍。前庭感觉的投射区域可能位于大脑皮质颞叶后部。

（5）内脏感觉代表区

内脏感觉的投射区位于第一和第二感觉区。此外，边缘系统的皮质部位也有其投射区域。

2. 大脑皮质的感觉分析功能

体内、外各种刺激，由感受器转换成传入神经上的神经冲动，并通过特定的神经通路传向特定的皮质代表区，在中枢各特定部位共同活动进行综合分析，从而完成感觉分析，形成各种感觉。如视觉、听觉、位觉、本体感觉、触-压觉、温度觉、痛觉、嗅觉和味觉等，其大脑皮质的感觉分析功能在以后各节进行详述。

二、视觉

（一）眼的折光系统和感光系统

视觉器官（visual sense organ）由折光系统和感光系统两部分组成。折光系统包括角膜、房水、晶状体和玻璃体，感光系统指视网膜。平行光线首先通过眼内折光系统发生折射后，在视网膜上成像。视网膜上的感光细胞将电磁波的光能刺激转换成神经冲动，经视神经传到丘脑，再向大脑皮质感觉区投射形成视觉。

有关眼的折光功能及感光功能机制，可扫描二维码进行学习。

（二）视觉生理与运动

视觉在人体运动中具有重要的意义，其机能可用下列指标测量与评价。

1. 视力

视敏度（visual acuity）指人眼分辨物体微细结构的能力，也称为视力。视力通常以分辨两点（或两平衡线）之间的最小距离为标准。正常人眼在光照良好的情况下，在视网膜上的物像≥5μm（视角≥1′）能产生清晰的视觉，则该受试者的视力为1.0，正常视力为1.0~1.5。

2. 视野

单眼固定注视正前方一点时，该眼所能看到的空间范围称为视野（visual field）。正常人的视野范围受面部结构、各类感光细胞在视网膜上的分布和目标物的颜色等因素的影响。一般来讲，鼻侧视野小于颞侧。不同颜色的视野也不一样，白色>黄色>红色>绿色，不同项目运动员的视野不同，足球运动员绿色视野较大。

3. 双眼视觉

两眼同时看某一物体时产生的视觉称为双眼视觉（binocular vision）。双眼视物时，不仅能看到物体的平面，还能看到物体的深度，从而形成立体视觉（stereoscopic vision)。双眼视觉的优点是可以弥补单眼视野中的盲区缺损，扩大视野，形成立体视觉。立体视觉在各项体育活动中具有重要意义。球类运动员立体视觉不完善会降低时空感，而使击球、传球、投球、接球等技术动作不准确。特别是在场地范围小、球速快的条件下，运动员不能准确地判断对方动作及接传方向。

4. 眼肌平衡

眼球的运动是靠3对眼肌，即上、下直肌，内、外直肌和上、下斜肌控制的。眼肌平衡决定于这些肌肉的紧张和松弛是否协调。眼肌运动可使眼睛有目的地接受刺激，保证机体产生朝向反应，从而对外界的各种刺激做好准备。

当眼注视正前方时，若对称眼肌紧张度相等，眼球瞳孔在正中央处，称为正视。如果其中一条肌肉紧张度大，则瞳孔偏向一方，称为斜视。有的人一条眼肌紧张度虽然稍大，但在平时靠对抗肌紧张度的加强予以补偿，瞳孔仍然保持在正中，称为隐斜视。由于隐斜视患者的眼肌经常处于紧张状态，容易产生疲劳，特别是在运动过程中，疲劳后眼肌的调节能力会下降，出现斜视。因此，患有隐斜视的人在要求准确度很高的运动项目中，如射击、射箭和球类等项目，运动成绩会受到一定影响。运动时维持眼肌平衡，对准确判断器械的空间位置、距离大小、运动员动向以及球运动的速度等都十分重要。

5. 暗适应和明适应

当人长时间在明亮环境中而突然进入暗处时，最初看不见任何东西，经过一段时间后，视觉敏感度才逐渐增高，能看见在暗处的物体，这种现象称为暗适应（dark adaptation）。暗适应进程时间长。当人长时间在暗处而突然进入明亮处时，最初感到一片耀眼的光亮，也不能看清物体，片刻后才能恢复视觉，这种现象称为明适应（light adaptation）。明适应通常在几秒钟内即可完成。

6. 视后像和融合现象

注视一个光源或较亮的物体，然后闭上眼睛，这时可以感觉到一个光斑，其形状和大小均与该光源或物体相似，这种主观的视觉后效应称为视后像。后效应的持续时间与光刺激的强度有关，通常仅持续几秒到几分钟。当闪光频率增加到一定程度时，重复的闪光刺激可引起主观上的连续光感，这一现象称为融合现象（fusion phenomenon）。融合现象是由于闪光的间歇时间比视后像的时间更短而产生的。引起闪光融合的最低频率，称为临界融合频率（critical fusion frequency，CFF），它与闪光刺激的颜色和亮度、闪光光斑的大小以及被刺激的视网膜部位有关，而且受年龄、药物及中枢神经系统疲劳程度等影响。因此，在运动生理中，人们常将临界融合频率作为中枢疲劳的指标。

人的视觉器官十分敏感，能分辨各种物体的大小、形状、明暗、颜色、距离、动静及在空间里的相互作用。在运动员还没有熟练掌握动作技能之前，视觉起主导作用。

在运动过程中，运动员靠视觉掌握环境状况，产生空间感觉，控制本身的动作，观察赛场上变化。在球类运动中，需要运动员有良好的视力和开阔的视野。在对抗性运动项目中，如击剑、拳击、摔跤等，同样需要运动员有敏锐的视力。只有视觉功能良好的运动员才有可能发挥高超运动技术水平。此外，视觉在维持身体平衡上也起重要作用。可见，在体育教学和训练中，教练在培养运动员掌握运动技能的同时，也要注重视觉功能的训练。

三、听觉与位觉

（一）听觉的形成机制

耳是听觉器官，也是位觉（平衡）器官。从结构上，耳由外耳（包括耳廓与外耳道）和中耳（鼓膜、鼓室、听骨链和咽鼓管）构成的传音系统和内耳的感音系统组成。内耳又称迷路，包括耳蜗、椭圆囊、球囊和3个半规管，通常将椭圆囊、球囊和3个半规管统称为前庭器官。

1. 听觉感受器的适宜刺激与微音器电位

人耳的适宜刺激是空气振动的疏密波。外界的声波振动经外耳道、鼓膜和听骨链的传递，引起外淋巴和基底膜振动（图4-3），刺激耳蜗螺旋器感受器产生振动，它的振动使毛细胞的顶端与盖膜之间发生交错的移行运动，这种运动使毛细胞听纤毛发生弯曲，从而引起耳蜗内电位的一系列变化。毛细胞的纤毛有动纤毛（最长位于细胞顶端的一侧边缘处）和静纤毛（纤毛较短、数量较多，呈阶梯状排列）两种（图4-4）。研究发现，当静纤毛向动纤毛一侧弯曲时，毛细胞的顶部通道开放，大量阳离子内流引起去极化而产生感受器电位，当静纤毛向背离动纤毛的一侧弯曲时通道关闭，内向离子流停止而出现外向离子流，造成膜的超极化。

当耳蜗受到声音刺激时，在耳蜗及其附近结构所记录到的一种与声波的频率和幅度完全一致的电位变化，称为耳蜗微音器电位（cochlear microphonic potential）。微音器电位是多个毛细胞在接受声音刺激时所产生的感受器电位的复合表现。微音器电位与动作电位不同，其特点是：没有潜伏期和不应期，不易疲劳，不发生适应现象，其电位随刺激强度的增强而增大，具有位相性，当声音的位相倒转时，耳蜗微音器电位的位相也发生逆转，这就是微音器电位的波动能与声波振动的频率和幅度相一致的道理。

微音器电位经突触传递，最后引起位于毛细胞底部的神经纤维产生动作电位，并以神经冲动的不同频率和组合形式对声音信息进行编码。当动作电位沿听神经传到大脑皮层听觉中枢时，产生听觉。

人对声音性质的分辨，除了耳蜗功能外，还取决于中枢神经各部位的功能。

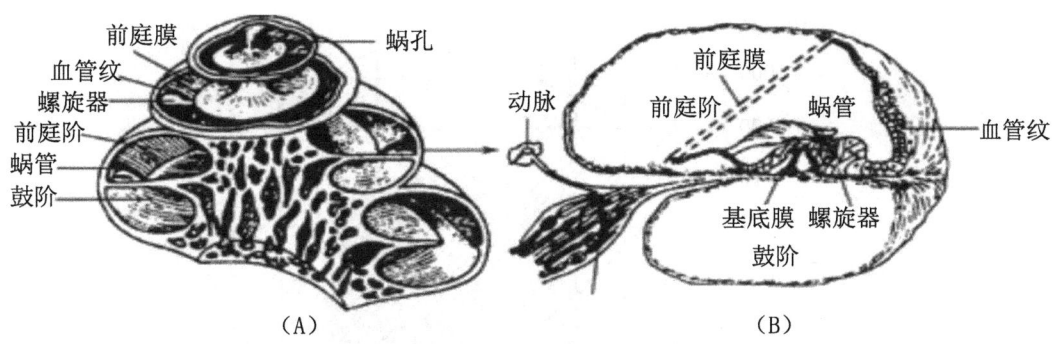

图 4-3 耳蜗及耳蜗管的横断面（引自朱大年等，2008）

（A）耳蜗纵行剖面；（B）耳蜗管横断面。

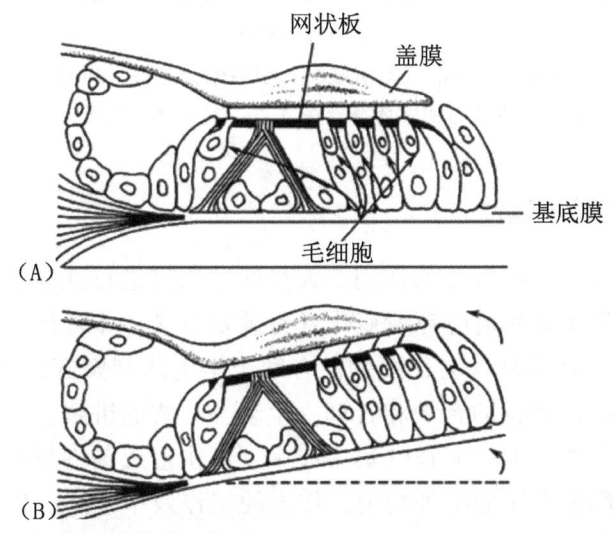

图 4-4 耳蜗基底膜螺旋器毛细胞和盖膜的移行运动（引自朱大年等，2008）

（A）静止时的情况；（B）基底膜在振动中上移时，听毛因与盖膜间切向运动而弯向蜗管外侧。

2. 听阈与听域

通常人耳能感受的振动频率为 20~20 000 Hz，感受的声强范围为 0.0002~1000 dyn/cm^2。对于每种频率的声波，都有一个刚能引起听觉的最低声强，称为听阈。当声强增加到一定限度时，不只会引起听觉，甚至引起鼓膜的痛觉，此限度称为最大可听阈。从听阈到最大可听阈曲线之间包括的面积称为听域（图 4-5）。正常人在音频为 1000~3000 Hz 时听阈最低，也就是听觉最敏感。随年龄增长，听阈逐渐升高。

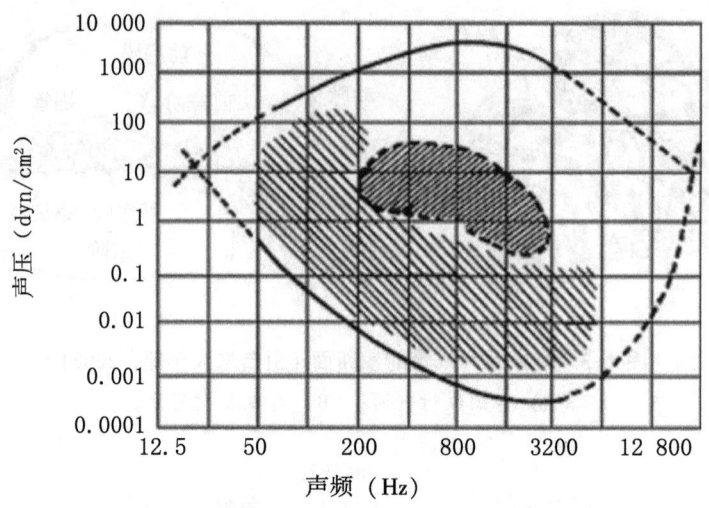

图4-5 人的正常听域图（引自朱大年等，2008）

注：图中心部的斜线区为通常的会话语言域，下方的斜线区为次主要语言域。

（二）听觉生理与运动

听觉在运动训练中发挥重要的作用。人类通过语言进行互通信息、交流思想、传播知识，语言对人类认识和适应环境变化具有重要意义。体育教学和运动训练中，学生通过听口令和语言讲解领会动作要领，有助于学生队列整齐，更快掌握动作技能。因此，在运动训练中，适宜的音量和音调，生动、简洁的讲解、口令及音乐，可以使运动员的大脑皮质听觉中枢的兴奋性集中起来，更快形成条件反射。同时，听觉受噪声的影响。噪声会影响人体的生理功能，使人的工作效率下降，生理功能发生明显紊乱，高强噪声甚至会危害人体。强烈噪声导致听力障碍，大脑皮层兴奋与抑制过程失调，感觉功能和自主神经系统功能紊乱，内分泌失调，从而引起情绪不安、烦躁，心率、血压不稳定，视觉不良，反应时延长，平衡器官功能不佳，增加运动病的发生率。

在大型运动训练比赛时，运动员常常会受到观众呐喊声较长时间或间断性的干扰，造成过分紧张，影响其运动能力。因此，教练应注意平时合理安排运动员在强烈的噪声环境中进行训练或比赛，以适应正式竞赛时运动场馆的环境。

听觉还能使人对一定距离以外环境条件的变化预先发生适应性反应。在体育运动中，运动员借助听觉、视觉，本体感觉和前庭感觉的共同活动，控制动作的节律和速度，准确地感知空间位置，保持身体平衡，从而掌握动作技能。

（三）位觉生理与运动

正常姿势的维持依赖于前庭器官、视觉器官和本体感觉感受器的协同活动，其中前庭器官的作用最为重要。前庭器官由椭圆囊、球囊和3个半规管构成，感受细胞都是毛细胞，适宜刺激是机械力作用。身体进行各种变速运动（加减速度运动）时会引起前庭器官中的位觉感受器兴奋产生的感觉，称为位觉（或前庭感觉）。

1. 前庭器官感受毛细胞的适宜刺激

半规管壶腹嵴毛细胞的适宜刺激是旋转正负加速度。在内耳迷路中，水平半规管主要感受绕垂直轴左右旋转的变速运动，而前、后半规管主要感受绕前后轴和横轴旋转的变速运动。因此，人们可以感受任何平面上不同方向旋转变速运动的刺激，并做出准确的反应。

椭圆囊和球囊的壁上有囊斑，分别称为椭圆囊斑和球囊班。囊斑中有感受性毛细胞，其适宜刺激是耳石的重力及直线正负加减速运动和头部空间位置。当头部位置改变，如头前倾、后仰，或左、右两侧倾斜时，由于重力对耳石的作用方向变化，耳石膜与毛细胞之间的空间位置发生改变，使毛细胞兴奋，冲动经前庭神经传到前庭神经核，反射性地引起躯干与四肢有关肌肉的肌紧张变化。同时，冲动传入大脑皮质前庭感觉区，产生头部空间位置改变的感觉。当人体开始或停止作直线运动以及突然变速时，耳石膜因直线加速度或减速度的惯性而发生位置偏移，使毛细胞的纤毛弯曲、兴奋，通过反射活动调整有关骨骼肌的张力，以维持身体平衡。同时冲动经丘脑传入大脑皮质感觉区，产生身体在空间位置及变速的感觉。

2. 前庭反应与前庭功能稳定性

前庭反应是指前庭器官受到刺激产生兴奋后，引起的一定位置觉改变、骨骼肌紧张性改变、眼震颤及植物性功能改变，其作用在于维持机体一定的姿势和保持身体平衡。人类前庭器官受到过强或长久刺激时，前庭分析器的感受器发生强烈而频繁的冲动，引起四肢躯干肌张力的正常关系失调，使动作或身体平衡失调，同时会出现眼肌不随意收缩和放松，引起眼球有规律地震颤。另外，还会引起一系列植物性机能反应，如晕车、晕船等引起的心率加快，血压下降，恶心、呕吐、眩晕和各种姿势反射等现象。这些反应会严重降低人的工作能力。招收飞行员、舰艇员、宇航员，以及赛艇和划船运动员都必须经过生理选拔。

刺激前庭感受器而引起机体各种前庭反应的程度，称为前庭机能稳定性。前庭机能稳定性越好的人，在前庭器官受到刺激时所发生的反应就越弱，有助于提高人体的工作能力。通常在定量角加速度或直线加速运动后，植物性功能或姿势反射的反应程度，均可作为判断前庭功能稳定性的指标。

前庭器官的稳定性在运动训练过程中可逐渐完善。提高前庭器官稳定性的训练方法有3种：①有加速度的旋转运动和直线运动的主动训练法；②在产生加速度变化的器械上，被动地感受加速度变化的被动训练法；③主动训练和被动训练相结合的综合训练法。

某一特定性质的刺激反复、长期作用于前庭器官，经过一段时间后，前庭器官对刺激引起的反应逐渐减小的现象称为前庭适应。研究表明，在体育运动中，赛艇、划船、跳伞、跳水、滑雪、体操、武术、链球、投掷及各种球类运动项目，有利于提高运动员的前庭功能稳定性，使前庭器官对刺激引起的反应逐渐减小或消失。

四、本体感觉

肌肉、肌腱和关节囊中分布的本体感受器（肌梭与腱梭），能分别感受肌肉被牵拉的程度，以及肌肉收缩和关节伸展的程度。这种本体感受器受到刺激所产生的躯体各部相对位置和状态的感觉，称为本体感觉（或称运动觉）。

（一）本体感受器结构与功能

1. 肌梭的结构与功能

肌梭是位于肌肉中的一种梭形感受器，位于肌纤维之间并与肌纤维平行排列。肌梭囊内含 6~12 根肌纤维，称为梭内肌纤维。肌梭囊外的一般肌纤维称为梭外肌纤维。肌梭附着于梭外肌纤维上，并与其平行排列呈并联关系。因此，肌梭的功能是感受肌肉长度的变化。

2. 腱梭的结构与功能

腱梭是分布在肌腱胶原纤维之间的一种张力感受器，与梭外肌纤维串联。当肌肉收缩张力增加时，腱梭因受到刺激而产生兴奋，冲动沿着感觉神经传入中枢，反射性地引起肌肉舒张。

腱梭的本体感觉反应是一种安全机制。腱梭是一种高阈值感受器，对主动肌有抑制作用，对拮抗肌具有易化作用。当肌肉的收缩力和外部因素引起的力之和达到可能损伤肌腱或骨骼的程度时，腱梭的传入冲动会使运动神经元胞体产生抑制性突触后电位。当肌肉收缩缩短，由于过度屈或伸可能损伤关节时，腱梭可通过抑制性突触后电位，抑制主动肌，同时通过兴奋性突触后电位刺激拮抗肌的工作，从而防止肌肉受损。

（二）本体感觉在运动训练中的作用

运动员的一切运动技能都是在本体感觉的基础上形成的。通过本体感受器可以感知肌肉、肌腱、关节和韧带的缩短、放松和拉紧的状况，连续地反映到中枢神经系统，通过这种反馈系统，不断调整、矫正运动动作，使运动技能更加协调精确。运动训练中常使用"想、练结合"的训练方法，或通过模仿性动作练习，来提高本体感觉对动作反馈调节的能力。

一般情况下，视觉、位觉及本体感觉相互联系，经大脑皮质的综合分析功能控制肌肉活动。肌肉活动时发生的本体感觉往往被视、听和其他感觉遮蔽，故本体感觉也称为暗淡的感觉，如球类运动员的"球性"。本体感觉能力必须经过相当长时间的训练，才能比较明显而精确地在动作过程中体验到。例如，运动员在熟练地完成动作时，略有变化就能感觉出来，新学的动作虽然有很大毛病，往往也不易感觉到。因此，要使动作准确无误，必须反复练习。

人体各种感觉都可帮助肌肉产生正确的肌肉本体感觉，没有正确的肌肉本体感觉，就不可能形成运动技能。因此，本体感受器的机能，对形成运动技能具有特殊重要作用。运动实践证明，随着运动员本体感受机能的提高，运动技术水平也会提高，如篮球、足球运动员动作技能熟练后，有时可以不用视觉来完成复杂的动作，主要靠本体感受器机能控制球完成复杂的动作，训练水平高的运动员其控球能力强，失球次数少，而且运动速度快，表现出本体感受器具有较高的敏感性。在运动实践中只有勤学苦练，使本体感受器机能提高，肌肉活动在时间和空间上才能更加协调，才能更好地促进运动动作技能的形成，提高运动技能水平。此外，本体感觉还有助于运动技术、战术的运用与创新，从而提高运动员整体活动能力。

第二节　神经系统机能

一、神经系统机能概述

神经系统活动的基本方式是反射，它是控制和协调全身各种功能活动的主要调节系统。高级神经活动是运动技能学习、记忆与控制的生理学基础。详细内容可扫描二维码进行学习。

二、脊髓对躯体运动的调节

脊髓是实现躯体运动的最低级中枢。脊髓神经元由感觉传入神经元、各类中间神经元及运动神经元组成。脊髓前角运动神经元支配骨骼肌，兴奋时产生肌肉收缩，它们是各种类型躯体运动的"最后公路"。当脊髓与高位中枢的联系被切断后，仍可产生一些反射活动，如四足脊髓动物甚至可以表现一定程度的行走运动。研究表明，有些反射性运动的中枢位于脊髓水平，如牵张反射。但正常情况下，所有脊髓反射都接受中枢的下行调控。

（一）运动神经元池

高位运动中枢发出的一切指令，大多数都要汇聚在脊髓前角神经元上，并由后者引起其所支配的肌纤维收缩活动。一块肌肉往往受许多运动神经元的支配，支配某一肌肉的一群运动神经元，称为运动神经元池（motor neuron pool）。它包括支配肌纤维的 α 运动神经元和支配肌梭梭内肌的小型 γ 运动神经元。α 运动神经元的大小不等，神经元池中至少含有两种性质不同的 α 运动神经元，大 α 运动神经元支配快肌纤维，小 α

运动神经元支配慢肌纤维。

（二）牵张反射

牵张反射（stretch reflex）是指在脊髓完整的情况下，当骨骼肌受到牵拉时引起同一肌肉收缩的反射。牵张反射有两种类型：一种为腱反射，也称位相性牵张反射；另一种为肌紧张，也称紧张性牵张反射。腱反射是指快速牵拉肌腱时发生的牵张反射。肌紧张是指缓慢、持续牵拉肌肉时发生的紧张性收缩。牵张反射的主要生理意义在于维持身体姿势，增强肌肉力量。

牵张反射的反射弧特点是感受器和效应器处在同一块肌肉中。正常人体内的骨骼肌纤维，经常是轮流交替收缩，致使其处于一定的紧张状态。这是由于 γ 运动神经元在高位脑中枢的兴奋性影响下，常有少量的冲动到达梭内肌纤维，使它发生轻度收缩，牵拉螺旋状感受器，故常有少量冲动传入脊髓，然后通过 α 运动神经元发出少量冲动使梭外肌纤维发生轻度收缩，使肌肉保持一定张力。因此，γ 运动神经元的功能是调节梭内肌纤维的长度，使感受器经常处于敏感状态。当肌肉收缩时，这种由 γ 运动神经元的活动，通过肌梭传入，引起支配同一肌肉 α 运动神经元的活动和肌肉收缩的反射过程，称为 γ-环路。除高位脑中枢可直接控制 α 运动神经元之外，γ-环路也可间接控制 α 运动神经元来调节肌张力。

三、脑干对躯体运动的调节

脑干包括中脑、脑桥和延脑。脑干的中轴部位是由许多形状和大小各异的神经元组成的脑区，其间穿行着各类走向不同的神经纤维，这些神经纤维呈网状分布，故称为脑干网状结构。脑干网状结构内有许多神经核团，它既获得来自高位中枢和脊髓各节段的传入信息，同时脑干中也存在直接支配某些肌肉的运动神经元，其作用特点与脊髓前角运动神经元相同。而脑干控制运动的主要功能是把高级中枢的下行运动指令与脊髓的上行信息进行整合，再通过脑干下行通路来调节运动神经元（包括脑干运动神经元）的活动，即起到承上启下的作用以实现对运动的控制。

（一）脑干网状结构对肌紧张的调节

利用脑立体定向技术刺激动物网状结构的脑干中央区域（图4-6的5区），可使肌紧张加强，这一区域称为易化区。刺激延脑网状结构的腹内侧部分（图4-6的4区），可抑制肌紧张，这一区域称为抑制区。它们分别对脊髓的运动神经元具有易化与抑制作用。电刺激易化区，可使正在进行中的四肢牵张反射大大加强。而刺激抑制区，可抑制肌肉的牵张反射。从活动强度上看，易化区活动比较强，抑制区活动比较弱。因此，在肌紧张的平衡调节中易化区略占优势。

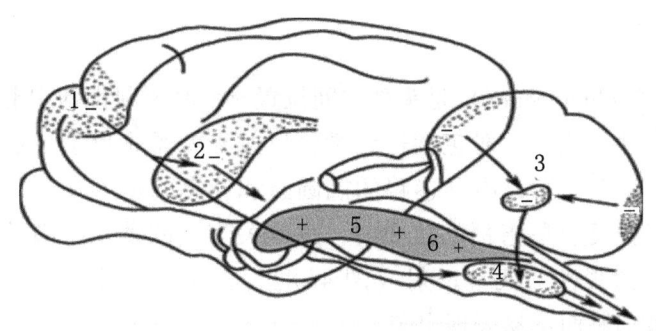

图 4-6 猫脑各部位，可见脑干网状结构下行抑制（-）和易化（+）
系统示意图（引自王瑞元等，2012）

抑制作用（-）的路径：4 为网状结构抑制区，发放下行冲动抑制脊髓牵张反射。这一区接受大脑皮层（1）尾状核（2）和小脑（3）传来的冲动。

易化作用（+）的路径：5 为网状结构易化区，发放下行冲动加强脊髓牵张反射。6 为延髓的前庭核，有加强脊髓牵张反射的作用。

在正常情况下，由于大脑皮质运动区和纹状体等部位对脑干网状结构抑制区有控制作用，故使易化与抑制作用保持动态平衡。而当上位中枢的下行控制失去之后，这种平衡便会丧失，造成抑制区活动减弱，易化区活动加强，使伸肌紧张加强，产生僵直现象。例如，在实验室中，如果把动物中脑四叠体的上、下丘之间脑干切断，使之成为去大脑动物，此时动物全身伸肌的紧张性立即显现亢进，表现为四肢僵直，颈背部肌肉过度紧张，以致头尾呈背弓反张状态，这一现象称为去大脑僵直（decerebrate rigidity）（图 4-7）。

图 4-7 去大脑僵直现象（引自朱大年等，2008）

（二）姿势反射

人体姿势的维持是通过全身肌张力的相互协调实现的。在身体活动过程中，中枢不断地调整不同部位骨骼肌的张力，以完成各种动作，保持或变更躯体各部分的位置，这种反射活动称为姿势反射（postural reflex）。姿势反射可分为状态反射、翻正反射、直线运动反射和旋转运动反射等。

1. 状态反射

状态反射（attitudinal reflex）是头部空间位置改变时反射性地引起四肢肌张力重新调整的一种反射活动。状态反射包括迷路紧张反射和颈紧张反射。迷路紧张反射是指当头部空间位置发生改变时，内耳迷路的椭圆囊和球囊的传入冲动对躯体伸肌紧张性的调节反射。颈紧张反射是指颈部扭曲时，颈椎关节、韧带或肌肉的本体感受器受刺激后，对四肢肌肉紧张性的调节反射（图4-8）。在正常人体中，由于高位中枢的调节，状态反射常被抑制而不易表现出来。

图4-8 状态反射规律示意图（引自王瑞元等，2002）

状态反射的规律表现包括：头部后仰引起上下肢及背部伸肌紧张性加强；头部前倾引起上下肢及背部伸肌紧张性减弱，屈肌及腹肌的紧张性相对加强；头部侧倾或扭转时，引起同侧上下肢伸肌紧张性加强，对侧上下肢伸肌紧张性减弱。

状态反射在完成某些运动技能时起着重要作用。例如，在做体操的后手翻、空翻及跳马等动作时，若头部位置不正，就会使两臂用力不均衡，身体偏向一侧，导致动作失误或无法完成。短跑运动员起跑时，为防止身体过早直立，往往采用低头姿势。这些都运用了状态反射的规律。但是，运动中也有个别动作的身体姿势会违反状态反射的规律。例如，自行车运动员在快速骑车时，会做出头后仰而身体前倾的姿势。

2. 翻正反射

当人和动物处于不正常体位时，通过一系列动作将体位恢复常态的反射活动称为翻正反射（righting reflex）。如将动物四足朝天从空中抛下时，人们可清楚地观察到动物在下降过程中，首先是头颈扭转，然后前肢、躯干和后肢依次扭转过来，当下降到地面时由四肢着地。翻正反射包括一系列反射活动，最先是由于头部位置不正常，视觉与内耳迷路感受刺激，从而引起头部的位置翻正。头部翻正以后，头与躯干的位置关系不正常，使颈部关节韧带或肌肉受到刺激，从而使躯干的位置也翻正。在体育运动中，很多动作是在翻正反射的基础上形成的。例如，体操运动员的空翻转体，跳水运动中转体及篮球转体过人等动作，都要先转头以带动身体，使动作协调完成。

3. 直线运动反射

人体在主动或被动地进行直线加速或减速运动时，即发生肌张力重新调配恢复常态现象，这种反射称为直线运动反射。直线运动反射包括升降反射和着地反射。

人体沿垂直方向直线加速或减速运动时，耳石受到刺激，反射性地引起肌张力重新调整的活动称作升降反射。人体从高处跳下时，在着地的一刹那，上肢紧张性加强而下肢两脚分开顺势弯曲，以保持身体重心减少震动，这种反射称为着地反射。例如，人从体操器械掉下来时用手撑地就是一个明显的例子。但这种着地姿势容易引起尺骨鹰嘴骨折，因而在体育运动中应克服这种先天的非条件反射，即当身体从高处落下时做滚翻动作，才能起保护作用而避免出现伤害事故。

4. 旋转运动反射

人体在进行主动或被动旋转运动时，为了恢复正常体位而产生的一种反射活动，称为旋转运动反射。当身体向任何一侧倾倒时，前庭感受器受刺激而兴奋，通过传入神经到达中脑和延髓，反射性地引起全身肌肉张力重新调整，维持身体平衡。例如，在弯道上跑步时，身体向左侧倾斜，将反射性地引起躯干右侧肌张力增加，以保持身体姿势。

四、小脑和基底神经节在运动中的调控作用

小脑和基底神经节都是同躯体运动协调有关的脑的较高级部位。由大脑下行控制躯体运动的锥体外系包括两大途径：一是经小脑下行，二是经基底神经节下行。这两条途径最后都通过脑干某些核团调节运动神经元实现对运动的控制。

1. 小脑对运动的调控作用

小脑在躯体运动调节中的作用表现在程序预编与实时校正，稳定作用，眼-手协调动作的校准等，对保持躯体平衡、调节肌张力、协调随意动作和参与运动学习起重要作用。

2. 基底神经节在运动中的调控作用

大脑皮质下的基底神经节属于古老的前脑结构，是大脑皮质的一个主要传出机构。它包括纹状体、丘脑底核和黑质等。纹状体又包括尾核、壳核和苍白球。从新纹状体（尾核和壳核）到苍白球内侧部的投射途径有两条，分别为直接通路和间接通路。直接通路是指新纹状体直接向苍白球外侧部投射的路径，其递质是γ氨基丁酸（γ-aminobutyric acid，GABA）。间接通路则为先后经过苍白球外侧部和丘脑底核两次中继后到达苍白球内侧部的多突触路径。从新纹状体到苍白球外侧部，以及从苍白球外侧部再到丘脑底核的纤维递质也都是GABA，而由丘脑底核到达苍白球内侧部的投射纤维则是兴奋性的，递质为谷氨酸（glutamate，Glu），从黑质到达新纹状体的投射纤维递质是多巴胺（dopamine，DA），黑质多巴胺投射系统可作用于新纹状体的D_1受体而增强直接通路的活动，也可以作用于其D_2受体而抑制间接通路的活动（图4-9）。

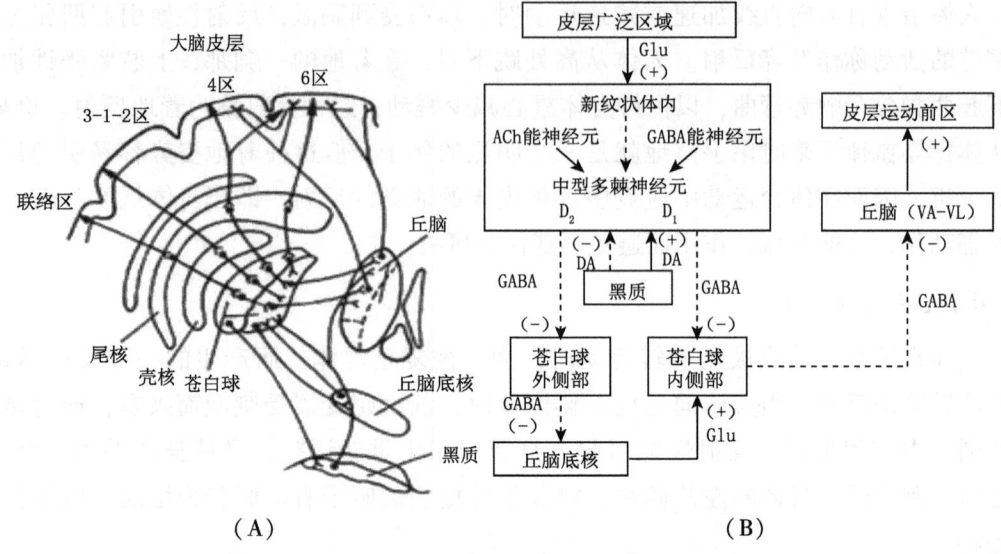

图 4-9 基底神经节与大脑皮层之间神经回路的模式图

（A）联结基底神经节与大脑皮层的神经回路；（B）直接通路和间接通路。

迄今为止，人们关于基底神经节的功能的认识仍不十分清楚。初步研究认为，可能丘脑底核经由皮质-基底神经节-丘脑-皮质的神经回路参与运动的设计和程序编制，并将一个抽象的设计转换为一个随意运动，完成运动的计划、启动和执行，基底神经节与随意运动的产生和稳定、肌紧张的调节、本体感受传入冲动信息的处理可能都有关，掌握新的动作，运动的排序，对新异刺激做出运动反应等。此外，基底神经节中某些核团还参与自主神经的调节、感觉传入、心理行为和学习记忆等功能活动。

五、大脑皮质在运动控制中的作用

人的大脑皮质至少可分为 4 个运动区：第Ⅰ运动区（4 区）、运动前区（6 区）、运动辅助区和扣带运动区（24 区）。运动区吻端为额前皮质，尾端为体感区皮质。运动区的锥体细胞投射至脊髓前角或脑干颅神经运动核的神经元，这些锥体细胞仅在个体计划或执行随意运动时激活，在其他情况下基本保持静息。大脑皮质运动区的细胞和前述的皮层感觉区类似，呈纵向柱状排列，组成大脑皮层的基本功能单位，称为运动柱。一个运动柱可控制同一关节的几块肌肉的活动，而一块肌肉可接受几个运动柱的控制。

运动区的功能特征包括：①交叉性，除头面部多数肌肉以外，运动区对躯体运动的调节支配具有交叉的性质，即一侧皮层主要支配对侧躯体运动。②精细定位性，具有精细的机能定位，即一定部位皮层的刺激引起一定肌肉的收缩。功能代表区的大小与运动的精细复杂程度有关，运动愈精细而复杂的肌肉，其代表区愈大，如手、手指及发声部位所占的区域很大，而躯干所占面积则很小。③倒置性，即下肢代表区在皮质顶部，膝关节以下肌肉代表区在半球内侧面，上肢肌肉代表区在中间部，头面部肌肉的代表区在底部，但头面部代表区在皮质的排列仍是正立的（图4-10）。运动区的前后分布为：躯干和近端肢体的代表区在前部（6区），远端肢体的代表区在后部（4区），手指、足趾、唇和舌的肌肉代表区在中央沟前缘。

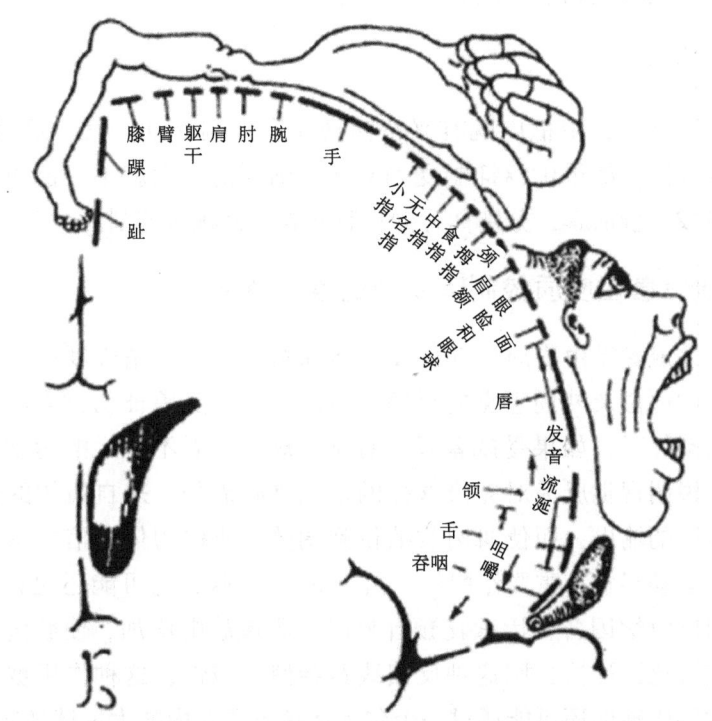

图4-10 人类大脑皮质中央前回躯体运动代表区示意图（依Penfield）

六、躯体运动协调的神经机制

（一）运动中神经系统对人体功能的整合

通过上文介绍，我们已经对各级中枢在肌肉活动中的调控作用有了大致了解，但还有一些问题需要解决。如最先引起肌肉运动的神经过程是什么？中枢神经系统对人体运动的功能整合作用是如何实现的？

一个随意运动，即使是最简单的随意运动，如伸手取物这个动作，都需要3个复杂过程。首先，辨认物体的形状和空间位置；其次，选择行动计划，决定身体何部位参与该动作及其运动方向；最后，执行运动。运动计划制定后，命令由大脑皮质下行投射通路传送至脊髓运动神经元。该命令包括：规定肌肉群（协调肌、拮抗肌）活动的时间顺序，肌肉收缩力的强度，以及关节伸屈的角度。当手到达物体时，手腕、手和手指的位置如何按照物体的外形抓握它，以及肩和臂如何去协调等。在运动执行过程中，因负荷和阻力的变化随时会调整运动参数，这样才能完成预定的运动。为了对运动进行精细的控制，运动的编程和执行均需要不断地接受感觉信息。神经系统借助各种传入刺激，先通过分析及时发出相应的指令，再通过植物性神经系统对各器官系统的活动进行整合，使人体心血管、内脏、内分泌系统等各器官的活动与躯体运动相匹配，最终表现出同时性和继时性的协调配合。

（二）中枢抑制

在任何反射活动中，中枢内既有兴奋活动又有抑制活动。某一反射活动进行时，其他反射即受到抑制，如果中枢抑制受到破坏，则反射活动就不可能协调。中枢抑制发生在突触后膜或突触前膜，分别称为突触后抑制和突触前抑制。

（三）反馈信息在皮质控制运动中的重要意义

各种运动的完成除需由皮质运动区发出运动指令外，其精确度还有取决于完成运动时来自中枢不同部位及外周感觉的反馈信息的传入。实验证明，当做一个伸手抓起放在桌上小球的动作时，如果受试者只能看见小球，而看不见手的运动，则不能准确地拿到小球，这说明视觉反馈对完成这样的运动是必需的。来自肌梭的信号可改变运动皮质传出神经元的输出，而使肌肉收缩得到调整。肌梭的传入信号参与运动控制的机制，除对形成运动感觉有重要作用外，由于 α-γ 耦联，它可能还起一种辅助运动的作用。例如，肌肉收缩因各种因素比预计慢时，肌梭放电增加，使肌肉更快缩短。反之，如果肌肉缩短比预计快，则这种反馈线路会使之减慢，这种作用被称为运动的伺服辅助。运动的伺服辅助还可能通过一个包括运动皮质在内的大反馈环实现。

七、神经系统对内脏活动、本能行为和情绪的调节

自主神经又称为植物性神经，是指分布于内脏器官、心血管和腺体等部位，调节心肌、平滑肌运动和腺体分泌活动，通常不受意志支配的内脏运动神经。自主神经系统不仅具有调节心血管系统的功能，还支配所有内脏器官并实施对内脏功能的调节。运动过程中，不仅身体各肌群之间、肌肉活动与内脏活动之间会表现出同时性和继时性配合协作一致的现象，而且躯体反射性反应和内脏反射性反应的性质和强度会与运动的性质和强度相适应。此外，下丘脑还参与摄食行为、饮水行为、睡眠、情绪等调节。

【知识窗】 脑的高级机能

学习、记忆、语言、思维、精神和情感这些人们特有的认知心理活动涉及人们一系列随意行为、心理行为和社会行为，这些高级神经活动机制的研究正是揭示脑活动的主题。脑的高级功能是运动技能学习、记忆与控制的神经生理学基础。

学习和记忆是两个相互联系的神经过程。学习（learning）是指人和动物依赖于经验来改变自身行为以适应环境的获得新知识或新技能的神经活动过程。记忆（memory）则是将学习到的新知识或技能编码、贮存和"读出"的神经活动过程。

人类不仅可对具体的刺激建立条件反射，还可对抽象的语言和文字建立条件反射。人类的第二信号系统是在第一信号系统活动的基础上建立起来的。人类通过词语可对一切现实事物和现象进行抽象概括，借助词语来表达思维。在体育教学和运动训练中，教师的示范动作可以作为第一信号，对动作技术的语言讲解则被认为是第二信号。教师正确运用动作示范和语言讲解，可充分发挥第一、第二信号系统的作用，产生良好的教学效果。

睡眠与觉醒的昼夜周期性交替是人类生存的必要条件。睡眠可以使人的精力和体力得到恢复，保持良好的机能状态。

脑电活动来源于神经元的膜电位及其变化，神经冲动的传导和突触传递过程中产生的突触后电位。脑电活动有自发脑电活动和皮层诱发电位两种形式。脑电图和其他生物电等测评方法可对人体机能状态进行客观判断，如判断觉醒与睡眠、疲劳状态等，在运动实践中具有重要意义。

第三节 运动技能学习及其发展影响因素

一、运动技能概述

（一）运动技能的基本概念

运动技能（motor learning）是指人体在运动中掌握和有效地完成专门动作的能力。运动技能可分为闭式和开式两类，闭式运动技能与开式运动技能的比较如表4-2所示。

表4-2 闭式运动技能与开式运动技能比较

分类	闭式运动技能	开式运动技能
时序特征	严格的时序性	随外界环境改变而改变
动作结构	周期性	非周期性（多样性）
反馈信息源	本体感受器	多种分析器

（引自王瑞元等，2012）

（二）运动技能的生理本质

谢切诺夫曾提出："一切随意运动，严格地讲，都是反射。脑的活动的一切外部表现，确实都归结为肌肉运动。"其生理机制被认为是：人的随意运动是从感觉开始，以心理活动为中继，以肌肉的效应活动而告终的一种反射。此后，巴甫洛夫在《所谓随意运动的生理机制》一文中，从理论上阐明随意运动的生理机制是暂时性神经联系。因此，学习和掌握运动技能，其生理本质就是建立运动条件反射。

人形成运动条件反射的过程是通过许多简单的非条件反射活动，如食物反射和防御反射等，随大脑和各器官的发育，在这些非条件反射的基础上，通过视觉、听觉、触觉和本体感觉与条件刺激物多次结合，就形成了简单的运动条件反射。在大脑中，与条件反射相关的中枢之间建立了暂时的神经联系。

人形成运动技能就是形成复杂的、连锁的和本体感受性的运动条件反射。

大脑皮质运动中枢内支配的部分肌肉活动的神经元在机能上进行排列组合，兴奋和抑制在运动中枢内有顺序地、有规律地和有严格时间间隔地交替发生，形成了一个系统，具有一定的形式和格局，使条件反射系统化，大脑皮质机能的这种系统性就称为运动动力定型。因此，运动技能的形成就是建立运动动力定型。

运动动力定型越巩固，就越能轻松自如地完成动作。运动动力定型建立得越多，动力定型的改建就越容易，大脑皮质的机能灵活性也越高。大脑机能的可塑性表现在一定的条件下，新的运动动力定型可以取代旧的运动动力定型。运动实践证明，基本技术掌握得越多、越熟练，则不仅学习新的运动技能越快，而且运动技术运用自如，在实践中会有更丰富的创造力，形成独特的技术风格。

二、运动技能的学习

一般来说，运动技能的形成可划分为相互联系的3个阶段或称为3个过程。

（一）泛化过程

在学习任何一个动作的初期，因为皮质内抑制尚未确立，所以大脑皮质中的兴奋与抑制都呈现扩散状态，使条件反射暂时联系不稳定，出现泛化现象。这个过程表现在肌肉的外表活动往往是动作僵硬，不协调，不该收缩的肌肉收缩，出现多余的动作，而且做动作很费力。这些现象是大脑皮质细胞兴奋扩散的结果。在此过程中，教师应该抓住动作的主要环节和学生掌握动作中存在的主要问题进行教学，不应过多强调动作细节，而应以正确的示范和简练的讲解帮助学生掌握动作。

（二）分化过程

在不断练习的过程中，初学者对该运动技能的内在规律有了初步的理解，一些不协调和多余的动作也逐渐消除。此时，大脑皮质运动中枢兴奋和抑制过程逐渐集中，由于抑制过程加强，特别是分化抑制得到发展，大脑皮质的活动由泛化阶段进入分化阶段。因此，练习过程中的大部分错误动作得到纠正，能比较顺利地和连贯地完成完整动作技术。这时初步建立了动力定型，但定型尚不巩固，遇到新异刺激（如有外人参观或比赛等），多余动作和错误动作可能会重新出现。在此过程中，教师应特别注意纠正错误动作，让学生体会动作的细节，促进分化抑制进一步发展，使动作更趋准确。

（三）巩固过程

通过进一步反复练习，运动条件反射系统已经巩固，达到建立巩固的动力定型阶段，大脑皮质的兴奋和抑制在时间和空间上更加集中和精确。此时，不仅动作准确、优美，而且某些环节的动作还可出现自动化，即不必有意识地去控制而能完成动作。在环境条件变化时，动作技术也不易受干扰。同时，由于内脏器官的活动与动作配合协调，完成练习时也会感到省力和轻松自如。

但是，动力定型发展到了巩固过程，也并不是可以一劳永逸了。一方面，运动员可在继续练习巩固的情况下精益求精，不断提高动作质量，使动力定型更加完善。另一方面，如果不再进行练习，巩固的动力定型还会消退，动作技术越复杂，难度越大，消退得越快。在此过程中，教师应对学生提出进一步要求，并指导学生进行技术理论学习，更有利于巩固动力定型和提高动作质量，促使动作达到自动化程度。

形成运动技能的3个过程是相互联系的，各过程之间并没有明显的界限。训练水平高的运动员在学习掌握新动作时，泛化过程很短，对动作的精细分化能力强，掌握运动技能快。初学者在学习新动作时，泛化过程较长，分化能力较差，掌握动作较慢。动作越复杂，泛化过程就越明显，分化的难度也就越大，形成运动技能所需要的时间就越长。

随着运动技能的巩固和发展，暂时联系达到非常巩固的程度以后，动作即可出现自动化现象。所谓自动化，就是练习某一套技术动作时，可以在无意识的条件下完成。其特征是对整个动作或者是对动作的某些环节，暂时变为无意识的。例如，走路是人类自动化的动作，在走路时可以谈话、看报，而不必有意识地想应如何迈步、如何维持身体平衡等。又如动作熟练的篮球运动员在比赛时，运球等动作往往也达到自动化程度。

当动作出现自动化现象时，第一信号系统的活动已经从第二信号系统的影响下相对地"解放出来"。完成自动化动作时，第一信号系统的兴奋不向第二信号系统传递，或者只是不完全地传递，这时的动作是无意识的，或是意识不完全。

自动化动作也并不是永远无意识进行的，当接受外界异常刺激时，大脑皮质的兴奋就会提高，对自动化动作又会产生意识。例如，在悬崖上行走时，步行就成为有意识的了。此外，当运动员想要体会自己动作的某环节或肢体的某部分动作时，对这些动作则会产生意识。

动作达到自动化后，第二信号系统的活动就可摆脱第一信号系统的束缚，随着外界环境的复杂化，能更灵活地调整全身活动。例如，篮球运动员对基本动作熟练掌握后，根据比赛时的复杂变化，第二信号系统的活动可以专注于战略的变化，此时，运动员常能将各种已熟练掌握的单个技术组成联合的动作，以适应当时比赛条件的要求。

要想提高运动成绩，必须使动作达到自动化程度，但不应认为动作达到自动化后，质量就得到保证。虽然动力定型已经非常巩固，但由于进行自动化动作时，第一信号系统的活动经常不能传递到第二信号系统中去。因此，如果动作发生少许变动，也可能一时未觉察，一旦觉察，可能变质的动作已因多次重复而巩固下来。因此，动作达到自动化以后，仍应不断检查动作质量，以达到精益求精。

三、影响运动技能学习发展的因素

影响运动技能学习发展的因素可扫描二维码进行学习。

【知识窗】

试用状态反射在人体运动中的理论解释体操运动员桑兰受伤的原因。

1998年的美国友好运动会，原国家体操运动员桑兰在跳马练习中，就在她快速地、无限接近它（鞍马）的时候，前方忽然闪过一个人影，干扰了她的注意力。从鞍马上摔下，从此瘫痪。其损伤原因可以从状态反射及其在人体运动中的重要作用机制来解释。状态反射是头部空间位置改变时，反射性地引起四肢肌张力重新调整的一种反射，它在完成某些运动技能时起着重要作用。一方面使身体重心不至于超出支撑面维持平衡，以保持身体正常姿势，另一方面便于人体向着头部转动的方向移动。例如，体操运动员进行后手翻、空翻及跳马等动作时，若头部位置不正，就会使两臂用力不均衡，身体偏向一侧，常常导致动作失误或无法完成。运用状态反射的规律，使动作更加完善优美，不至于使机体失去平衡，导致动作失误而受伤。

【复习思考题】

1. 名词解释：感受器、感觉器官、视敏度、视野、前庭机能稳定性、本体感觉、反射、牵张反射、肌紧张、腱反射、姿势反射、状态反射、运动技能。
2. 试述感受器的一般生理特征。
3. 试述前庭器官的适宜刺激及位觉产生机制。
4. 试述本体感受器的结构与功能。
5. 牵张反射有哪些特点？举例说明它在运动中的意义。
6. 状态反射的规律是什么？举例说明它在完成一些运动技能时所起的重要作用。
7. 运动技能形成过程有哪几个环节？如何针对其特点进行体育教学？影响运动技能发展的因素有哪些？
8. 简述运动技能和一般条件反射的区别。

（张日辉）

第五章 CHAPTER 05
肾脏与内分泌机能

【内容提要】

肾脏在尿生成过程中通过肾小球的滤过作用，肾小管与集合管的重吸收作用，保持体内水及酸碱的平衡，通过经典内分泌和"功能器官"内分泌的主要激素及基本功能，在能量代谢和体液调节过程中发挥作用，以维持人体正常的生理功能。

重点介绍运动对肾脏功能的影响、运动性蛋白尿和运动性血尿现象、应急激素和应激激素对运动的基本反应和适应特征，以及运动过程中应激轴主要激素的生理作用。

【本章重点】

1. 尿生成过程中肾小球的滤过作用，肾小管与集合管的重吸收和分泌作用。
2. 运动性蛋白尿和运动性血尿的概念及产生的原因。
3. 激素的一般生理作用和作用特征。
4. "经典内分泌腺"和功能器官的内分泌功能。

第一节 肾脏机能及运动对肾脏机能的影响

生理学中，人体在新陈代谢过程中产生的代谢物、多余的水分和进入机体的各种异物经过血液循环运送到排泄器官排出体外的过程称为排泄（excretion）。食物消化后的残渣，由于未参与机体细胞的代谢，又未经过血液循环向体外排出，故不包括在排泄范畴之内。肾脏不仅有排泄功能，还有调节体液、维持体内渗透压和酸碱度的功能，以及器官的内分泌功能，以保持人体内环境的相对稳定。

人体的排泄器官及其排泄物，如表 5-1 表示。

表 5-1　人体的排泄器官及其排泄物

排泄器官	排泄物
肾脏	水、尿素、肌酐、盐类、药物、毒物及色素等
肺脏	CO_2、水及挥发性药物等
皮肤及汗腺	水、盐类及少量尿素等
消化道	钙、镁、铁、磷等无机盐，胆色素，毒物等
唾液腺	重金属、狂犬病毒等

一、肾脏的基本结构

肾脏分为皮质和髓质。肾脏的基本功能和结构单位，称为肾单位（nephron），如图 5-1 所示。人类两侧肾脏有 170 万~240 万个肾单位。

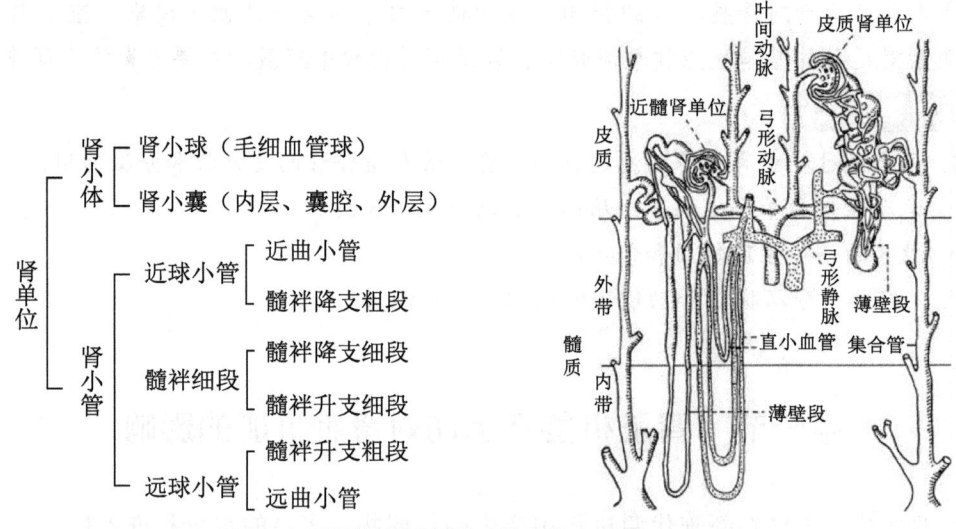

图 5-1　肾单位示意图（引自朱大年等，2013）

肾脏血流量占心输出量的 20%~30%，正常人安静时每分钟约有 1.2L 的血液流过两侧肾脏。肾脏血液循环的特点是血液经过两次小动脉（入球和出球小动脉）和形成两套毛细血管网（肾小球和肾小管处的毛细血管网），如图 5-1 所示。肾血液循环由肾动脉开始，经逐级分支后，进入肾小体成为入球动脉，再分支成肾小球毛细血管网，然后汇合成出球动脉。入球动脉粗而短，出球动脉细而长，入球动脉的口径是出球动脉口径的 2 倍，这种结构造成肾小球毛细血管血压较高。一般体循环的毛细血管压约为 20 mmHg（约为 2.7kPa），而肾小球毛细血管压可达 60 mmHg（约为 8.0kPa）。

肾脏的排泄途径是：肾小球→肾小囊→近球小管→髓袢→远球小管→集合管→肾

盏→肾盂→输尿管→膀胱→尿道。

二、尿的生成过程

尿生成是在肾单位和集合管中进行的，包括 3 个环节：肾小球的滤过作用，肾小管与集合管的重吸收作用，肾小管与集合管的分泌作用。

(一) 肾小球的滤过作用

血液流过肾小球毛细血管时，血浆中一部分水、电解质和小分子有机物（包括少量分子量较小的血浆蛋白）都可通过滤过膜进入肾小囊内，这种现象称为肾小球的滤过作用，肾小囊内液体称为滤液或称为原尿。血细胞和血浆中大分子物质（如蛋白质等）不能滤过，仍保留在血液中。影响肾小球滤过的主要因素包括：滤过膜的通透性和滤过面积、有效滤过压、肾血流量。

1. 滤过膜的通透性和滤过面积

滤过膜的通透性是以物质分子量大小是否能允许通过小孔来决定的。血浆中小分子的葡萄糖、尿素、尿酸、肌酐和各种离子等物质都可以滤过。因此，滤液中这些物质的浓度都与血浆内的浓度近似。大分子物质（如白蛋白，其分子量为 6.9 万）则极少滤过。

滤过面积是指肾小球毛细血管的总面积。正常人 200 多万个肾单位经常处于活动状态，滤过面积较恒定，总有效滤过面积可达 $1.5m^2$ 以上。这样大的滤过面积有利于尿的生成（血浆的滤过）。

2. 有效滤过压

滤过作用的动力是有效滤过压，如图 5-2 所示。

肾小球有效滤过压 = 肾小球毛细血管压 - （血浆胶体渗透压 + 肾小囊内压）

肾小球毛细血管压平均为 45 mmHg（1mmHg 约为 0.133kPa），肾小囊内压平均为 10 mmHg，肾小球毛细血管内血浆胶体渗透压在入球端约为 20 mmHg。随着水分滤出，胶体渗透压将不断上升，在出球端约为 35 mmHg。可见肾小球有效滤过压在入球端较高为 15 mmHg，以后逐渐降低，在出球端降低为 0。

入球动脉端有效滤过压：45 - (20+10) = 15 mmHg
出球动脉端有效滤过压：45 - (35+10) = 0

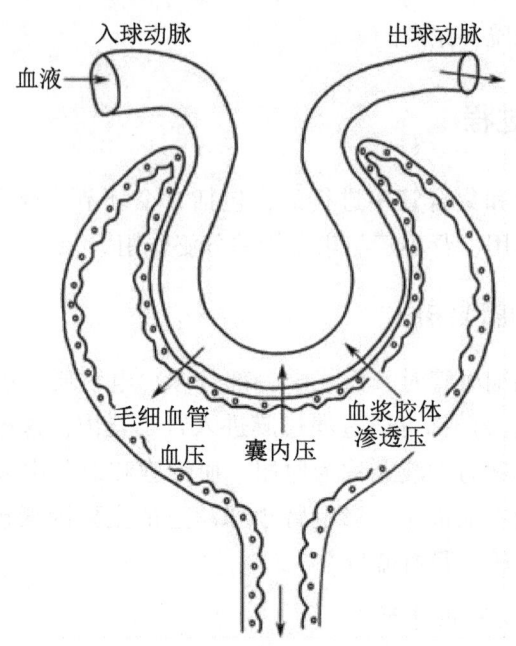

图 5-2 有效滤过压示意图

3. 肾血流量

当血压在 80~180 mmHg 变动时,肾脏依靠其自身调节可使血流量保持稳定。正常人安静时两侧肾脏血流量为 1.2 L/min,每昼夜从肾小球滤过的血浆总量可达 170~180 L,约为体重的 3 倍。肾血流量调节与全身血液循环调节是互相配合、协调进行的。激烈运动时,由于肾交感神经活动加强和体液性因素的影响及作用,体内血液重新分配会使肾血流量大为减少,尿液也相应减少。

(二) 肾小管与集合管的重吸收作用

重吸收作用是指滤液（原尿）流经肾小管与集合管时,其中水和某些溶质全部或部分地透过肾小管与集合管上皮细胞,重新回到肾小管与集合管周围毛细血管血液中的过程。近曲小管是重吸收量最大、重吸收物质种类最多的部位,髓袢、远曲小管和集合管只吸收部分水和 NaCl。重吸收方式有两种：被动重吸收和主动重吸收。

正常近端小管对葡萄糖的重吸收有一定的限度,正常血糖浓度为 3.89~6.11 mmol/L（80~120 mg/dL）,当血中的葡萄糖浓度超过 8.96~10.08 mmol/L（160~180 mg/dL）时,部分近端小管上皮细胞对葡萄糖的吸收达到极限,此时葡萄糖不能被全部重吸收,会随尿排出而出现糖尿。通常我们把尿中不出现葡萄糖的最高血糖浓度,称为肾糖阈（renal glucose threshold）。

(三) 肾小管与集合管的分泌作用

肾小管与集合管上皮细胞将自身新陈代谢的产物分泌到小管液的过程,称为分泌作用，如 H^+、NH_3 等物质。肾小管与集合管上皮细胞将血液中某些物质排入小管液中的过程，称为排泄作用。分泌物和排泄物都会进入小管液。

分泌和排泄的主要部位是近曲小管，其次才是远曲小管和集合管，且两者分泌的方向与重吸收方向相反。近曲小管能分泌肌酐和外来的药物，如酚红、青霉素等。远曲小管能分泌 H^+、K^+、NH_3，可调节体液的离子浓度和酸碱平衡。

最终被肾小管重吸收后剩下的残留物质，多余的水和无机盐，以及肾小管分泌、排泄的物质，形成终尿。正常成人的两肾，每天由肾小球滤出的原尿量约为 180 L，而每天由膀胱经尿道排出的终尿量约 1.5 L，只占滤液的 1%。尿量多少主要取决于摄水量和排水量。血浆、原尿和终尿的主要成分比较如表 5-2 所示。

表 5-2 血浆、原尿和终尿的主要成分比较

成分	血浆	原尿	终尿	浓缩倍数
水	90~93	97	95	1
蛋白质	7~9	微量	—	—
葡萄糖	0.1	0.1	—	—
Na^+	0.32	0.32	0.35	1
Cl^-	0.37	0.37	0.6	2
K^+	0.02	0.02	0.15	7
尿酸	0.004	0.004	0.05	12
尿素	0.03	0.03	2	60
肌酐	0.001	0.001	0.075	75
氨	0.0001	0.0001	0.04	400.0
Ca^{2+}	0.008	0.008	0.015	2
Mg^{2+}	0.0025	0.0025	0.006	2
PO_4^{3-}	0.009	0.009	0.15	16
SO_4^{2-}	0.002	0.002	0.18	60

（引自王瑞元等，2012）

三、尿的成分及理化性质

尿的成分中，水占 95%~97%。固体物又可分为有机物和无机盐两大类，有机物中主要是尿素，其余是肌酐、尿酸、酮体等。无机盐中主要是 NaCl，其余是硫酸盐、磷酸盐、钾盐和氨盐等。

尿是淡黄色透明液体，其原因是尿中含有淡黄色的尿胆素。尿量减少变浓缩，颜

色就会加深。新排出的尿颜色较浅，放置一段时间后，尿胆素原氧化成尿胆素，颜色就会加深。

尿的比重介于1.010~1.025，随尿量而异。饮水多时，尿量增加，比重减低；饮水少或出汗多时，尿量减少，比重增高。

尿的pH一般介于5.0~7.0，随饮食成分而改变。荤素杂食的人尿呈酸性，pH约为6.0，素食的人因酸性产物较少，碱基排出较多，故尿呈碱性。剧烈运动后，尿中的酸性物质排泄加强（如尿乳酸等），尿呈明显的酸性。

四、肾脏在保持酸碱平衡中的作用

肾脏在泌尿过程中有两方面作用：一方面是通过肾小球的滤过和肾小管的分泌作用把体内各种代谢终末产物，以及对机体无用和有害的物质清除体外，如尿素、尿酸、氨及H^+等；另一方面是把滤液中有用物质吸收入血液，如水和各种物质，包括离子（电解质）、葡萄糖、氨基酸等主动地或被动地转运回血液中，从而调节体内水、电解质和酸碱的平衡。

五、运动对肾脏功能的影响

运动可引起肾脏功能的改变，适度运动会促进肾脏各方面功能的提高，达到健肾的目的。及时观察尿量和尿成分，可掌握运动对肾脏功能的影响规律，从而为客观评定运动时肾脏功能和身体机能状况提供依据。

（一）尿量

运动后尿量主要受气温、运动强度、运动持续时间、排汗和饮水量等因素影响。如果在夏季进行强度较大、持续时间较长的运动，或强度虽不大但时间长的运动时，由于大量排汗，故尿量减少。此外，运动时由于血液重新分配，肾脏血流量减少，故运动后一段时间内尿量减少。激烈运动后尿量减少，使尿液"浓缩"，故在观察运动时尿中某一成分的变化时，用收集总尿量并计算该成分总含量，比用浓度更能反映其变化规律。

（二）运动性蛋白尿

正常人在运动后出现的一过性蛋白尿称为运动性蛋白尿。正常人安静时尿中只有极微量的蛋白质，为2 mg左右，用一般检查尿蛋白的方法不易测出，为阴性。检测运动性蛋白尿可以用作：①评定负荷量和运动强度；②观察机体对负荷量的适应能力；③评价运动员训练水平。

关于运动性蛋白尿的产生原因，一般认为是由于运动负荷使肾小球滤过膜的通透性改变而引起的。但对滤过膜通透性改变的原因，解释却不一致。运动后出现的运动性蛋白尿在人体经过一段时间休息后，不需要治疗即可自行消失，故认为这种变化是生理性的。影响运动性蛋白尿主要有如下几个因素。

1. 运动项目

长距离跑、游泳、自行车、足球、赛艇等运动后，运动员出现蛋白尿的阳性率高；而体操、举重、射箭等项目运动后，运动员出现蛋白尿的阳性率低。

2. 负荷量和运动强度

在同一运动项目中，随着负荷量的增加，蛋白尿出现的阳性率和排出量也随之增加。在大负荷训练过程中，运动员开始承担大负荷量时，由于机体对负荷量的不适应，尿蛋白排泄量较多。坚持一段时间后，完成相同的负荷量时，尿蛋白排泄可减少。这是机体逐渐适应负荷量的表现。

3. 个体差异

运动性蛋白尿的个体差异较大。在同样负荷内容和负荷量后，有的人不出现蛋白尿，有的人则出现蛋白尿，而且排泄量的个体差异范围较大。利用尿蛋白作为评定指标时，难以与他人比较其负荷量、训练水平和机能状况。而在同一个体，尿蛋白指标是较客观和有效的。

4. 机能状况

人的机能状况和对负荷的适应与尿蛋白的排出量有关。进行定量负荷运动，当机能状况和适应性良好时，尿蛋白排量减少，尿蛋白恢复期缩短；反之，机能状况欠佳，适应性差时，则尿蛋白排量增加，尿蛋白恢复期延长。

5. 年龄与环境

尿蛋白出现的比例随年龄的增加而降低。运动时外界的温度、海拔高度等因素对尿蛋白的出现有显著影响。与在正常水温游泳相比，冬泳后尿蛋白的阳性率高；高原条件下运动性尿蛋白的阳性率和排量高于平原，这与寒冷或低压对机体和肾脏的刺激有关。环境因素引起尿蛋白排量增加，会随着适应性提高而改善。

（三）运动性血尿

正常人在运动后出现的一过性显微镜下或肉眼可见的血尿称为运动性血尿。肉眼观察到的血尿呈褐色或浓红茶色，显微镜下血尿为正常尿色，但可见红细胞。

出现运动性血尿可能是由于运动时肾上腺素和去甲肾上腺素的分泌增加，造成肾血管收缩，肾血量减少，出现暂时性肾脏缺血、缺氧和血管壁的营养障碍，从而使肾的通透性提高，使原来不能通过滤过膜的红细胞发生了外溢。另外，运动时肾脏受到挤压、打击，肾脏下垂，造成肾静脉压力增高，也能导致红细胞渗出，产生血尿。有研究表明，运动引起的自由基含量增加也可以造成运动性血尿。

运动性血尿多出现在激烈运动后，人体并无其他症状和不适。血尿持续时间一般不超过3天，最长不超过7天。出现血尿时，可适当调整运动量，服用一些止血药或中药，预后通常均良好。

运动性血尿受运动项目、负荷量和运动强度、身体适应能力和环境等因素的影响。跑步、跳跃、球类、拳击运动后，血尿的发生率较多；负荷量和运动强度加大时，如冬训、比赛开始阶段，血尿也会增多；身体适应能力下降，如过度训练，也会有大量的血尿产生；在严寒条件（冬泳）和高原条件下训练时，也容易出现运动性血尿。

（四）尿十项检测

尿十项测定是采用半自动或全自动尿液分析仪及相应试纸条进行尿液常规检查的一种方法，指标包括尿糖、尿蛋白、尿酸碱度、尿比重、胆红素、尿胆原、尿酮体、尿潜血、亚硝酸盐和白细胞，其参考值可扫描二维码查看。

【知识窗】

[案例] 一名足球运动员经过一天高强度运动训练后，在排尿的过程中发现尿液为浓红茶色。

[问题]

1. 这种现象在运动生理学中称为什么？
2. 这种现象产生的原因是什么？

[分析]

1. 这种现象在运动生理学中称为运动性血尿。
2. 其原因可能是运动时全身的血液分配进行调整，肾脏的血液流量减少，肾小球的滤过率降低，越是剧烈运动，流经肾脏的血液量就越少，而大量的血液会流向身体活动的部位，如心、肺及肌肉，以便进行剧烈运动。肾脏血流量减少，肾小球缺血、缺氧而通透性增加。同时，血液中乳酸增加，使肾小球的通透性也增加。另外，运动时肾脏血液循环障碍发生瘀血，也会使肾小球通透性增加，红细胞通过血管壁进入尿中，最终形成血尿。

第二节 内分泌机能

一、内分泌、内分泌系统与激素

(一) 内分泌与内分泌系统

1. 内分泌

人体的分泌方式包括外分泌和内分泌。外分泌是指外分泌腺体将其分泌物通过特定的管道结构释放到体腔或体外而发挥作用的分泌形式。内分泌则是指内分泌腺体或内分泌细胞将其所产生的生物活性物质——激素直接释放到体液中并发挥作用的分泌形式。

2. 内分泌系统

内分泌系统包括体内能够分泌激素的所有腺体、组织和细胞。

体内主要的内分泌腺有垂体、甲状腺、甲状旁腺、肾上腺、胰岛、性腺、松果体和胸腺等。许多内分泌细胞都存在于组织器官中，如消化道黏膜、心、肾、肺、皮肤、胎盘等部位。此外，在中枢神经系统内，特别是下丘脑也存在着兼有内分泌功能的神经细胞。

3. 靶器官、靶组织或靶细胞

激素由内分泌腺分泌入血后，随着血液循环流动，可以到达机体每个器官、组织与细胞。虽然它能到达每一个部位，但并非与所有的器官、组织和细胞发生反应，而只能选择性地与某些器官、组织或细胞发生特异性反应。鉴于激素的这个作用特征，人们将能够与某种激素发生特异性反应的器官、组织或细胞，分别称作该激素的靶器官、靶组织或靶细胞。

4. 激素作用方式

激素的传递方式及含义如表 5-3 所示。

表 5-3 激素的传递方式及含义

传递方式	含义
远距分泌	激素分泌入血后，经血液循环运输至远隔部位的靶组织发挥作用
旁分泌	分泌的激素经组织液扩散而作用于邻近的其他靶细胞
自分泌	激素可以原位作用于产生该激素的细胞，直接在合成激素的细胞内发挥作用
腔分泌	激素直接释放到管腔中发挥作用

续表

传递方式	含义
神经分泌	激素由神经元合成后沿轴突运送至末梢释放，可扩散作用于邻近的靶细胞，或释放到血液循环中发挥作用

（二）激素的概念与分类

1. 激素的概念

内分泌腺或内分泌细胞分泌的各种高效能生物活性物质，经组织液或血液传递而发挥调节作用，这种化学物质称为激素（hormone）。

2. 激素的分类

人体激素的分类如表 5-4 所示。

表 5-4　人体激素的分类

分类	主要激素
含氮激素	肽类和蛋白质类激素：下丘脑调节性多肽、神经垂体激素、腺垂体激素、胰岛素、甲状旁腺激素、降钙素以及消化道激素等
	胺类激素：肾上腺素、去甲肾上腺素和甲状腺激素等
类固醇激素	肾上腺皮质和性腺分泌的激素：皮质醇、醛固酮、雌激素和维生素 D_3 等
脂肪酸的衍生物	前列腺素等

（三）激素的生理作用和作用特征

1. 激素的生理作用

维持内环境的自稳态：激素参与水和电解质的平衡、酸碱平衡、体温与血压等调节过程，还直接参与机体的应激反应，全面整合机体功能，保持内环境稳态，增强机体的生存和适应能力。

调节新陈代谢：多数激素参与组织细胞的物质代谢及能量代谢的调节，维持机体的能量平衡，为机体的各种生命活动奠定基础。

维持生长发育：促进组织细胞的生长、增殖、分化和成熟，参与细胞凋亡过程等，确保各系统器官的正常生长、发育和功能活动。

调控生殖过程：维持生殖器官的正常发育成熟和生殖的全过程，维持生殖细胞的生成，保证个体生命的绵延和种系的繁衍。

2. 激素的作用特征

激素的信息传递作用：激素的作用在于传递信息，从而启动靶细胞固有的一系列生物效应。激素与酶不同，只对完整细胞起作用。在特定的条件下，内分泌细胞发出的调节信息以激素的形式传输给靶细胞，作为"信使"，激素与靶细胞相应受体结合，通过细胞内的信号转导途径，诱导、激发与细胞固有反应相联的一条或多条信号转导途径，以此来调节靶细胞的生理及生化过程。

激素作用的相对特异性：激素进入血液后可随血液循环到达全身各个部位。虽然它们与各处的组织、细胞都广泛接触，但只能选择性地作用于某些器官、组织和细胞，这种特征称为激素作用的相对特异性。激素作用的特异性与靶细胞上存在能与该激素发生特异性结合的受体有关。激素与靶细胞受体的特异关系是内分泌系统发挥多元、准确调节功能的基础。各种激素的作用范围存在很大差异，这主要取决于每种激素受体在体内分布的范围。

激素的高效能生物放大作用：激素在血液中的浓度通常很低，一般以 nmol/L 计算，甚至在 pmol/L 的数量级，但作用显著。激素与受体结合后，会产生瀑布式级联放大效应，形成一个效能极高的生物放大系统，并将由微量激素发动而最终形成的明显生理反应称作生物放大效应或生物放大作用。故激素作用堪称量小而作用大。

激素之间的相互作用：各种内分泌腺体和内分泌细胞虽然分散在全身，但它们分泌的激素又都以体液为基本媒介，并相互联系。每种激素产生的效应不是孤立的，大多数是与其他激素共同作用来完成的。在多种激素调节同一生理活动时，经常表现出不同激素的协同作用（synergistic action）、拮抗作用（antagonistic action）和允许作用（permissive action）。这对于维持各种生理活动的稳态都具有重要的意义。

二、激素作用的机制

激素因化学本质不同，其受体在细胞的位置也不尽相同，相应的作用机制也迥然不同，具体内容可扫描二维码进行学习。

三、主要内分泌腺的内分泌功能

（一）下丘脑的内分泌功能

下丘脑是调节内脏活动的高级中枢。它的一些神经元兼有内分泌功能，可分泌神经激素，将大脑或中枢神经系统其他部位传来的神经信息，转变为激素信息，起着换能神经元的作用。以下丘脑为枢纽把神经调节和体液调节联系起来，下丘脑分泌的激素及其主要生理作用可扫描二维码进行学习。

(二) 垂体的内分泌功能

垂体包括腺垂体和神经垂体，可以分泌不同激素发挥生理功能。腺垂体分泌的生长激素在机体生长过程中起着关键的作用。人体幼年时若缺乏生长激素会患侏儒症（身材矮小但智力正常），生长激素若分泌过多，则会引发巨人症。成年人若生长激素分泌过多，会发生肢端肥大症。神经垂体是下丘脑组织向下延伸的部分，不含腺细胞。神经垂体激素实际上都来自下丘脑，主要有血管升压素和催产素（也称为缩宫素）。更多垂体分泌的激素及其生理功能，可扫描二维码进行学习。

(三) 甲状腺、甲状旁腺的内分泌功能

1. 甲状腺的内分泌功能

甲状腺是人体内最大的内分泌腺，平均重量为 20~25g。甲状腺激素主要有四碘甲腺原氨酸（T_4）、三碘甲腺原氨酸（T_3）和少量的逆三碘甲腺原氨酸（rT_3），它们都是酪氨酸的碘化物。T_4 的分泌量最大，占 90%；T_3 仅占 9%，但生物活性最强；rT_3 仅占 1%，不具有甲状腺激素的生物活性。我们通常所指的甲状腺素是 T_4，主要调节物质和能量代谢，促进生长发育和中枢神经系统发育等，其功能可扫描二维码进行学习。

若甲状腺激素分泌过多或过少都会引发疾病，甲状腺激素分泌过多（甲状腺功能亢进）会使机体产热增加，怕热喜凉，基础代谢升高，其中蛋白质分解大于合成，出现负氮平衡，引发肌无力。甲状腺激素分泌过少会使机体产热减少，喜热怕寒，基础代谢降低。若婴幼儿时期甲状腺分泌过少，会造成脑和骨生长发育障碍，出现智力低下、身材矮小等现象，称为呆小症。

2. 甲状旁腺的内分泌功能

甲状旁腺分泌的甲状旁腺激素（PTH）与甲状腺 C 细胞分泌的降钙素（CT），以及维生素 D_3 三者共同调节血浆中钙磷代谢水平，PTH 增加血钙，降低血磷；CT 降低血钙和血磷；维生素 D_3 增加血钙和血磷。

(四) 肾上腺的内分泌功能

肾上腺包括中央部的髓质和周围部的皮质两部分，二者在结构和功能上均不相同。因此，肾上腺皮质和肾上腺髓质实际上是两种不同的内分泌腺。

1. 肾上腺皮质的内分泌功能

肾上腺皮质激素均属于类固醇激素，简称皮质激素（corticoid），其生理作用如表 5-5 所示。

表 5-5 肾上腺皮质激素的生理作用

激素名称	生理作用
糖皮质激素	参与肝脏的合成代谢（糖异生）和肌肉蛋白质、脂肪等组织的分解代谢
	参与应激反应：当机体受到各种有害刺激时，血中促肾上腺激素浓度和糖皮质激素立即增加，并产生一系列的适应性和耐受性反应
盐皮质激素	调节体内水盐代谢
性激素	雄性激素和雌二醇，提高神经系统兴奋性

2. 肾上腺髓质的内分泌功能

肾上腺髓质分泌的肾上腺素（adrenaline，AD；epinephrine，E）和去甲肾上腺素（norepinephrine，NE），都属于儿茶酚胺类激素。肾上腺髓质与交感神经系统组成交感-肾上腺髓质系统，髓质激素的作用与交感神经的活动紧密联系，其生理作用如表 5-6 所示。

表 5-6 肾上腺髓质的生理作用

激素	生理作用
肾上腺素	在应急反应中的作用：提高中枢神经系统兴奋性，加强呼吸功能、心血管活动及能量代谢
去甲肾上腺素	对代谢的调节作用：促进糖原分解，动员脂肪，使机体耗氧量和产热量增加，基础代谢率升高

应激（stress）一般指机体遭到一定程度内外环境和社会、心理等因素的伤害刺激时，除引起机体与刺激直接相关的特异性反应外，还会发生一系列与刺激性质无直接关系的非特异性适应反应，如多种激素分泌的变化等。机体的这些非特异性反应称为应激反应（stress response）。

当机体受到有害刺激时，交感-肾上腺髓质系统的活动增强，称为应急反应（emergency response）。此时，神经系统的兴奋性、心脏活动、血流速度和糖原分解等均明显提高，目的是动员机体潜在的力量以应付环境的剧变。

整体而言，尤其是在发生"应激"和"应急"的情况时，两者在功能上密切配合，共同发挥调节作用，全面提高机体的应变能力和耐受能力。

（五）胰岛的内分泌功能

根据人的胰岛细胞的形态和染色特点，胰岛细胞可分为 4 种类型，分别称为 α 细胞、β 细胞、D 细胞及 PP 细胞。α 细胞分泌胰高血糖素，β 细胞分泌胰岛素，D 细胞分泌生长抑素（SS），PP 细胞分泌胰多肽。胰岛素和胰高血糖素的生理作用如表 5-7 所示。

若胰岛素分泌不足，血糖升高，超出肾糖阈，糖会随尿排出，称为糖尿病。

表 5-7　胰岛素和胰高血糖素的生理作用

激素名称	生理作用
胰岛素	对糖代谢的调节：降低血糖
	对脂肪代谢的调节：促进肝脏合成脂肪酸，然后转运到脂肪细胞贮存
	对蛋白质代谢的调节：促进蛋白质的合成过程
胰高血糖素	促进糖原分解和糖异生的作用，使血糖升高

（六）性腺的内分泌功能

人类卵巢与睾丸的基本功能是产生卵子与精子，同时产生调节生殖和其他功能的性激素（gonadal hormone）。卵巢产生多种雌激素（estrogen）、孕激素（progestogen）等类固醇激素，以及卵泡素和松弛素等肽类激素。睾丸主要产生雄激素（androgen）等类固醇类激素和抑制素、激活素等肽类激素。性激素的主要功能是维持性征，促进和维持性器官的发育和成熟，维持性功能，调节代谢和促进蛋白质合成等。

（七）其他内分泌腺及激素

其他内分泌腺如松果体、前列腺、胸腺、脂肪细胞分泌的激素及生理功能，可扫描二维码进行学习。

四、功能器官的内分泌功能

在体内有一些器官除了具有特定的生理功能外，还具有一定的内分泌功能，如心脏、消化道、肾脏等器官，其分泌激素及功能如表 5-8 所示。

表 5-8　主要功能器官的内分泌激素及生理作用

器官	分泌激素及生理作用
心脏 血管	心房肌细胞分泌心房钠尿肽（ANP），参与机体水、盐平衡的调节 血管内皮细胞产生多种生物活性物质，如内皮素、一氧化氮（NO）、前列环素（PCI_2）等，参与循环等功能的调节
胃肠道黏膜	分泌多种肽类激素，总称为胃肠激素。其主要作用是通过控制消化系统的分泌、运动和吸收等功能活动，调节机体的营养供应和维持能量平衡
肾脏	（1）缺氧刺激释放促红细胞生成素（EPO），能特异地刺激骨髓红细胞系统的造血活动，增加红细胞数量，提高血液运氧的能力 （2）动脉血压降低和血容量减少时，肾脏会因缺血而释放肾素（renin），激活肾素—血管紧张素—醛固酮系统，广泛收缩血管，增加外周阻力；调节肾脏对钠和水的重吸收，增加血容量，提高动脉血压 （3）肾脏内的 1α-羟化酶可使维生素 D_3 活化，调节钙、磷的代谢

五、运动与内分泌功能

(一) 激素对运动的基本反应和适应特征

运动对激素的影响分为两种情况：一种是激素对急性运动会发生相应的应答性反应，另一种是激素对长期训练会产生相应的适应性变化。我们将激素对急性负荷的应答特征以及对长期训练的适应特征总结如下。

①应激激素水平在急性运动过程中会升高，且升高幅度与运动负荷强度和（或）运动持续时间相关。

②运动中要引起主要应激激素水平升高，需要一个激活该激素升高的运动强度阈值。另外，激活不同激素升高的阈值不尽相同。

③长期运动训练后，激素水平会发生某种程度的"去补偿"现象（decompensation），表现为开始某种负荷运动时，反应幅度比较明显；随着运动不断进行，反应幅度逐渐变小。这表明反应幅度更加精确，机能更加节省化。

④经过长期训练后，不同激素变化的综合结果总是朝着有利于运动和健康的趋势发展。

(二) 激素对运动能量代谢的调控

1. 激素对运动过程中能量代谢的调控

应激激素和应急激素（包括肾上腺皮质激素和髓质激素等）主要影响分解代谢，而胰岛素则主要影响合成代谢，两种代谢维持着一种动态平衡关系。大强度运动会打破这种平衡关系，造成"失衡"。在剧烈运动过程中，随着肌肉运动做功，身体耗能明显增加，糖皮质激素、胰高血糖素、甲状腺素、肾上腺素、去甲肾上腺素、生长激素等在血中的浓度显著升高，而胰岛素则保持不变，甚至降低。在此情况下，物质的分解代谢明显加强，以满足运动过程中对能量的需求。

2. 激素对运动后能量代谢的调控

运动结束后，身体耗能基本恢复到安静水平，主要的应急激素、应激激素水平急剧下降，而胰岛素水平上升，目的是进行能量物质的再合成，此时，合成代谢明显占优势。

在运动后恢复期的一段时间内，机体在运动中消耗的能量物质（以及相关酶的含量和活性）不仅得以恢复，而且还会超过原有水平，即产生"超量恢复"现象，这是运动取得训练效果的重要标志。有利于在随后进行的训练和比赛中得到更多的能量供应。

(三) 内分泌轴与运动

激素对身体功能的调控并非孤立地发挥作用，而是通过上位内分泌腺（下丘脑）释放促中位内分泌腺（垂体）的激素，中位内分泌腺（垂体）分泌促下位内分泌腺的激素，形成级联放大的生物效应。这种级联放大过程称为内分泌轴。

机体重要的内分泌轴包括：①下丘脑—垂体—肾上腺（皮质）轴（HPA轴），因其主要与机体的应激活动有关，也称为应激轴。②下丘脑—垂体—甲状腺轴。③下丘脑—垂体—性腺轴，也称为生殖轴。

与运动有关的内分泌轴主要是下丘脑—垂体—肾上腺（皮质）轴。在这条轴上，下丘脑和脑垂体分泌的促激素对运动应激起着非常重要的作用。下丘脑作为运动应激行为的发动者，在运动应激过程中，糖皮质激素、肾上腺素、去甲肾上腺素、胰高血糖素升高，心血管、呼吸作用加强，血压及血糖升高，代谢加快等，均与促肾上腺皮质激素释放激素有关。它同其他调节因素一起，通过整合心血管功能、免疫系统及行为等，使机体更好地适应与调节应激变化。

(四) 内分泌指标在运动实践中的应用

1. 睾酮

血清睾酮（testosterone，T）在运动训练中对人体形态和机能的改变，尤其对运动成绩的影响，发挥着重要的作用。在考虑年龄因素的前提下，它可作为评定运动员机能状态和运动选材的重要指标。

男性血清睾酮水平在9.5~35.0 nmol/L，女性血清睾酮水平大约是男性的1/10。一般来说，睾酮促进机体合成代谢，在身体机能良好时，血清睾酮水平的变化不大，且随着体能增强逐渐增加。运动引起的男性血睾酮低于3.47 nmol/L，女性低于0.69 nmol/L，即出现过度训练状态。在运动训练过程中，如果睾酮比原水平下降25%~30%，且维持较低水平，说明训练负荷可能安排不合理，应及时进行调整。血睾酮指标受多种因素影响，且个体差异较大。

在应用血清睾酮指导选材时，应选择在正常安静状态下睾酮水平高的运动员，其力量、耐力、恢复等方面均存在优势，能够承受较大运动强度和运动量的训练负荷。

2. 皮质醇

皮质醇（cortisol，C）由肾上腺皮质分泌，由下丘脑—垂体—肾上腺轴调控，促进脂肪分解，增强脂肪酸在肝内的氧化过程，有利于糖异生作用，是代表机体分解代谢的指标，可用于训练负荷监控和运动员恢复能力的评估。

一个训练周期后，相同负荷运动时，血清皮质醇浓度上升的幅度下降，是适应运动量的表现，表明训练负荷适中。如上升幅度增加，表明训练负荷过大。运动后恢复期，血清皮质醇浓度持续偏高，恢复到正常水平的时间加长，表明机能状态差或对负荷不适应。一般认为皮质醇在 276 nmol/L（10 μg/dL）以下时，运动员的恢复能力良好。

血清皮质醇受多种因素影响，所以在监测时要注意控制实验条件。血清游离睾酮/皮质醇比值（FT/C）可作为机能评定的敏感指标，以反映身体合成及恢复状况。当血清游离睾酮/皮质醇比值下降超过 30%或小于 $0.35×10^{-3}$ 时，则可诊断为过度疲劳。

3. 促红细胞生成素

促红细胞生成素（erythropoiesis，EPO）是一种调节红细胞生成的造血因子，主要作用是促进红细胞生成，维持血液中红细胞和血红蛋白的数量。有研究证实，耐力运动员的 EPO 比其他运动员高，所以，EPO 可以作为耐力运动训练的评价和预测指标。当机体处于缺氧环境（高原、低压氧舱），EPO 会促使红细胞数量上升，以代偿动脉氧含量降低。EPO 上升的幅度可反映机体对缺氧的适应程度，但 EPO 上升过多可能导致血液黏滞度增大，不利于血液携氧；相反 EPO 过低，说明运动员身体机能较差。因此，EPO 也可以反映运动员在高原训练期间机体的适应情况。

【知识窗】

［案例］某男性田径运动员在一个训练周期后，表现为疲乏无力，倦怠，精神不振，没有训练的欲望或厌烦训练，严重时表现为厌恶或恐惧训练，且在训练中疲劳出现得早，训练后疲劳加重而不易恢复，运动成绩下降，运动协调能力下降。通过检测血清睾酮和皮质醇，发现血清睾酮浓度为 1.34 nmol/L，皮质醇浓度为 700 nmol/L。

［问题］如何运用血清睾酮和皮质醇监控运动训练？

［分析］

运动引起的男子血睾酮低于 3.47 nmol/L，女子低于 0.69 nmol/L，即出现过度训练状态。在运动训练过程中如果睾酮比原水平下降 25%~30%，且维持较低水平，就说明训练负荷可能安排不合理，应及时进行调整。皮质醇在 276 nmol/L（10μg/dL）以下时，运动员的恢复能力良好，当血清游离睾酮/皮质醇比值下降超过 30%或小于 $0.35×10^{-3}$，则可诊断为过度疲劳。

【复习思考题】

1. 名词解释：运动性蛋白尿、运动性血尿、激素。
2. 试述影响肾小球滤过的主要因素。
3. 试述肾脏血液循环的特点。
4. 试述运动性血尿产生的原因及预防措施。

5. 试述运动性蛋白尿产生的原因及预防措施。
6. 简述激素的生理作用和一般特征。
7. 简述人体主要的内分泌腺，分泌的激素及其生理作用。

(郭　峰　王立丰)

PART 02

第二篇

应用运动生理学

第六章 CHAPTER 06
身体素质

【内容提要】

本章介绍身体素质的基本概念及分类。重点介绍力量素质的分类、肌肉的收缩形式、影响肌肉力量的生理学因素及发展肌肉力量的训练方法,同时比较常用的3种力量训练方法。对速度素质、耐力素质、灵敏素质及柔韧素质的基本要素也进行了介绍,同时给出一些提高素质能力的方法手段。

【本章重点】

1. 力量素质的生理学基础及训练方法。
2. 速度素质的生理学基础及训练方法。
3. 耐力素质的生理学基础及训练方法。

在中枢神经调节下,各器官系统功能的综合表现,如力量、耐力、速度、灵敏、柔韧等机体能力称为身体素质。身体素质包括5个方面:力量素质、速度素质、耐力素质、灵敏素质和柔韧素质。身体素质不仅与遗传有关,与后天的营养和体育锻炼的关系更为密切。

第一节 力量素质及其训练

力量是最重要的身体素质,是速度、耐力、灵敏和柔韧等机能能力的基础。

一、力量的分类

(一)绝对力量

绝对力量是指在不考虑体重的条件下,所表现出来的最大力量。绝对力量的大小和体重有关。正常人只能随意调动自己力量潜力的70%左右,那些非随意支配的力量潜力只在应激状态、药物或兴奋剂的使用及非随意最大收缩(离心收缩)的状态下被动用。

（二）相对力量

相对力量是单位体重所能发挥出来的力量。相对力量可以排除运动员体重差异对其力量的影响，因此，相对力量可更好地评价运动员的力量素质。

（三）速度力量

速度力量是指肌肉在运动时快速克服阻力的能力。速度力量最典型的表现形式就是通常所说的爆发力。在许多运动项目中，运动员克服的阻力大多是恒定的，如田径投掷项目的器械重量是恒定的，这类项目的速度力量训练主要是最大"动作速度"训练。

（四）力量耐力

力量耐力取决于运动员力量素质与耐力素质的水平。运动员在静力性工作中长时间保持相应强度的肌紧张称为静力性力量耐力。在动力性工作中多次完成相应强度的肌收缩的能力称为动力性力量耐力。动力性力量耐力又可分为最大力量耐力、快速力量耐力及长时间力量耐力。

二、肌肉收缩的基本形式

有关肌肉收缩的基本形式，详细内容可参看第三章第二节。

三、力量素质的生理学基础

（一）肌肉的生理横断面

肌肉的生理横断面是指横切某块肌肉所有肌纤维所得的横断面面积之和。肌肉生理横断面越大，肌肉收缩产生的力量越大。力量训练可使肌肉的生理横断面增大，主要是肌纤维肥大。而肌纤维肥大是由于肌纤维中肌原纤维数量和体积的增加，这可能与力量训练导致进入肌细胞中氨基酸增加，使肌肉中蛋白质合成增加有关。有人认为，通过训练，肌纤维数目也可增加，（因肌纤维纵裂）数目是否增加待定。

（二）肌纤维类型和运动单位

肌肉力量受肌纤维类型和运动单位大小的直接影响。肌纤维数量相同时，快肌纤维的收缩力明显大于慢肌纤维，因为快肌纤维内含有更多的肌原纤维，无氧代谢酶活性高，供能速率快，单位时间内可完成更多的机械功。此外，运动中募集的运动单位越多，产生的肌肉力量就越大。

(三) 肌纤维收缩时的初长度

肌纤维的收缩初长度极大地影响肌肉最大肌力。肌肉力量大小与活化的横桥数目多少有关。当肌肉处于某一初长度时，肌纤维中粗肌丝肌球蛋白横桥与细肌丝的肌动蛋白结合的数目最多，活化的横桥数目最多，产生的力量也最大，肌肉收缩时的这一长度叫作最适初长度。肌肉在收缩前常会先做离心收缩将肌肉拉长，然后再做向心收缩，即通常所说的超等长收缩。肌力增大除与肌肉所处最适初长度有关外，还与快速收缩出现牵张反射有关，如投掷、跳远、跳高等。

(四) 中枢兴奋激活动员的肌纤维数量

在其他条件相同的情况下，中枢激活水平越高，动员的肌纤维数量越多，产生的力量就越大。有研究表明，即使运动中枢处于最大兴奋状态，也不能使所有的肌纤维同时参与收缩。力量训练可以提高中枢激活水平，提高运动神经元的放电频率及同步化程度，进而提高肌肉收缩力量。

(五) 中枢神经系统对肌肉的调控能力

力量训练可以使运动中枢的机能得到改善，表现为运动中枢能够产生强而集中的兴奋过程，发放同步的高频率兴奋冲动，募集更多的运动单位去参与工作。在一块肌肉中参与活动的运动单位数目越多，肌肉收缩的力量则越大。

同时，力量训练可以改善中枢间协调能力，使支配各肌群的中枢能够准确而及时地产生兴奋或抑制过程，并能够适时互相转换，使主动肌、协同肌、对抗肌及支持肌的工作更加协调，从而增加肌肉力量。

(六) 年龄与性别

肌肉力量从出生后随年龄增加而发生自然增长，10～12岁的儿童中，男孩的力量仅比女孩略大。进入青春期后，力量的性别差异加大，由于雄性激素分泌增多，有效地促进了男孩肌肉和骨骼体积的增大，使其力量明显大于女孩。肌肉力量通常在20～30岁时达到最大，以后逐渐下降。

造成男女力量差异的原因主要有两个方面：一个是性激素，女性肌肉的平均力量大约为男性的2/3，不同肌群力量差异也不同；另一个是因后天参加的体力活动的不同而有所差异。

(七) 体重

体重大的人一般绝对力量较大。而体重较轻的人可能具有较大的相对力量。

(八) 其他因素

肌糖原和肌红蛋白的含量以及毛细血管的分布密度也会影响肌肉的耐力。肌糖原和肌红蛋白是分布在肌浆中的能量物质和氧贮备物质，其含量的增加有助于肌肉长时间进行较低强度收缩时的能量和氧供应。毛细血管数量的分布密度对肌肉运动所产生的酸性物质和 CO_2 等代谢产物的运输与氧气和营养物质的供应也有影响。

四、力量训练

(一) 力量训练原则

1. 大负荷原则

大负荷原则也称为"超负荷原则"。在生理范围内，运动负荷越大，生理反应也越大，适应性变化就越大，训练效果会越好。力量训练时应根据不同的训练目的，灵活运用大负荷原则。"大负荷"应随着训练水平的提高而不断调整。渐增负荷应超过训练者已经习惯或适应了的负荷，要注意防止过度训练或运动损伤。

2. 专门性原则

力量训练应与相应的运动项目相适应。力量训练的专门性是指进行力量练习的身体部位的专门性，练习动作技术的专门性。

3. 先后顺序原则

力量练习应考虑前后练习动作的科学性和合理性。一般先练大肌群，后练小肌群；多关节肌训练在前，单关节肌训练在后；前后相邻运动避免使用同一肌群；在训练单一肌群时，大强度练习在前，小强度练习在后。

4. 合理间隔原则

一般力量训练应在上次训练引起的力量增长高峰（超量恢复）期内进行，使训练效果得以积累。训练间隔时间与训练强度和训练量有关。通常较小的力量训练在第二天就会出现超量恢复，中等强度的力量训练应隔天进行，大强度力竭训练1周进行 1～2 次即可。

(二) 力量训练要素

1. 负荷强度

负荷强度可分为绝对强度和相对强度。绝对强度是指机体所承受的物理负荷量（如做了多少功等）。常用最大重复次数来表示力量训练的负荷强度。最大重复次数（RM）是指肌肉收缩所能克服某一负荷的最大次数。

2. 练习次数、组数和频度

在力量训练中,练习次数和训练频度的安排,受训练目的、运动形式和练习者身体训练水平等因素的影响,如表6-1所示。

表6-1 不同训练目的的力量练习参考运动负荷强度

项目	训练目的	最大肌力	起始负荷	调整负荷
举重等	最大肌力	90%~100%	1~3 RM	3~5 RM
短跑、跳跃等	爆发力	75%~90%	5~8 RM	8~12 RM
健身等	肌肉耐力	50%~75%	12~15 RM	20~25 RM

在一段时间如1周或1个月训练的运动总量除了运动强度和运动时间外,还要考虑训练频度,即

运动总量=(平均运动强度×运动时间)×训练频度

3. 动作速度和组间间隔时间

对于最大力量训练,优秀运动员一般会采用中、高速训练。对于爆发力练习,优秀运动员应采用快速训练。但是,对于肌肉耐力训练,无论训练水平高低,都应采用中、低速完成练习。

进行最大肌力练习、多关节肌群练习、大肌群参与的核心练习等训练时,组间间隔至少2~3分钟。对辅助肌进行肌群间协调练习,间隔时间可减少到1~2分钟。

(三)力量训练的方法

1. 等长练习

等长练习又称为静力性练习。一般以改善肌肉最大力量为目的的训练是等长收缩训练,它也可提高肌肉的无氧代谢能力。等长练习有"关节角度效应",主要改善其训练角度±15°以内的肌力,因此要提高全关节活动幅度的肌力,必须每隔30°角进行训练。等长训练后,提高肌力的训练效果进入停滞阶段(一般8周左右),这对肌肉爆发力会产生不良的干扰,但为了改善肌肉力量耐力或伤后恢复初期时,静力训练是可行的。

2. 等张训练

等张训练又称为向心练习。它可以提高神经肌肉的协调性,力量练习中肌肉张力会随关节角度的变化而改变,肌肉工作性质与运动专项相一致。逐步提高负荷,力量就可逐步增强。重复次数少而阻力大的练习,可以很快提高力量,重复次数多而阻力中或小的练习,可以增大肌肉体积及肌肉耐力。

3. 离心练习

离心收缩产生的最大离心张力大于最大向心张力。在其他要素相同的情况下，离心练习更有利于发展肌肉力量和横断面积。但是，离心练习容易引起急性肌肉疼痛和延迟性肌肉酸痛。

4. 等速训练

等速训练又称为等动练习。在利用等速练习器进行训练时，器械所产生的阻力总是和用力的大小相适应，只要受试者在整个运动过程中始终发挥个体的最大力量，那么就可以快速提高其肌肉力量。随着运动过程中机体的疲劳，肌肉力量下降，器械反馈给受试者的阻力也随之下降，这样就保障了个体在训练中不受伤，因此，本练习比较符合运动实际的需要。

5. 超等长训练

肌肉的向心收缩如果紧接在同一肌肉的离心收缩之后会更为有力，利用这种方法进行的力量训练称为超等长训练。其目的主要是改善训练部位的爆发力，这种训练方法对肌肉的离心收缩功能有较强的刺激，加之训练负荷强度大，动作速度快，与专项动作结合好，其受到对爆发力要求高的项目运动员的青睐。

6. 电刺激训练

电刺激训练是以一定强度和频率的电流刺激替代机械运动单位发放的神经冲动，其刺激强度可引发肌肉绝对力量，通常形成的是等长收缩训练，可用于常规方法难以达到效果的肌肉。但电刺激训练带来的效果不易直接转化为训练者自身所能随意控制发挥的能力，如使用过多，还容易降低肌肉收缩的速度。电刺激训练可作为伤后恢复期的辅助力量训练方法，对肌肉损伤的防治有一定的作用。

7. 震动训练

通过给人体施加一定频率（25~60 Hz）和强度的机械震动，保持和提高肌肉力量的训练方法，称为震动训练。这种方法常用于康复训练和运动员肌肉力量及肌肉耐力训练。

8. 组合训练

多种力量训练方法配合进行，可满足各类力量素质改善的需要，而且增加了机体对刺激适应的难度，提高了刺激作用，从而能更快提高力量素质改善的效果。

【知识窗】

提高肌肉力量最好的训练方法是等速训练法，因为它可以对肌肉产生最深刻的刺激。目前国家乒乓球运动员和羽毛球运动员都利用等速训练器进行上下肢肌肉力量训练及康复训练，取得了明显效果。

> 在利用等速练习器进行训练时，器械所产生的阻力总是和用力的大小相适应，器械可以通过一个传感器感知受试者发挥的力量，根据受试者发出力量的大小，器械会反馈给受试者一个同等大小的阻力，所以说只要受试者在整个运动过程中始终发挥个体的最大力量，那么训练始终是运动员的最大力量，可以快速提高运动员的肌肉力量。随着运动过程中机体的疲劳，肌肉力量下降，器械反馈给受试者的阻力也随之下降，从而保障个体在训练中不易受伤。

第二节　速度素质及其训练

速度素质是指人体进行快速运动的能力或最短时间完成某种运动的能力。按其在运动中的表现，速度素质可以分为反应速度、动作速度和位移速度。

一、反应速度及其生理学基础

（一）反应速度

反应速度（reaction speed）是指人体对各种刺激发生反应的快慢。影响反射弧各环节的因素都会影响到反应速度。

（二）反应速度的生理学基础

1. 中枢神经系统的机能状态

从对感受器施加刺激起到肌肉产生收缩前的一段时间称为反应时。良好的兴奋状态及灵活性，能够加速机体对刺激的反应。运动员处于良好的赛前状态时，反应时缩短，反应速度快。

2. 运动条件反射的巩固程度

运动技能的形成本质是建立复杂的、连锁的、本体感受性的运动条件反射。运动技能越熟练，条件反射的程度就越巩固，反应时明显缩短，动作速度明显提高。通过训练，反应速度可以缩短 11%～25%。

3. 反射的复杂程度与中枢延搁

反应时取决于感受器的兴奋程度、中枢延搁和效应器的兴奋性。反射活动越复杂，历经的突触越多，则反应时越长。

4. 其他因素

有研究证明，反应速度的遗传度达 75% 以上。不同训练水平和不同运动项目也会影响反应速度，速度性项目特点强的运动员反应速度快。此外，赛前状态调整得好、准备活动做得充分也可以提高反应速度。

二、动作速度及其生理学基础

(一) 动作速度

动作速度（movement speed）是指完成单个动作时间的长短。

(二) 动作速度的生理学基础

1. 肌纤维类型

肌肉中快肌纤维百分比越高且快肌纤维越粗，肌肉收缩速度则越快。

2. 肌肉力量

肌力越大，越能克服肌肉内部及外部阻力完成更多的工作。凡能影响肌肉力量的因素也必将影响动作速度。

3. 肌肉组织机能状态

肌肉组织兴奋性高时，刺激强度低且作用时间短就能引起肌肉组织兴奋。

4. 运动条件反射的巩固程度

运动技能越熟练，完成动作时速度越快。此外，动作速度还与神经系统对主动肌、协调肌和对抗肌的调节能力有关，并与肌肉的无氧代谢能力有关。

三、位移速度及其生理学基础

(一) 位移速度

位移速度（displacement speed）是指周期性运动（如跑步、游泳等）中人体通过一定距离的时间。

(二) 位移速度的生理学基础

以跑步为例，周期性运动的位移速度主要取决于步长和步频两个变量。

1. 步长

步长主要取决于肌力的大小、肢体的长度以及髋关节的柔韧性。

2. 步频

步频主要取决于大脑皮层运动中枢的灵活性和各中枢间的协调性，以及快肌纤维的百分比和它的肥大程度。神经过程的灵活性好，兴奋与抑制转换速度快，是肢体动作迅速交替的前提，各肌群间协调关系的改善，可以减少因对抗肌群紧张而产生的阻力，有利于更好地提高速度。

3. 肌肉放松能力的改善

在周期性运动项目中，肌肉放松能力改善也是提高速度的一个重要因素。

4. 肌肉中 ATP-CP 含量

短时间大强度的速度性练习主要由磷酸原系统供能，因此，肌肉中 ATP-CP 含量是速度素质重要的物质基础。肌肉中 CP 贮备量随训练水平的提高而增加。

四、速度素质训练的手段与方法

1. 提高动作速度的训练

如牵引跑、在转动跑台上跑和顺风跑等，都可改善和提高神经过程的灵活性，进而提高动作速度。

2. 发展磷酸原系统供能的能力

常用重复训练法，如短跑运动员常采用 10 秒以内的短距离反复疾跑可发展磷酸原系统供能能力。

3. 提高肌肉的放松能力

提高肌肉放松能力不仅可以减少快速收缩时肌肉的阻力，而且有利于 ATP 的再合成，使肌肉收缩速度加快，力量增加。

4. 发展肌肉力量及关节的柔韧性

力量是速度的基础。对短跑运动员来说，腿部力量对增加步长十分重要。除负重训练外，运动员可进行一些超等长练习（如连续单腿跳、蛙跳等练习）来发展腿部力量。另外，改善关节柔韧性的练习也有利于速度素质的提高。

第三节 耐力素质及其训练

耐力是指人体长时间进行肌肉工作的能力。运动生理学从能量供应角度将其分为有氧耐力和无氧耐力。

一、有氧和无氧工作能力

人体运动时能量代谢包括有氧代谢和无氧代谢。因此，肌肉工作的能力又可分为有氧工作能力和无氧工作能力。

(一) 需氧量与摄氧量

1. 需氧量

需氧量是指单位时间内人体为维持某种生理活动所需要的氧量。正常成人安静时需氧量约为 250 mL/min。从事某项运动的总需氧量（净需氧量）可按下式计算：

总需氧量=（运动时每分摄氧量+恢复期每分摄氧量-安静时每分摄氧量）×（运动时间+恢复时间）

2. 摄氧量

单位时间内机体摄取并被实际消耗或利用的氧量称为摄氧量（oxygenuptake），也称为吸氧量或耗氧量。每分摄氧量与每分需氧量是否平衡，取决于运动项目强度大小。安静时，机体代谢水平低，每分摄氧量与每分需氧量是平衡的。运动时，随着运动强度的增加，每分需氧量成比例增加，摄氧量能否满足需氧量，取决于运动项目特点。

(二) 氧亏与运动后过量氧耗

1. 氧亏

在运动过程中，机体摄氧量满足不了运动需氧量，造成体内氧的亏欠，这种现象称为氧亏（oxygen deficit）。在持续时间短且强度大的运动中，以及低强度运动的开始阶段，摄氧量均不能满足需氧量。

2. 运动后过量氧耗

运动结束后，肌肉活动虽然停止，但机体的摄氧量并不能立即恢复到运动前相对安静的水平。我们通常将运动后恢复期处于高水平代谢的机体恢复到安静水平消耗的氧量称为运动后过量氧耗（Excess Post-exercise Oxygen Consumption, EPOC）。

运动后过量氧耗的机制尚不清楚。影响运动后过量氧耗的主要原因有体温升高，儿茶酚胺增加，磷酸肌酸再合成，运动使肌肉细胞内 Ca^{2+} 增加，甲状腺素和肾上腺皮质激素处于较高水平等，这些都会造成运动后的额外耗氧量增加。

运动后恢复期的摄氧量与运动中的氧亏并不相等，而是大于氧亏。因此，运动后恢复期出现的过量氧耗，不仅用于运动中所欠下的氧，而且还要用于使处于较高代谢水平的机体逐渐恢复到运动前安静水平所消耗的氧量。

(三) 有氧工作能力

有氧工作是指机体在氧供充足的情况下由能源物质氧化分解提供能量所完成的工作。最大摄氧水平及乳酸阈是评价人体有氧工作能力的重要指标。

1. 最大摄氧量

（1）基本概念

单位时间内（通常以每分钟为计算单位），人体在进行有大量肌肉群参加的长时间剧烈运动中，当心肺功能和肌肉利用氧的能力达到本人极限水平时，所能摄取的氧量称为最大摄氧量（maximal oxygen uptake，VO_{2max}）。它反映了机体吸入氧、运输氧和利用氧的能力。

最大摄氧量绝对值是指机体在单位时间（1分钟）内所能摄取的最大氧量，通常以升/分（L/min）为单位；最大摄氧量相对值则是按每千克体重计算的最大摄氧量，以毫升/（公斤体重·分）[mL/（kg·min）]为单位。在个体间进行相对值比较则更有实际意义。我国正常成年男子最大摄氧量为3.0~3.5 L/min，相对值为50~55 mL/（kg·min）；女子较男子略低，其绝对值为2.0~2.5 L/min，相对值为40~45 mL/（kg·min）。

（2）最大摄氧量的测定方法

①直接测定法：通常在实验室条件下，让受试者在一定的运动器械上（跑台跑步、蹬踏功率自行车、台阶实验）进行逐级递增负荷运动实验测定其摄氧量。

在直接测定VO_{2max}时，通常采用以下标准来判定受试者是否已达到本人的VO_{2max}：a. 测试时间持续6~12min，心率达180次/min（少年儿童达200次/min）。b. 呼吸商（RQ）达到或接近1.15。c. 摄氧量随运动强度增加而出现平台或下降。d. 受试者已发挥最大力量并无力保持规定的负荷即达精疲力竭。一般情况下，符合以上4项标准中的3项即可判定达到VO_{2max}。

②间接推算法：VO_{2max}的间接推算法是指受试者进行亚极量运动时，根据其心率、摄氧量或达到某一定量心率的做功量等数值推算或预测出VO_{2max}。国内外使用较普遍的间接推算法是瑞典学者Astrand-Ryhmin列线图法，即根据亚极量负荷时测得的摄氧量与心率的线性相关关系绘制的推测VO_{2max}列线图和推算表进行测试推算，见第十四章实验十。

它比较适用于一般正常人和运动水平较低者，而优秀运动员用此方法推算获得的数值常与实测值有较大的误差。间接推算法具有简易、经济、快速等特点，但用间接推算法预测VO_{2max}时，应考虑误差因素的影响。我国学者根据定量负荷时测得的心率、摄氧量以及身高、体重等研究制定了适用于不同性别、不同年龄及不同人群的多元逐步回归推算VO_{2max}的方程式。

（3）最大摄氧量的影响因素

①氧运输系统对最大摄氧量的影响。通过肺通气与肺换气机能从空气中吸入氧并实现换气。肺功能的改善为运动时氧的供给提供了先决条件。血液和循环系统运输氧气的能力与VO_{2max}密切相关。血液载氧能力取决于血红蛋白含量，而血液运输氧的能力

则取决于单位时间内循环系统的运输效率，即心率和心输出量的大小，心脏泵血机能及每搏输出量的大小是决定 VO_{2max} 的重要因素。"通气/血流"比值为 0.84 时，每分钟肺泡通气量与每分钟肺毛细血管血流量匹配最合适，气体交换效率最高。

②肌组织利用氧能力对最大摄氧量的影响。当毛细血管血液流经组织细胞时，肌组织从血液摄取和利用氧的能力是影响 VO_{2max} 的重要因素。肌组织利用氧的能力一般用氧利用率来衡量，主要与肌纤维类型及其代谢特点有关。优秀的耐力专项运动员慢肌纤维百分比高并出现选择性肥大现象，使其摄氧和利用氧的能力增加。

③其他因素，如遗传因素、年龄、性别及训练也会对最大摄氧量产生影响。a. 遗传因素与最大摄氧量的关系十分密切。克索拉斯（Kessouras, 1972）等研究了 25 对双生子（15 对单卵、10 对双卵）发现，VO_{2max} 的遗传度为 93.5%。b. 年龄、性别因素。VO_{2max} 在少儿期随年龄增长而增加，并于青春发育期出现性别差异，男子一般在 18~20 岁时最大摄氧量达到峰值，并能保持到 30 岁左右。女子在 14~16 岁时达到峰值，一般可保持到 25 岁左右，此后 VO_{2max} 随年龄的增加而递减。坚持体育锻炼，VO_{2max} 随年龄增加而递减的幅度将减小。c. 训练因素。长期系统的耐力训练可以提高 VO_{2max} 水平。VO_{2max} 与运动员所从事的运动项目有密切关系。耐力型项目的运动员最大摄氧量最大，但不少学者指出，在训练引起 VO_{2max} 增加过程中，训练初期 VO_{2max} 的增加主要依赖于心输出量的增大；训练后期 VO_{2max} 的增加则主要依赖于肌组织利用氧的能力的增大。但由于遗传因素，VO_{2max} 的提高幅度受到一定的制约。

（4）最大摄氧量在运动实践中的应用及意义

①作为评定心肺功能和有氧工作能力的客观指标。②最大摄氧量有较高的遗传度，可作为选材的生理指标。③作为制定运动强度的依据。将最大摄氧量强度作为最大强度，根据训练计划制定不同百分比强度，使运动负荷更客观、更实用，有效地为科学训练服务。

2. 乳酸阈

（1）基本概念

在渐增负荷运动中，血乳酸浓度随运动负荷的递增而增加，当运动强度达到某一负荷时，血乳酸出现急剧增加的一点（乳酸拐点）称为乳酸阈（Lactic Acid Threshold, LAT），这一点所对应的运动强度即乳酸阈强度。它反映了机体内的代谢方式由有氧代谢为主过渡到无氧代谢为主的临界点或转折点。乳酸阈值越高，其有氧工作能力越强，即在较高的运动负荷时，可以最大限度地利用有氧代谢而不过早地积累乳酸。

由于乳酸代谢存在较大的个体差异，渐增负荷运动时，血乳酸急剧上升时的乳酸水平在 1.4~7.5 mmol/L。因此，我们通常将个体在渐增负荷中乳酸拐点定义为"个体乳酸阈"（Individual Lactic Acid Threshold, ILAT）。个体乳酸阈能更客观和准确地反映每个人机体有氧工作能力的高低。用个体乳酸阈指导运动训练已被教练员和运动员广泛接受，并成为重要的研究课题。

（2）乳酸阈的测定

乳酸阈的测定通常是在实验室条件下进行渐增负荷运动（跑台或功率自行车）试验，通过连续测得血乳酸浓度的变化来确定乳酸阈，或通过测得运动中肺通气量、吸氧量和心率等参数的变化来无损伤测定乳酸阈。具体见第十四章实验十一。

（3）乳酸阈的应用

乳酸阈在体育运动实践中的应用主要有：①作为评定骨骼肌代谢水平和有氧工作能力的客观指标，②制定有氧耐力训练的适宜强度。个体乳酸阈强度是发展有氧耐力训练的最佳强度，能有效地提高有氧工作能力。用个体乳酸阈强度进行耐力训练，既能促进呼吸和循环系统机能达到较高水平，又能最大限度地利用有氧供能，使无氧代谢的比例减少到最低限度。

3. 提高有氧工作能力的训练

用于发展有氧能力的训练方法主要有持续训练法、乳酸阈训练法、间歇训练法和高原训练法。

（四）无氧工作能力

无氧工作能力是指运动中人体通过无氧代谢途径提供能量进行运动的能力。无氧代谢供能，即由 ATP-CP 分解供能（非乳酸能）和糖无氧酵解供能（乳酸能）。

1. 无氧工作能力的生理基础

①能源物质的贮备。人体在运动中 ATP 和 CP 的供能能力主要取决于 ATP 和 CP 含量，以及通过 CP 再合成 ATP 的能力。一般在极限强度运动中，肌肉中的 ATP 和 CP 在 10 秒内就几乎耗竭。糖原含量及其酵解酶活性是糖无氧酵解能力的物质基础。糖酵解供能能力主要取决于肌组织中糖原的含量及其酵解酶活性的高低。

②代谢过程的调节能力及运动后恢复过程的代谢能力。代谢过程的调节能力包括参与代谢过程的酶活性、神经与激素对代谢的调节、内环境变化时酸碱平衡的调节，以及各器官活动的协调等。糖酵解产生的乳酸进入血液后，血液缓冲系统对酸性代谢产物的缓冲能力，以及组织细胞尤其是脑细胞耐受酸性代谢产物刺激的能力都是影响糖酵解能力的因素。

③最大氧亏积累。最大氧亏积累（maximal accumulated oxygen deficit，MAOD）是指人体从事极限强度运动时，完成该项运动的理论需氧量与实际耗氧量之差，是衡量机体无氧供能能力的重要标志。短跑运动员的无氧工作能力和运动成绩与最大氧亏积累高度相关。

2. 无氧工作能力测试与评价

常用的无氧能力检测方法依测试指标性质不同分为两类。一类为无氧能力的动力学检测，通常采用在最大无氧状态下进行全力运动负荷或定量负荷试验以测定机体的无氧做功能力。另一类为无氧能力的生理学检测，即通过剧烈运动时测得的最大血乳酸水平和氧亏积累等指标来间接反映无氧能力的大小。具体内容见第十四章实验十二。

3. 提高无氧工作能力的训练

（1）发展 ATP-CP 供能的训练

一般采用短时间、高强度的重复训练，主要是采用无氧低乳酸的训练。其原则是：①最大速度或最大练习时间不超过 10 秒；②每次练习的休息间歇不能短于 30 秒；③成组练习后，组间的练习不能短于 3~4 分钟。因为不足 30 秒时，ATP、CP 在运动间歇中的恢复数量不足以维持下一次练习对于能量的需求，故间歇时间一般应超过 30 秒，以 60 秒或 90 秒的效果最佳。ATP、CP 的恢复至少需要 3~4 分钟。在进行磷酸原系统供能训练的同时，应注意加强糖酵解系统供能能力的训练。

（2）提高糖酵解供能系统的训练

机体生成乳酸的最大能力和机体耐受乳酸能力与运动成绩相关。①最大乳酸训练。一般采用 1 分钟超极量强度跑、间歇 4 分钟、共重复 5 次的间歇训练，使血乳酸浓度达到一个很高的水平，最高值可达 31.1 mmol/L，这是提高最大乳酸能力的有效训练方法。②乳酸耐受能力训练。乳酸耐受能力一般可以通过提高缓冲能力和肌肉中乳酸脱氢酶活性而获得。因此，在训练中要求血乳酸达到较高水平。一般认为，乳酸耐受能力训练时以血乳酸在 12 mmol/L 左右为宜。在重复训练时，血乳酸应维持在这一水平上，以刺激身体对这一血乳酸水平的适应，进而提高缓冲能力和肌肉中乳酸脱氢酶的活性。

二、有氧耐力素质

有氧耐力（aerobic endurance）是指人体长时间进行以有氧代谢（糖和脂肪等有氧氧化）供能为主的运动能力。

（一）有氧耐力的生理基础

1. 最大摄氧量

运动中氧的提供首先要通过呼吸器官进入血液，因此呼吸系统的机能在一定程度上也影响着有氧耐力的提高。肺通气量是反映呼吸系统机能的重要指标，肺通气量越大，吸入体内的氧必然就越多。

强有力的心脏功能是运动中供氧充足的保证，它是有氧耐力素质的重要生理基础。优秀耐力运动员在系统训练的情况下，心脏形态和机能都会发生适应性改变。这些改变表现为安静时心率减慢，每搏输出量增加，心肌收缩力量加强，心肌有氧代谢条件改善，心力贮备增大，表明心脏的工作效率得到明显的提高，这样才能适应长时间持续运动的需要。

血液中红细胞所含的血红蛋白承担着运送氧的功能。因此，血红蛋白的数量也是影响有氧耐力的一个重要因素。

2. 肌纤维代谢特点

肌组织利用氧的能力与有氧耐力密切相关。实验证明，优秀的耐力专项运动员慢肌纤维百分比高且出现选择性肥大现象，同时还伴有肌红蛋白、线粒体及其氧化酶活性和毛细血管数量增加等方面的适应性变化。

3. 中枢神经系统机能

在进行较长时间的肌肉活动中，要求神经过程的相对稳定性及各中枢间的协调性要好，表现为在大量的传入冲动作用下不易转入抑制状态，从而能长时间保持兴奋与抑制有节律地转换。长期进行耐力训练，不仅能够提高大脑皮层神经细胞对刺激的耐受力和神经过程的稳定性，还能够改善各中枢间的协调关系，进而提高肌肉活动的机械效率，节省能量消耗，从而提高耐力。

4. 能量供应特点

耐力型项目绝大部分由有氧代谢供给。系统的耐力训练，可以提高肌肉有氧氧化供能的效率和各种氧化酶的活性，以及机体动用脂肪供能的能力，从而节省糖原的利用。

(二) 发展有氧耐力的训练

1. 训练要素

运动强度。发展有氧耐力的持续性练习运动强度要适宜。若强度过低，则不能充分动员人体呼吸和循环系统的机能潜力，有效地发展有氧代谢能力；若强度过大，供能系统可能向无氧代谢途径转变，无氧供能比例增加。

运动持续时间。一般认为，耐力训练产生效果的最低限度时间为5分钟。持续时间取决于运动强度，强度较低的活动可以持续较长的时间。

2. 训练方法

发展有氧耐力的训练方法有持续训练法、间歇训练法和高原训练法。

三、无氧耐力素质

无氧耐力（anaerobic endurance）是指机体在无氧代谢（糖无氧酵解）的情况下较长时间进行肌肉活动的能力。

（一）无氧耐力的生理基础

1. 肌肉内糖酵解供能

无氧耐力的主要能源为糖酵解供给。因此，肌糖原的含量、糖酵解酶活性及快肌纤维比例等因素直接影响糖酵解供能及机体的无氧耐力。

2. 缓冲乳酸的能力

人们经常进行无氧耐力训练，可以提高"碱储备"，同时也可提高血液中碳酸酐酶的活性。因此，它可以提高机体缓冲和消除乳酸的能力，以维持内环境的相对稳定性。同时肝脏也具有缓冲和消除乳酸的能力。

3. 脑细胞对乳酸的耐受力

运动代谢产物的堆积，会影响脑细胞的工作能力，促进疲劳的发展。因此，脑细胞对乳酸等不利因素的耐受能力，也是影响无氧耐力的重要因素。

（二）无氧耐力训练的方法和手段

发展无氧耐力最常用的训练方法是间歇训练和缺氧训练。

第四节 灵敏素质及其训练

灵敏素质是指运动员迅速改变体位、转换动作和随机应变的能力。它是运动员运动技能和各种素质在运动活动中的综合表现。

一、灵敏素质的生理学基础

1. 大脑皮层神经过程的灵活性与分析综合能力

如果神经过程灵活性好，兴奋与抑制转换快，机体在环境发生变化时就能够迅速做出判断和反应。在对抗性项目中，如球类、摔跤等，随着运动形式的变化，动作的性质及强度都将发生变化，机体必须迅速对情况变化做出判断。

2. 感觉器官的机能状况

运动员的各种感觉器官（如视、听、位和本体感觉等器官）具有高度的敏感性，在运动中表现为动作准确、变换迅速，并且在空间和时间上表现出准确的定时和定向能力。

3. 运动技能的巩固程度

掌握的运动技能数量越多且越熟练时，灵敏素质越能充分表现出来，动作协调稳定且高度自动化,在活动中表现灵活而省力。

4. 影响灵敏素质的其他因素

提高灵敏素质需要有一定的力量、速度、耐力及柔韧性等素质,这样才能真正地适应复杂的环境变化,做出准确的反应。

此外,灵敏素质还受年龄、性别、体重和疲劳等因素的影响。一般认为,少年时期灵敏素质发展最快。男孩较女孩灵敏性更好,体重过重会影响灵敏素质的发展。身体疲劳时,灵敏素质也会显著下降。

二、灵敏素质训练的手段与方法

灵敏素质训练常用的手段和方法,可扫描二维码进行学习。

第五节　柔韧素质及其训练

柔韧(flexibility)是人体在运动过程中完成大幅度运动技能的能力。

一、柔韧素质的生理学基础

1. 关节的构造及其周围组织的伸展性

关节的解剖结构特点、关节周围组织的体积,以及跨关节的韧带、肌腱、肌肉和皮肤的伸展性等生理状况均与关节活动幅度的大小有关。关节面结构是影响柔韧性的重要因素,主要由遗传因素决定,但是训练可以使关节软骨增厚。关节周围皮下脂肪含量或结缔组织过多将影响邻近关节活动幅度,使柔韧性降低。肌肉及韧带组织的伸展性取决于年龄和性别等因素,并与肌肉温度有关,做准备活动可使肌肉温度升高,降低肌肉内部的黏滞性,提高韧带组织的柔韧性。

2. 神经系统对骨骼肌的调节能力

主动肌与对抗肌之间协调关系的改善,以及肌肉收缩与放松调节能力的提高,都可以减少由于对抗肌紧张而产生的阻力,增大运动幅度。发展肌肉力量也有利于主动增大关节活动度。

二、柔韧素质训练的手段与方法

柔韧素质训练常用的手段和方法,可扫描二维码进行学习。

【知识窗】

对于跨栏选手来说，赛前最重要的就是进行韧带拉伸练习。刘翔在巅峰时期，韧带拉伸训练一般会持续30分钟左右。其中，股后肌群及其周围韧带的柔性性对于完成跨栏动作至关重要。因为如果股后肌群的伸展性不好，会影响动作幅度，同时也很容易造成运动员的损伤。

【复习思考题】

1. 名词解释：身体素质、反应速度、动作速度、有氧耐力、无氧耐力、需氧量、摄氧量、氧亏、运动后过量氧耗、乳酸阈、最大摄氧量、无氧功率。
2. 决定一个人力量素质的生理学基础是什么？
3. 结合实际谈谈影响速度素质的生理学因素。
4. 简述无氧耐力的生理学基础及其训练方法。
5. 试述有氧耐力的生理学基础及发展有氧耐力的训练方法。
6. 简述最大摄氧量的影响因素。

（郭　峰）

第七章 CHAPTER 07
运动过程中人体机能变化规律

【内容提要】

人体在运动训练与比赛过程中，身体机能会发生相应的变化。本章介绍生理机能变化的规律、特点及机制，以及如何采取行之有效的措施，推迟或减轻"极点"和运动疲劳的出现，促使运动成绩提高和身体机能恢复，为科学地从事体育教学、训练和健身锻炼提供理论依据。

【本章重点】

1. 赛前状态产生机制及主要表现。
2. 准备活动的生理机制和作用。
3. 运动性疲劳产生部位、特征及判断方法。
4. 恢复过程的规律。

人体在运动过程中，生理机能会发生一系列规律性变化，按其自然发生的顺序可分为赛前状态、准备活动、进入工作状态、稳定状态、疲劳及恢复过程6个阶段。研究和掌握身体机能变化特点和规律，认识其生理机制和影响因素，对于增强运动训练效果、提高比赛成绩、促进全民健身和防止运动损伤具有重要意义。

第一节　赛前状态与准备活动

一、赛前状态

赛前状态（pre-competition state）是指在参加正式比赛或运动训练前，人体某些器官、系统受运动条件刺激产生的一系列自然条件反射性机能变化。

（一）赛前状态的生理变化

赛前状态的生理变化主要表现为中枢神经兴奋性提高，内脏器官功能增强，体温上升，物质代谢活动加强。例如，心率加快、收缩压升高、心输出量增加、呼吸加深加快、紧张性出汗、尿频、血糖升高，以及肌肉颤抖等。

赛前状态可发生在比赛前数天、数小时或数分钟。其反应程度与比赛性质、运动员的训练水平、运动员的机能状态及心理素质等因素有关。比赛规模越大，离比赛时间越近，赛前状态反应越明显；运动员情绪紧张，训练水平低、身体机能欠佳、比赛经验不足等也会造成赛前状态反应增强。

（二）赛前状态产生机制

赛前状态产生的机制可用条件反射学说加以解释。因为比赛或训练时的运动场地、运动器械、广播声、音乐声、观众呐喊声、裁判和对手的表现等信息，通过感官经常作用于运动员的大脑皮质，与比赛或运动训练时肌肉活动所引起的生理变化相结合。两者持久而反复的结合，使运动场景的信息变成了条件刺激，在大脑皮质中建立了暂时性神经联系。

（三）赛前状态的类型

根据赛前状态的生理反应特征，可将其划分为3种类型。

1. 起赛热症

起赛热症的特点是中枢神经系统兴奋性过高，表现为精神过度紧张、四肢乏力、全身微颤、咽喉发堵、寝食不安、呼吸短促、尿频等不良反应，运动员身体机能下降，导致其竞技能力和运动成绩下降。起赛热症多见于初次参加比赛的年轻运动员、参加特别重大比赛的运动员及心理负担过重的运动员。

2. 起赛冷淡

起赛冷淡的特点是中枢神经系统兴奋性过低，常表现为情绪低落、全身无力、反应迟钝、对比赛或训练淡漠、主观上不愿意参加比赛或运动训练等现象，从而影响人体运动能力的正常发挥。起赛冷淡的原因是中枢神经系统过高的持续性兴奋引起超限抑制的结果。

3. 准备状态

准备状态的特点是中枢神经兴奋性适度提高，植物神经和内脏器官的惰性有所克服。准备状态是运动员良好的赛前状态表现，此状态多见于优秀运动员。

（四）赛前状态的调整

赛前状态适宜的生理变化，对提高人体运动能力具有积极的作用，在运动实践中有时需要采取相应的措施来调整运动员的不良赛前状态，以提高其运动能力。

①不断提高运动员的心理素质，端正比赛态度，正确认识和对待比赛的意义。掌

握必要的身心调整方法，增强自控能力，确保情绪稳定。

②组织运动员多参加比赛、模拟比赛或观看比赛，适应各种比赛环境，积累比赛经验。

③根据运动员赛前状态安排适宜的准备活动。

④按摩对消除精神紧张或提高神经中枢的兴奋性均有一定的作用。

⑤随时了解运动员的思想状况，加强思想教育和管理，科学安排赛前活动，严格遵守作息制度，保证睡眠充足和膳食结构合理等。

二、准备活动

准备活动（warm-up）是指在比赛、训练和体育课的基本部分之前进行的身体练习。

（一）准备活动分类

准备活动目的是预先动员人体的生理机能，克服内脏器官的生理惰性，缩短进入工作状态的时间，为即将进行的正式比赛、训练和体育课做好机能准备，强化运动技能，以提高比赛成绩。根据准备活动的目的不同，人们通常将准备活动分为一般性准备活动和专门性准备活动。运动训练中两种准备活动缺一不可。

1. 一般性准备活动

一般性准备活动是为了提高神经系统的兴奋性，增强机体的代谢水平和各器官系统的功能，以及预防运动损伤等，进行的与正式比赛或训练动作结构及生理特点不同的活动，例如，在比赛、训练前进行的各种跑、跳、徒手操、压腿和游戏等。

2. 专门性准备活动

专门性准备活动是为了提高参与运动有关中枢间协调性，强化动力定型，为正式比赛或训练做好技术和机能的准备，进行的与正式比赛或训练的动作结构、节奏及运动强度相似的各种身体练习，如篮球运动员在比赛前进行的上篮跳跃等。

（二）准备活动的生理作用和机制

1. 准备活动的生理作用

①提高机体的调节能力。准备活动可适度提高神经系统的兴奋性，增强参与运动有关中枢间的协调性和内分泌腺的活动，使神经调节与体液调节协同调控全身各脏器的机能活动，确保正式训练或比赛时的生理机能迅速达到适宜状态。

②提高机体的有氧工作能力。准备活动可增大肺通气量、心输出量及血流量，加快血流速度，增强氧运输能力，扩张心肌和骨骼肌中毛细血管，使供血量增加，氧和

血红蛋白解离加速，血液释放氧变快，利于工作肌单位时间内摄取更多的氧气，以增强机体进入工作状态阶段时的有氧功能能力，降低血乳酸的产生。

③提高体温和代谢水平。准备活动可使机体耗能增加，其能耗一部分供肌肉收缩，一部分转化为热能导致体温升高。体温的适度升高又可以提高体内代谢酶的活性，加快物质的分解速度，保证肌肉活动的能量供应。

④提高肌肉的收缩能力。准备活动可提高体温和神经系统的兴奋性，可使神经冲动的传导速度加快，肌肉的兴奋性增强，肌肉的黏滞性降低，促进肌肉的收缩速度加快、收缩力量增大，并能提高肌肉及韧带的弹性和伸展性，预防运动损伤。

⑤提高机体的散热能力。准备活动时增大皮肤血流量，动员汗腺分泌活动，利于机体散热，减小正式比赛或训练时体温过高对机体造成的不良影响。

⑥调整赛前状态。合理的准备活动，不仅可以预先动员内脏器官、骨骼肌的机能，还可以强化运动技能，从而缩短进入工作状态的时间，促使机体在比赛前达到良好的赛前状态，为正式比赛做好准备。

2. 准备活动的生理机制

预先进行的肌肉活动（准备活动）会在神经中枢的相应部位留下兴奋性提高的"痕迹"。这一痕迹效应能使中枢神经系统在正式比赛时（或训练时）处于良好的兴奋状态，从而改善神经系统的调节能力，提高内脏器官的机能，增强能量代谢，取得最佳运动成绩等。

(三) 准备活动的生理负荷

准备活动生理负荷的大小直接影响其作用效果，构成生理负荷的主要因素包括准备活动的内容、形式、时间、强度，以及与正式训练或比赛的时间间隔等。

一般情况下，一般性准备活动的强度为 $45\% VO_{2max}$，心率 100~120 次/分钟为宜，持续时间为 10~30 分钟。准备活动结束到正式比赛开始时间的间隔一般不超过 15 分钟。在体育教学课中，准备活动以 2~3 分钟为宜，准备活动后间隔 45 分钟其痕迹效应完全消失。

第二节 进入工作状态与稳定工作状态

一、进入工作状态

在运动的开始阶段，人体机能逐步提高的过程称为进入工作状态（entering the working state）。

(一) 进入工作状态产生的原因

人体机能水平的高低是由人体的物理惰性和生理惰性所决定的。生理惰性是指人体生理机能逐步提高的特性。进入工作状态产生的原因包括以下两个方面。

1. 反射时

一般情况下，动作越复杂，难度越大，刺激信号通过中枢的时间也越长，神经系统各中枢间机能协调所需要的时间也越长，而进入工作状态的时间也相应地变长。

2. 内脏器官的生理惰性

人体运动时，内脏器官必须协调配合肌肉的收缩活动和机体代谢的需要，才能有利于发挥机体的运动能力。内脏器官受自主神经系统的支配，而肌肉活动则受躯体运动性神经的调节，内脏器官的生理惰性远比运动器官大。主要原因包括：①与躯体运动神经相比，支配内脏器官的自主神经传导兴奋的速度较慢。②兴奋传导途径中突触联系较多，需时较长（神经冲动每经过一个突触需要 0.3~0.5ms）。③躯体运动器官的活动主要受神经调节，而内脏器官在持续性活动中，神经-体液调节的作用更为重要。因此，在体育运动的开始阶段，内脏器官的动员及其机能水平的提高远远落后于运动器官。内脏器官的生理惰性是进入工作状态滞后的最主要原因。

(二) 影响进入工作状态的因素

进入工作状态所需时间的长短取决于运动强度、运动性质、训练水平、赛前状态、准备活动、个人特点及当时的机能状态等因素。在适宜运动负荷下，运动强度越高，进入工作状态的时间就越短。动作越复杂、活动变换越频繁，进入工作状态就越慢。训练水平越高，当时的机能状态越好，进入工作状态越快。良好的赛前状态及充分的准备活动能有效地缩短进入工作状态的时间，使机体更快地发挥自身的机能水平和运动能力。场地条件好，气候温暖适宜能激发运动欲望，迅速调动身体机能，及早适应运动的需要。儿童少年进入工作状态的时间比成年人短。

(三) 生理"极点"与"第二次呼吸"

1. 生理"极点"的概念产生原因及影响因素

①生理"极点"是在进行持续时间较长的剧烈运动中，由于运动开始阶段内脏器官的功能不能满足运动器官的需要，运动者常常会产生一些非常难受的生理反应，如呼吸困难、胸闷、头晕、肌肉酸软无力、动作迟缓不协调及精神低落，甚至会产生停止运动的念头等。

②"极点"产生的原因主要是内脏器官的活动跟不上肌肉活动的需要，出现体内氧气供应不足、大量代谢产物（如乳酸）在体内堆积、血浆 pH 下降、内环境发生改

变等。

③"极点"的影响因素。"极点"现象多出现于中长跑等强度较大、持续时间较长的运动项目。极点出现的早晚、生理反应程度的强弱及消失的快慢，与运动强度、运动项目、训练水平、赛前状态及准备活动等因素有关。一般情况下，运动强度越大，训练水平越低，"极点"出现得越早，反应越明显，消失得越慢。良好的赛前状态及充分的准备活动可预先动员内脏器官的活动，从而推迟"极点"的出现，减弱"极点"的反应程度。

2. "第二次呼吸"的概念及产生原因

①"第二次呼吸"。"极点"出现后，运动者依靠意志力和调整运动节奏继续坚持运动。不久，一些不良的生理反应便会逐渐减轻或消失，此时呼吸变得均匀自如，心率趋于平稳，动作变得轻松有力，能以较好的机能状态继续运动，这种状态称为"第二次呼吸"（second wind）。

②"第二次呼吸"的产生是由于运动中内脏器官惰性逐步得到克服，氧供应增加，乳酸得到逐步清除。同时运动强度暂时性下降，使机体需氧量下降，乳酸产生减少，内环境得以改善，动力定型得到恢复。出现"第二次呼吸"，标志着进入工作状态阶段的结束。

二、稳定状态

稳定状态（stable state）是指进入工作状态阶段结束后，人体各器官、系统的机能在一段时间内保持相对稳定的状态。此时，根据机体对氧气的供求关系，可将稳定状态分为真稳定状态和假稳定状态。

（一）真稳定状态

人体在进行强度较小（亚极限强度以下的运动）、持续时间较长的运动时，进入工作状态阶段结束后，机体的摄氧量（VO_2）能够满足需氧量的要求，各项生理、生化指标保持相对稳定状态，这种稳定状态称为真稳定状态。其特点是摄氧量和需氧量保持动态平衡。在真稳定状态下，运动中以有氧代谢供能为主，乳酸和氧亏产生少，血液pH变化小，内环境保持相对稳定。真稳定状态保持时间的长短主要取决于呼吸、循环和血液对氧的摄取运输功能，以及肌肉对氧的利用能力。氧运输系统的功能越强，心肌、骨骼肌利用氧的水平越高，真稳定状态保持的时间就越长（图7-1）。

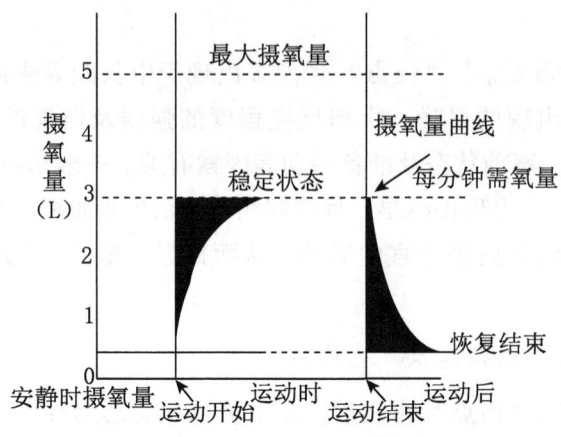

图 7-1　人体机能水平的真稳定工作状态

（二）假稳定状态

人体在进行强度较大（极限强度或亚极限强度运动）、持续时间较长的运动时，进入工作状态结束后，摄氧量已经达到并稳定在最大摄氧量水平上，但仍不能满足机体对氧的需要，氧亏不断增多，无氧酵解供能比例明显增加，乳酸的产生率大于清除率，乳酸堆积，血浆 pH 下降，这种状态称为假稳定状态。其特点是需氧量大于最大摄氧量。在假稳定状态下运动时，与运动有关的生理指标基本达到并稳定在极限水平。但是，由于此种状态下无氧代谢供能比例显著增加、乳酸堆积，造成神经和骨骼肌机能下降，故运动持续时间较短（图 7-2）。

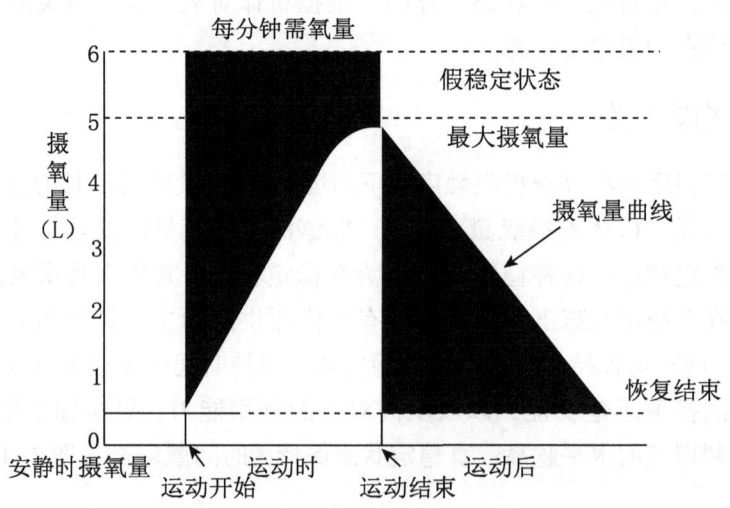

图 7-2　人体机能水平的假稳定工作状态

(三)"第一拐点"与"第二拐点"

人体在持续较长时间的运动过程中,心血管和呼吸系统的机能变化表现出两个明显的拐点。

"第一拐点"标志进入工作状态(运动阶段)的结束、稳定状态开始。当运动达到第一拐点时,人体各项机能均处于一种相对稳定的"高原平台"状态。在这种状态下,运动员的生理机能稳定工作时间长,说明运动潜力大,工作能力强,通常以此作为运动选材及功能评定的依据。

"第二拐点"标志稳定状态结束,人体整体工作效率明显下降,疲劳状态开始。第二拐点出现时,人体内能量代谢及血液中相关化学物质含量均明显高于第一拐点,即在第二拐点前由有氧供能为主过渡到无氧供能占优势。第二拐点是人体机能工作水平再调整的关键点。因此,把第二拐点定义为:人体整体机能发生疲劳的起始点(疲劳发生瞬时点)(图7-3)。

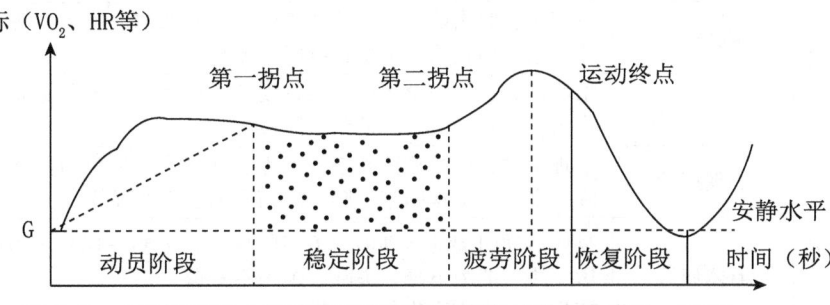

图7-3 人体运动时心肺功能变化规律曲线图(引自孙学川,1998)

第三节 运动性疲劳

运动性疲劳是指由于运动负荷而引发身体工作能力暂时下降的现象,它是人体运动到一定阶段出现的一种正常生理现象。1982年,在第五届国际运动生物化学会议上,将运动性疲劳(exercise-induced fatigue)定义为:机体不能将它的机能保持在某一特定的水平和(或)不能维持某一特定的运动强度。对于适度的运动性疲劳,在施以合理的恢复手段后能及时消除,并且身体机能可以得到迅速提升。运动员训练水平的提高是一个"疲劳-恢复-再疲劳-再恢复"的变化过程。疲劳对人体是一种保护性机制,运动员在日常训练中应防止过度疲劳。

一、运动性疲劳的分类

运动性疲劳的分类方法十分复杂,可根据其产生的部位、运动方式以及产生机制等进行分类，如表 7-1 所示。

表 7-1 运动性疲劳分类依据、种类及特点

分类依据	疲劳种类	特点
产生器官	骨骼肌疲劳	运动引起骨骼肌机能下降，如肌肉酸痛、僵硬、肌力下降等
	心血管疲劳	运动引起心血管及调节机能下降，如心输出量减少、心率恢复慢等
	呼吸系统疲劳	运动引起呼吸机能下降，如呼吸表浅、胸闷、通气量减少等
产生快慢	快速疲劳	短时间剧烈运动引起的机能下降，如短跑、跳跃等引起的疲劳
	耐力疲劳	长时间小强度运动引起的疲劳，如马拉松、越野等引起的疲劳
产生部位	整体疲劳	全身运动引起全身各器官机能下降，如足球、马拉松等引起的疲劳
	局部疲劳	身体某一局部运动引起的疲劳，如专门动作训练引起的相应肌肉疲劳
疲劳程度	轻度疲劳	稍事休息即可恢复
	中度疲劳	有疲乏、肌肉酸疼、心悸的感觉
	重度疲劳	有疲乏、肌肉酸疼、心悸的感觉，还有头痛、胸痛、恶心，甚至呕吐等征象，而且这些征象持续时间较长
力竭		指肌肉或器官完全不能维持运动的一种疲劳现象，是疲劳的一种特殊形式，也是疲劳发展的最后阶段
身心活动	心理疲劳	心理活动造成的疲劳状态，其主观症状有：注意力不集中，记忆力下降，理解、推理困难，脑力活动迟钝、不准确等
	躯体疲劳	身体活动引起的运动能力下降的现象，主要表现有：动作迟缓、不灵敏，协调能力下降，失眠、烦躁不安等 在运动竞赛中产生的运动性疲劳

二、运动性疲劳的产生机制

运动性疲劳是由多种因素形成的，对其产生的机制近些年也是众说纷纭。

①衰竭学说。也称能源耗竭学说，该学说认为疲劳产生的原因是能源物质耗竭造成的。

②堵塞学说。也称代谢产物堆积学说，该学说认为疲劳的产生是由于运动过程中某些代谢产物在肌肉组织中大量堆积造成的。

③内环境稳定失调学说。该学说认为疲劳是由于血液中 pH 下降，细胞内、外离子平衡破坏，以及血浆渗透压改变等因素造成的。

④保护性抑制学说。该学说认为无论是脑力疲劳，还是体力疲劳，都是大脑皮质保护性抑制发展的结果。运动时大量神经冲动传至大脑皮质相应的神经细胞，使之长期兴奋，导致消耗增多。为了避免过度消耗，当消耗到一定程度时，人体便产生了保护性抑制。

⑤突变理论。该理论由爱德华兹（Edwards）于1982年提出，他认为运动性疲劳是由运动过程中能量消耗、力量下降和兴奋性丧失三维关系改变造成的，是机体为避免能量储备进一步下降而存在的一个运动能力急剧下降的过程。运动性疲劳是机体内部许多生理、生化变化在肌肉活动中的综合反映。

⑥自由基损伤学说。该学说认为剧烈运动过程中，体内自由基增加是造成运动性疲劳的重要原因之一。自由基是指外层电子轨道带有不成对电子的基团。它主要包括氧自由基、羟自由基、过氧化氢及单线态氧等。由于自由基化学性质较为活泼，可与机体内糖类、核酸、蛋白质和脂类等物质发生反应，因此自由基能破坏细胞的结构，并造成细胞功能下降。

剧烈运动时，体内耗氧量增加，骨骼肌、心肌和肝脏等组织脂质过氧化反应加强，胞浆 Ca^{2+} 升高等原因，都可引起体内产生的自由基增加，从而导致肌浆网钙泵机能降低，肌浆中 Ca^{2+} 过载，肌纤维兴奋-收缩耦联机能减弱。此外，自由基攻击线粒体膜还会造成能量代谢紊乱。

神经-内分泌-免疫调节网络系统机能变化也是引发运动性疲劳的重要因素。可见，运动性疲劳的产生有着复杂的原因和过程。在运动实践中，应根据项目特点、训练环境及训练计划等因素进行综合分析。

三、运动性疲劳的发生部位及特征

（一）运动性疲劳的发生部位

运动性疲劳可发生在从大脑皮质到肌纤维的任何部位。

1. 中枢性疲劳

中枢性疲劳是指发生在从大脑皮质至脊椎部位的疲劳。其特点是：①由于中枢神经系统发生紊乱，改变了运动神经元的兴奋性。疲劳时，神经冲动的频率减慢，使肌肉工作能力下降。②中枢区代谢功能失调，表现为大脑细胞中ATP、CP水平明显降低，血糖含量减少，γ-氨基丁酸含量升高，特别是5-羟色胺和脑氨升高，可引起多种酶活性下降，ATP再合成速率下降，从而使脑细胞工作强度下降，导致运动性疲劳。

2. 外周性疲劳

外周疲劳可能发生的部位是从神经肌肉接头到肌纤维内部线粒体。这些部位中发生的某些变化与运动性疲劳有着密切的联系。

①神经-肌肉接头。肌肉兴奋依赖于终板去极化，乙酰胆碱（Ach）是运动神经末梢把兴奋传向肌肉的神经递质。剧烈运动后，乙酰胆碱释放量减少，可造成神经肌肉的传递障碍，不能引起接头后膜去极化，骨骼肌也不能产生兴奋收缩，引起运动能力下降，产生运动性疲劳。

②细胞膜结构的完整性对细胞正常代谢和功能维持十分重要。运动时骨骼的机械性牵拉和化学性因素会使肌肉膜损伤或通透性改变，引起肌肉收缩能力下降。研究表明，长时间运动过程中血浆游离脂肪酸和儿茶酚胺的浓度升高、肌细胞失钾和自由基的产生等都可以使细胞膜上 Na^+/K^+-ATP 酶活性下降，从而引起肌细胞膜的通透性改变，膜的完整性丧失，细胞的正常功能降低或丧失。

③肌肉收缩蛋白是肌肉收缩的基础，肌肉收缩蛋白的结构与功能异常必然导致肌肉收缩机能下降。研究发现，运动可引起肌节拉长、H 区消失、Z 线扭曲加宽、A 带和 I 带异常，以及肌丝卷曲、排列混乱等现象，同时伴有肌钙蛋白与 Ca^{2+} 结合力与原肌凝蛋白的相互作用下降。这些变化必然导致肌肉收缩能力下降，造成骨骼肌疲劳，并伴有延迟性肌肉酸痛症状。

④肌质网终池具有贮存及调节 Ca^{2+} 浓度的作用。长时间运动引起 ATP 含量减少，H^+ 和自由基生成增多，从而引起肌质网 Ca^{2+} 释放与摄入障碍，进而影响肌肉的兴奋-收缩耦联，导致运动性疲劳。

⑤线粒体是肌细胞氧化磷酸化的重要场所。长时间运动可引起线粒体膜电位下降、ATP 酶衰竭、自由基大量释放和 Ca^{2+} 聚集变化。这些变化可抑制氧化磷酸化过程，使氧化磷酸化过程脱耦联，导致肌肉收缩时的能量供应障碍，最终表现为肌肉的收缩能力下降。

（二）不同类型运动的疲劳特征

运动性疲劳的产生是一个极其复杂的生理过程，与运动持续时间、运动强度，以及代谢特征等因素有密切关系。因此，不同类型运动过程中产生的运动性疲劳具有不同的特征。

①短时间、最大强度运动（如短跑等），运动性疲劳产生的主要原因是中枢神经系统机能下降、CP 耗竭引起 ATP 转化速率降低。

②短时间、次最大强度运动（如 800 米跑等），能量以糖酵解系统为主，因此肌肉和血液中乳酸大量堆积、pH 降低是造成机体机能下降而产生疲劳的主要原因。

③长时间、中等强度运动（如长跑等），疲劳的产生往往与肌糖原和肝糖原大量消耗、血糖浓度下降、体温升高、内环境稳定性失调、工作肌氧气供应减少及神经系统活动能力下降等因素有关。

④静力性运动（如马步、平衡等），中枢神经系统持续兴奋，肌肉中血液供应减少，以及过度憋气，导致心、肺功能下降等，是产生疲劳的主要原因。

四、运动性疲劳的判断

由于引起疲劳产生的原因和部位不同，疲劳表现的形式不同，选用的测试方法也应有区别，具体见第十四章实验十四。

第四节　恢复过程

恢复过程（recovery）是指人体在运动过程中和运动结束后，各种生理机能和能源物质逐渐恢复到运动前水平的变化过程。

一、恢复过程的一般规律

恢复过程可分为 3 个阶段，即运动中恢复阶段、运动后恢复到运动前水平阶段和运动后超量恢复阶段（图 7-4）。

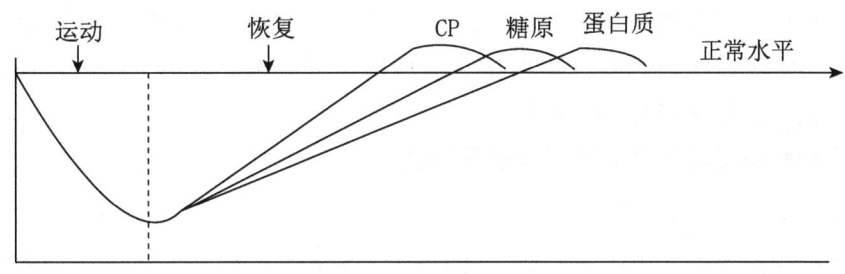

图 7-4　消耗与恢复过程

第一阶段：运动中恢复阶段。运动时能源物质的消耗占优势，恢复过程虽也在进行，但是消耗大于恢复，所以总的表现是能源物质逐渐减少，各器官系统的工作能力下降。

第二阶段：运动后恢复到运动前水平阶段。运动停止后消耗过程减少，恢复过程占优势，能源物质和各器官系统的功能逐渐恢复到原来水平。

第三阶段：运动后超量恢复阶段。运动时消耗的能源物质及各器官系统机能状态在这段时间内不仅恢复到原来水平，甚至超过原来水平，这种现象称为"超量恢复"（over-recovery）。超量恢复保持一段时间后又会回到原来水平。

超量恢复的程度和出现的时间与所从事的运动负荷有密切的关系，在一定范围内，肌肉活动量越大，消耗过程越剧烈，超量恢复越明显。如果活动量过大，超过了生理范围，恢复过程就会延长。

超量恢复是客观存在的规律。有人让受试者以 75% 最大摄氧量运动强度进行单腿自行车运动，两名实验对象分别站在一辆自行车的两侧同时蹬车，其中一人用右腿蹬车左腿休息，另一人用左腿蹬车右腿休息，当运动至力竭时，测腿股外肌的肌糖含量，结果运动后 3 天运动腿股外肌肌糖原含量比安静腿多 1 倍。

二、机体能源贮备的恢复

1. 磷酸原的恢复

磷酸原的恢复很快,在剧烈运动后被消耗的 CP 在 20~30 秒内可合成一半,2~3 分钟可完全恢复或出现超量恢复。

2. 肌糖原贮备的恢复

肌糖原是有氧氧化系统和乳酸能系统的供能物质。不同运动强度和持续时间,对肌糖原的恢复时间不同。

短时间、大强度运动后,肌糖原约在运动后 15 小时出现超量恢复。长时间运动致使肌糖原耗尽后,用高糖膳食 46 小时即可完全恢复;而用高脂肪与蛋白质膳食 5 天,肌糖原恢复仍很少。在短时间、高强度的间歇训练后,无论食用普通膳食还是高糖膳食,肌糖原完全恢复都需要 24 小时。

蛋白质和脂肪出现恢复的时间较肌糖原晚。

3. 氧合肌红蛋白的恢复

氧合肌红蛋白存在于肌肉中,每千克肌肉约含 11 mL 氧。在肌肉工作中氧合肌红蛋白能迅速解离释放氧气被机体利用,而运动后几秒钟完全恢复。

4. 乳酸再利用

糖酵解产物乳酸中蕴含着大量可以被利用的能量。研究认为,乳酸大部分用于糖异生合成肝糖原被再利用,还有部分乳酸在肌肉中被继续氧化分解。

三、促进恢复的措施

(一) 运动性手段

1. 整理活动

整理活动又称为"放松练习",是指在运动之后所做的一些机体功能恢复的较轻松的身体练习。做好充分的整理活动是取得良好的训练效果及预防运动损伤的重要手段之一。整理活动可促使堆积的代谢产物排除,缓解肌肉酸痛,使肌肉自然恢复到运动前的松弛状态,促进静脉回流,使心输出量增加,血压相对稳定,避免因一过性脑贫血而产生一系列不舒适的感觉,甚至休克。

2. 积极性休息

运动结束后采用变换运动部位和运动类型,以及调整运动强度的方式来消除疲劳的方法称积极性休息。教练员经常采用调整训练内容、转换练习环境和变换肢体活动部位等积极性休息的方式,达到提高训练效果的目的。

(二) 睡眠

睡眠对身体机能恢复非常重要,在睡眠状态下,人体内代谢以同化作用为主,异化作用减弱,从而使人的精力和体力均得到恢复。

(三) 物理学手段

大强度和大运动量训练之后,采用盐水浴、按摩、理疗、吸氧、针灸和气功等物理手段,能促进身体机能恢复。

(四) 营养学手段

运动时所消耗的物质要靠饮食中的营养物质来补充,合理膳食有助于加速恢复过程。

1. 能源物质的补充

如果把运动中需要补充的热量按照蛋白质、脂肪和糖三者的比例划分为按需要均衡进补的方式,大多数项目运动员的膳食中,3种能量的补充比例为1:1:7;耐力性运动项目因其训练负荷的特点,要求膳食中糖的含量比较高。

2. 维生素与矿物质的补充

维生素 E、C、B_1、B_2 与糖代谢有密切关系,当维生素缺乏或不足时可对运动能力产生不利影响,表现为做功降低、疲劳加重和肌肉无力等。补充维生素可以提高运动能力。例如,维生素 E 所具有的抗氧化作用对抗运动中大量产生的自由基,保护细胞膜免受脂质过氧化的侵害有重要的意义;维生素 C 可提高免疫功能,降低疲劳和肌肉酸痛,保护细胞免受自由基损伤;维生素 B_2 对运动员的有氧耐力很重要,缺乏维生素 B_2 肌肉会出现无力,肌肉的耐久力也会下降。

运动员训练期间,由于大量排汗使身体对钾、钠、钙、磷及铁的需要量增加,必须进行物质补充。据研究报道,补充硒和锌元素能更有效地促进恢复过程。

3. 中药补剂

合理地应用中医药可以增加机体免疫能力,减小大强度运动时氧自由基对机体的损害,从而使疲劳尽快消除,提高训练或比赛效果。常用的中药有人参、当归、生地、酸枣仁、阿胶、阿魏酸和五味子等。

(五) 心理手段

常用的心理恢复手段有:心理暗示法、意念放松法、肌肉放松法、呼吸调整法、音乐放松法、心理调整训练法、赏识、激励和人文关怀等。

【知识窗】

　　应用中医药调理可以改善人体的代谢能力，延缓疲劳出现，加速疲劳的消除，促进机体恢复。目前运动性疲劳的恢复从健脾益气、补肾壮阳或补益气血方面入手，针对不同疲劳症候，做到辨证施治，对症下药。

【复习思考题】

1. 名词解释：赛前状态、运动性疲劳、超量恢复。
2. 试述赛前状态产生机制和主要表现。如何克服不良的赛前状态？
3. 试述准备活动的生理机制和作用。
4. 试述生理"极点"与"第二次呼吸"及其产生的原因。
5. 简述进入工作状态的原因。
6. 试述运动性疲劳产生的原因。
7. 试述恢复过程的一般规律。

（吴翊馨）

第八章 CHAPTER 08
不同年龄和不同性别人群的体育锻炼

【内容提要】

本章主要介绍了儿童、少年、女性、老年人各器官系统的生理特点，人体形态和机能对运动的反应和适应变化，以及如何根据这些规律和特点正确指导其科学健身和锻炼。

【本章重点】

1. 儿童少年解剖生理特点和体育教学与运动训练的关系。
2. 女性生理特点，在健身运动及训练中注意的问题。
3. 健身运动对延缓衰老的影响。

了解和掌握不同年龄、不同性别人群的生理特点，进行科学地锻炼和训练，不断改善和增强体质，促进身体机能的改善和提高，达到运动促进健康的目的。

第一节 生长发育与体育锻炼

一、基本概念

（一）生长

生长是指人体随着年龄的增长，机体内细胞增殖、增大和细胞间质增加，整体上表现为组织、器官、身体形态和重量的变化，以及身体化学组成成分改变的过程。

（二）发育

发育是指人体随着年龄的增长，各器官系统的功能不断分化和完善，心理、智力持续性发展，以及运动机能不断获得和提高的过程。

生长是量的增加，发育是质的变化。在人体生长发育过程中，两者是相互依存的，在有些场合两个词可以相互替代，例如，将身高生长说成是身高发育；而在另一些场合，则不能被替代，如性发育不能说成是性生长。

（三）成熟

人体进入成熟期就意味着生长发育的结束、机体在形态和机能等方面达到成人水平，表现为身高、体重达到一定水平，各系统功能基本完善，骨骼牙齿的钙化基本完成，性器官具有繁殖子代的能力等。

二、生长发育的一般规律

（一）生长发育的量变和质变规律

人体生长发育，是从婴儿、幼儿、少年、青年、壮年直到老年的完整过程，是从微小量变到根本质变的复杂过程，是在体积增大的过程中，完成结构和机能的分化和成熟，如大脑的生长发育。

（二）生长发育的连续性和阶段性规律

生长发育过程是连续的，表现出阶段性的特点，并有一定的变化程序。如运动器官和神经系统的生长发育，首先发育的是头部运动（如转头、抬头），然后过渡到上肢运动（如抓物），再发展到躯干运动（如翻转、直坐），最后发展到下肢运动（如站和走）。

（三）生长发育的波浪式规律

不同时期的生长发育速度是不一样的，呈现有时快、有时慢的波浪式发展规律。如身高和体重，第一次突增是胎儿时期，为第一个生长发育高峰期；出生后生长速度减慢，一直到10~12岁，出现第二个生长发育高峰期。

（四）身体各系统发育的不平衡规律

人体各器官、系统发育的时间和速度不同。神经系统发育最早。新生儿脑重可达到成年时期的25%。出生后第一年脑部的发育仍然很快，可达到整个发育过程的50%，第二年再增加20%，到6岁时，脑的重量可达到成年时的90%。随着脑部的形态结构发育，神经系统的机能也迅速发展，如言语功能的发展和肌肉活动的调节等。相比之下，人体生殖系统发育较晚。

三、影响人体生长发育的因素

（一）营养

营养是生长发育的物质基础。营养不足或营养过剩都会影响身体的发育。少年运动员处于生长发育阶段，体育锻炼、运动训练需要消耗较多的能量，因此，要特别注意营养物质的补充。尤其是摄入足够的热量、优质蛋白，足量的铁、钙，各种维生素以及微量元素。

（二）疾病

急性病会对生长发育产生明显影响，而严重的慢性病、流行病和地方病对生长发育的影响更大。例如，近视眼、沙眼、龋齿、结核、缺铁性贫血、维生素 A 缺乏症等。

（三）气候和季节

生活在气温较高的热带和温带地区的儿童，性成熟期较早，身体发育水平略低。在同一地区的不同季节也有影响，春季身高增长最快，秋季体重增长最快。

（四）社会因素

社会经济发展的情况、居住环境、医疗和体育等条件，对人体的生长发育也会产生综合性影响。

（五）遗传因素

生长发育受先天遗传和后天环境双重作用的影响。在诸多环境因素中，营养是生长发育的物质基础，体力是生长发育的源泉。

（六）体育锻炼

在保证营养供给充足的前提下，体育锻炼作为自觉的、有目的的自身改造手段，可以充分发挥机体的生长潜能，全面提高人体形态和功能的发育水平，以及免疫机能免疫水平。具体内容可扫描二维码进行学习。

四、生长发育年龄阶段划分与青春发育期

（一）年龄阶段的划分

婴儿期为 2~3 岁；幼儿期为 4~6 岁（学龄前儿童）；学龄儿童为 7~12 岁；少年期为 13~17 岁；青年期为 18~25 岁。

（二）青春发育期

青春发育期是由儿童时期过渡到成人的一个迅速发育的阶段，以生长突增为开始的标志，以性成熟为结束。青春发育期分为三个阶段，其特征如表 8-1 所示。

表 8-1　青春发育期的 3 个阶段及发育特点

分期	女孩	男孩	特点
前期	10~12 岁	12~14 岁	以身体形态发育突增现象为主，是成熟前的一个迅速生长阶段，也称为生长加速期
中期	13~16 岁	15~17 岁	以第二性征发育为主，又称为性成熟期，此阶段形态的发育速度减慢
后期	17~23 岁	18~24 岁	身体发育到完全成熟阶段

注：乡村比城市晚一年。

五、儿童少年的解剖生理特点和体育教学与运动训练

（一）骨骼

儿童软骨成分较多，水分和有机物质（骨胶原）多，无机盐（磷酸钙、碳酸钙）少，骨密质较差，骨富有弹性而坚固不足，不易完全骨折而易发生弯曲和变形（图 8-1、图 8-2）。随着年龄增长，骨的无机盐增多，水分减少，坚固性增强而韧性减低，直到 20~25 岁骨化完成后，骨不再生长，身高也不再增长，但骨的内部构造仍在变化。

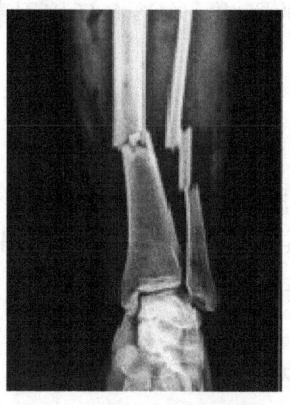 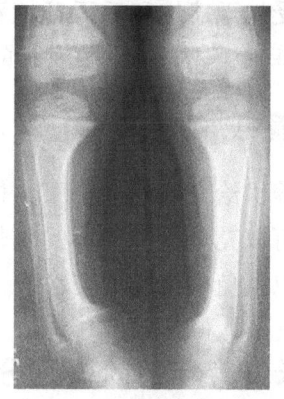

图 8-1　小腿胫骨和腓骨骨折　　　　图 8-2　小腿胫骨和腓骨变形

根据儿童骨骼的解剖生理特点，在体育教学和运动训练中，应注意下列问题：

1. 注意养成正确身体姿势的全面性身体锻炼

儿童骨骼承受压力和肌肉牵拉功能比成人差，如果长期处于不良的身体姿势状态下，则其骨易弯曲变形，其中常见的是脊柱变形。因此，体育教师必须教育儿童养成坐、立、走等正确的身体姿势。

另外，注意身体的全面训练。对一些基本技术动作的训练不要过于集中，应采用分散的办法，用多种形式交替进行。否则会由于肌力发展不平衡，或长期保持某种姿

势而发生脊柱的变形或肢体发育不均衡。

2. 在进行力量训练时，应注意负荷的重量

儿童的椎骨尚未完全骨化，承受压力的能力比成人差，维持足弓的肌肉和韧带也较弱。因此，对儿童进行力量的练习时在 10 岁前不宜进行负重练习，可采用对抗体重的一些练习，如徒手跑、跳等。15 岁以后，可进行较大重量的力量练习，并应以动力性练习为主。

3. 注意练习场地的选择

由于儿童骨骼骨化未完成，易变形，脊柱的生理弯曲较成人小（图 8-3），缓冲作用比成人弱，故不宜在坚硬的地面上进行反复跑跳等练习。

4. 注意预防"骺软骨"的损伤

"骺软骨"损伤是儿童在体育运动中特有的一种损伤，主要发生在腰椎、膝关节和肘关节。一般体操运动中要做许多下腰练习，如果教练员在练习中单纯用力去挤压或上提运动员的腰部，过多地用静力性的练习去锻炼腰部的柔韧性，而不注意积极发展腰背肌肉的力量，可引起椎骨骺软骨损伤。

5. 适当营养

儿童的骨骼正处在生长发育的旺盛时期，对钙和磷的需要增多，膳食中钙和磷的含量要丰富。

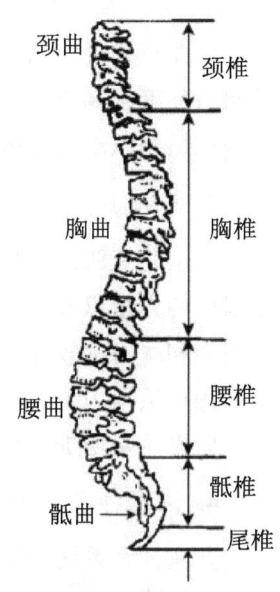

图 8-3 脊柱生理弯曲

（二）关节

儿童的关节面软骨相对较厚，关节囊及韧带的伸展性大，关节周围的肌肉细长，关节活动范围大于成人，牢固性相对较差，在外力作用下较易发生脱位。这些特点在体育教学与训练中应加以注意，预防关节损伤的发生。在运动中如发现儿童有腰部、膝部和肘部疼痛时，应引起注意，及早就诊。

（三）肌肉

儿童的肌肉中水分多，蛋白质、脂肪和无机盐类少，收缩机能较弱，耐力差，易疲劳。肌肉随着年龄增长，有机物增多，水分减少，肌肉重量不断增加，肌力也相应增强。身体各部肌肉发育顺序是：躯干肌先于四肢肌，屈肌先于伸肌，上肢肌先于下肢肌，大块肌肉先于小肌肉。肌力发展的规律性是：在生长加速期，肌肉主要向纵向发展，长度增加较快，但仍落后于骨骼增长。所以，肌肉收缩力量和耐力都较差。

根据儿童肌肉的解剖生理特点，在体育教学和运动训练中，应注意下列问题：

1. 根据年龄特点安排运动负荷

在8岁以前，儿童的肌肉生长和肌肉力量的增长速度较慢，因此，应以大量的徒手操及不负重的跑、跳练习为主。12~15岁，肌肉体积和力量增长速度加快，这时可以采用一些抗阻力和较轻的负重练习来发展肌肉力量。15~18岁，肌肉体积和力量增长速度最快，这时可以通过增加阻力或负重有效地发展肌肉力量。

2. 选择适宜的练习方式

对儿童来说，由于肌肉的纤维较细，肌纤维的张力小，加上支配肌肉的神经中枢的兴奋强度和高度兴奋的时间比成人差，对持久而紧张的肌肉收缩更易疲劳。因此，对他们最好以动力性的力量练习为主，辅以适宜的静力性练习。

3. 根据肌力发展规律安排训练

由于儿童肌肉的生长发育不均衡，在运动训练中，应注重全面的身体训练和发展小肌肉的力量以及肌肉耐力的训练。在身高增长加速时，肌肉的长度增加较快，肌肉收缩力和耐力都较差，宜采用伸展肢体练习，弹跳和支撑自身重量的力量练习，不建议采用重负荷力量练习。生长加速期结束后，身高的增长缓慢，肌纤维增粗的速度加快，肌力显著增加，可以适当增加力量性练习。

4. 注意神经系统的训练

儿童神经系统对肌肉运动的调节不够完善，在运动训练中应注意加强儿童的协调能力训练，提高对肌肉运动的感觉，培养对运动的节奏感，做一些使肌肉主动放松的练习。

（四）血液循环

儿童的血管系统在6~7岁以前的发育比心脏早，血管壁弹性好，血管口径相对较成人大，外周阻力较小，血压较低。儿童的心脏发育尚差，心肌收缩力较弱，弹性纤维少，每搏输出量和每分输出量比成人小，但相对值（按体重的比值）较大。以上说明儿童的心脏可胜任短时间较紧张的肌肉活动。青春发育期后，心脏发育迅速增快，血管发育处于落后状态，同时由于性腺、甲状腺等分泌旺盛，引起血压升高，称为青春期高血压（puberty hypertension）。青春期高血压一般多见于身体发育良好，身高迅速增加的青少年，表现为收缩压较高，但一般不超过150 mmHg，并有起伏，而舒张压在正常范围内。据统计，青春期高血压开始年龄为11~12岁，随年龄增长而升高。15~16岁达到峰值，随后会逐渐降低。

儿童时期交感神经调节占优势，心肌发育并不完善，运动时主要靠加快心率来增加心输出量以适应需要。根据儿童少年血液循环系统的解剖生理特点，在体育锻炼和运动训练中，应注意下列问题：

1. 合理安排运动负荷

一般儿童对强度较大且持续时间较短的运动，如60米、100米和200米跑，各种活动性游戏，徒手操及哑铃等力量性练习，以及短距离游泳和跳水活动等有一定程度的练习。而对一些长时间紧张性运动、重量过大的力量练习及对身体消耗过大的耐力性练习等活动，则不宜过多采用。在安排儿童的运动负荷时，练习的强度可以稍大一些，但间歇次数应多，密度不宜太大。儿童在运动时，较大程度上依赖心跳频率的增加来加大心输出量。心跳频率过快，心舒张期缩短，营养心脏的冠状循环受影响，心肌营养不良，长此以往，会使心脏受损。因此，对儿童进行体育锻炼和运动训练，如运动负荷安排不当，不但不能促进身体的生长发育，反而有损于身体的健康。

2. 不宜做过多和过长的"憋气"

许多力量练习，常需要"憋气"，如举重。"憋气"时，肺停止于扩张状态，腹肌紧张，胸腔和腹腔内压力加大，回心血量减少，心脏输出血量减少，对心脏本身的血液供应也会减少。"憋气"后，反射性地使呼气加深，这时胸内压和腹压突然降低，大量血涌入心脏，使心脏充盈过度，负担加大。因此，带有"憋气"的运动练习不宜多做，即使"憋气"，时间也不宜过长。

3. 正确对待青春期高血压

首先，要消除紧张心理。其次，对主观上无不良感觉的人，可以照常参加体育活动，但运动的强度和密度要适当降低，并控制参加活动的次数和密度。对有头晕及头痛等不良症状的人，应当适当减小运动负荷，并注意医务监督。对青少年中有"青春期高血压"的人，适当地进行体育运动，可能还有助于血压恢复正常。

4. 适当运动可促进血液循环系统生长发育和机能水平提高

正确的体育锻炼和运动训练能促进儿童血液循环系统的生长发育，提高机能水平。比较典型的运动形式有越野跑，15~30分钟的匀速跑、间歇跑和篮球活动等。

（五）呼吸系统

儿童由于胸廓狭小、呼吸肌力较弱且呼吸表浅，故肺活量小，呼吸频率快。随年龄增大，儿童的呼吸深度和肺活量增大，而呼吸频率逐渐减少。在10~11岁和13~14岁时摄氧量增大最明显，16~17岁增加较缓慢。儿童肺通气量小，每公斤体重相对值较大，运动时主要靠加快呼吸频率来增加肺通气量，而此时呼吸深度却增加得很少。这是因为儿童的呼吸肌较弱、调节机能不完善所致。

根据儿童呼吸系统的解剖生理特点，在体育运动中应该注意下列问题：

1. 注意呼吸卫生

鼻腔是人体与外界进行气体交换的门户。鼻腔对吸入的空气有加温加湿、阻止一部分细菌和灰尘的吸入的功能，及对吸入空气的气道过滤作用。儿童的呼吸道比成人狭小，呼吸道的上皮较薄而血管丰富，容易感染从而引起呼吸道发炎。因此，应教育儿童平时用鼻呼吸。运动时，可用口鼻同时呼吸。

2. 注意呼吸与运动的配合

见第二章第三节相关内容。

（六）神经系统

儿童的神经活动过程不稳定，兴奋过程占优势，兴奋和抑制过程在皮质中容易扩散。因此，儿童活泼好动，注意力不易集中，做动作时不协调、不准确，易出现多余动作，建立条件反射快，消退快，重新恢复也快。年龄越小，皮质抑制过程越弱，而且不完善，分化能力也就差。

根据儿童中枢系统的生长发育特点，在体育教学与训练时应注意下列问题：
①体育课内容要生动活泼和多样化，可适当穿插游戏和竞赛，避免单调。
②要注意安排短暂的休息时间，使学生情绪饱满，精力旺盛。
③在教学方法方面多采用直观形象教学，如示范动作、图表、模型等，多采用简单易懂和形象生动的语言或口诀等形式的讲解，年龄越小直观教学法作用越重要。
④儿童时期正是世界观形成时期，要加强意志品质的培养和组织纪律的思想教育。
⑤青春期神经系统受内分泌腺活动的影响，会使稳定性暂时下降，儿童出现动作不协调，女孩更为明显，应注意区别对待。

第二节　女性生理特点与体育锻炼

由于女性的机体结构、功能及心理等方面具有明显区别于男性的特点，因此，在进行某些运动时，女性要付出更多的努力，才能使其潜质和运动能力得到充分发挥。

一、女性生理阶段划分

女性根据其性腺卵巢分泌机能的变化，划分为 5 个生理阶段（表 8-2）。

表 8-2　女性生理阶段划分及特征

分期	年龄阶段	特征
幼年期	10~12 岁之前	卵巢机能尚处幼稚状态的年龄阶段
青春期	10~12 岁开始到 17~18 岁结束	卵巢机能由幼稚向成熟状态过渡的年龄阶段，显著特点是卵巢及生殖器官明显发育

续表

分期	年龄阶段	特征
性成熟期（生育期）持续近30年	从18岁开始	卵巢功能成熟的年龄阶段，腺体及性器官发育完全成熟，卵巢有周期性排卵，并分泌雌性激素；子宫内膜出现周期性脱落，产生月经周期，生殖机能最旺盛的时期
更年期（绝经期）	50岁左右开始	从性成熟期进入老年期的过渡时期 卵巢功能由旺盛向衰退过渡直至萎缩的年龄阶段 显著特点是月经由不规律到闭经，生殖功能丧失
老年期	60岁以上	卵巢功能完全终止的年龄阶段，人体各器官的机能能力明显降低

二、女性生长发育的生理学特征

（一）身体发育

女性青春期的生长加速期从10~12岁开始，比男性早2岁。但是，10岁以后，男性的发育速度加快，并后来居上，身高显著超过女性。

（二）氧运输系统

女性心脏较男性心脏重量轻，体积小，容量小，心血管机能也弱于男性。因此，女性在运动中必须依靠加快心率来保证足够的心输出量，运动后心率恢复速度较慢。女性的胸廓较小，呼吸肌力量较弱，呼吸机能亦较男性为低。女性血量较男性少，且红细胞数量和血红蛋白值均低于男性，这就导致女性的有氧能力较男性低。

（三）运动系统

女性肌肉体积及重量均低于男性。女性骨骼重量较男性轻，抗弯能力较差，但韧性较好。女性为上体长而窄、下肢短而粗、肩窄盆宽的体型，这种身体体型重心低且稳定性好，有利于完成平衡动作。

随着机体的生长发育，女性的骨骼在青春期快速生长，并在青春期后期达到其个体的最高水平。在30岁以后，随着年龄增长，骨量逐渐丢失。因此，女性应多进行有氧运动与低强度力量训练，防治骨质疏松，同时维持雌激素水平延缓衰老。

（四）身体成分

女性体脂含量占体重的20%左右。较高的体脂含量不利于运动，但较厚的皮下脂肪具有较好的保温作用，可以增加机体浮力，有利于她们参加冰雪及游泳类运动。

三、运动能力特点

（一）力量和速度

女性的肌肉力量平均为男子的 2/3 左右，因此，女性在需要绝对力量绝对速度的项目中，其运动能力明显弱于男性。这是由于女性肌纤维的横截面积小于男性，因而肌肉的收缩力量较小。女性对静力性运动的适应能力则优于男性。

（二）耐力

如前所述，女性的有氧能力弱于男性，这与女性最大摄氧量水平较低、运氧能力及耐酸能力等综合因素有关，从而限制了运动中氧的利用，使得耐力水平较低。

（三）柔韧和平衡

由于女性的肌肉和韧带弹性好，关节活动范围大，因而动作幅度大而稳定，具有较好的柔韧性。另外，由于女性特有的肩窄盆宽体型，决定了女性具有身体中心较低的特点，因此其平衡能力强于男性。

四、月经周期、妊娠与运动能力

（一）月经周期及其调节

月经周期是女性特有的生理现象，表现为卵泡的生长发育、排卵与黄体形成，周而复始。同时，在卵巢的性激素的影响下，子宫内膜发生周期性剥落，产生流血现象，称为月经（menstruation）。故女性生殖周期称为月经周期（menstrual cycle）。卵巢及子宫的周期性变化，受制于丘脑-垂体-卵巢轴的调控。卵巢的周期性变化是月经周期形成的基础，可以分为：

①卵泡期：卵泡由原始状态经初级、次级、卵泡发育为成熟卵泡的过程。
②排卵期：成熟卵泡在垂体 LH（黄体生成激素）作用下发生破裂，卵巢排出卵细胞的过程。
③黄体期：排卵后，残余的卵泡壁内陷、大量新血管长入，形成一个黄色的内分泌腺细胞团，称黄体。
④经期前：排出的卵子若不受孕，黄体则发生退化。许多女性在此期内可出现一系列症状，如烦躁、易怒、失眠、头痛和浮肿等，称为经前期紧张症候群。
⑤月经期：黄体退化，血中雌孕激素浓度明显下降，子宫内膜血管发生痉挛性收缩，继而出现子宫内膜脱落与流血，形成月经。

(二) 月经周期中运动能力的变化

1. 不同时相中运动能力的变化

月经周期中由于女性激素水平的规律性波动，导致机体的运动能力发生相应变化，其变化具有个性差异。研究认为，人体有氧工作能力及整体体能以黄体期为最强，卵泡期及排卵期其次，经前期及月经期最弱。因此在女性运动员的训练和竞技安排中，应充分注意其体能与月经周期的关系，根据各时相体能的变化规律合理安排训练的负荷量，大负荷训练应与体能的高峰时期相吻合，以使负荷作用达到最佳状态，从而提高训练效果和比赛成绩。

2. 运动性月经失调

大多数运动项目对女性的月经周期没有影响，但高强度、长时间的剧烈运动则易引起运动员月经失调，表现为周期延长或缩短、月经过多或过少，甚至闭经。运动性月经失调的发生与运动负荷、体脂含量、运动项目、饮食营养和应激等因素有关。而长期运动训练中，下丘脑-垂体-卵巢轴的功能状态对月经周期的影响具有重要作用。这条轴的任何一个环节出现故障，均可能发生月经失调。运动性月经失调是可逆的，当运动员停止训练后，月经周期可恢复正常。

3. 月经周期与健身运动

对于参加健身运动的女性来说，即使在月经期亦可参加适当的体育运动，这是因为适度的体育活动能改善人体机能状态，促进血液循环，改善盆腔生殖器官的血液供应，并可通过运动时腹肌、盆底肌收缩与舒张交替进行，对子宫起到一定的按摩作用，促进经血排出。

4. 女运动员"三联征"

在运动训练影响下，出现的一组综合症候群，表现为膳食紊乱、闭经和骨质疏松。国际运动医学界认为，"三联征"的核心和起因是饮食紊乱，随之代谢紊乱和低雌激素水平诱发闭经，进而骨钙沉积不良，逐渐产生骨质疏松。"三联征"的发生与运动项目的强度相关。例如，越野跑、体操、游泳均是发病率较高的运动项目。

(三) 妊娠期运动能力

妊娠期女性进行适当的、时间不长的中等强度有氧运动，可以增强机体各器官、系统的适应能力，减缓体重的增长速度，并有助于减轻下肢浮肿，减轻机体由于负担加重所产生的疲劳，保持良好的肌肉力量。这样既有利于胎儿的生长发育，也有利于分娩过程的顺利进行。

第三节 老年人与体育锻炼

随着老龄化人口的增加，加强老年健康研究、综合保健、成功老化成为重要的研究课题。

一、衰老的概念及老年人划分标准

（一）衰老的概念及机理

衰老（ageing）又称老化，是指在正常状况下生物发育成熟后，随着年龄增加，自身机能减退，内环境稳定能力与应激能力下降，结构、器官逐步发生退行性变化，趋向死亡，不可逆转的现象。

关于衰老的机理有较多学说，如遗传控制学说、自由基损伤学说、代谢产物交联学说、体细胞突变学说、差错积累学说、免疫紊乱学说等。

（二）老年人的划分标准

一个人的衰老程度受实际年龄、生理年龄、心理年龄等多方面的影响，因此，不能划定一个年龄作为所有器官衰老的起点。一般来说，划定60岁以上为老年人。下面为世界卫生组织对老年人的划分标准（表8-3）。

表8-3 世界卫生组织提出的老年人划分标准

年龄（岁）	称呼
44以下	青年人
45~59	中年人
60~74	年轻的老年人
75以上	老年人
90以上	长寿老人

二、老年人生理特点与体育锻炼

（一）神经系统

老年人的神经系统生理机能变化包括感受器的退化、中枢处理信息能力的下降、平衡能力和神经系统的工作能力下降等。表现为视力、听力下降，记忆力减退，对刺激反应迟钝，容易疲劳，恢复速度减慢等。

有规律地进行体育活动,在某种程度上能延缓神经肌肉功能的生物性衰老。如经常进行体育锻炼的老年人,其反应时间较不锻炼的老年人短。

(二) 运动系统

1. 骨骼肌

在衰老过程中,骨骼肌的退行性变化特征是肌纤维的体积和数量减少,肌肉力量随之下降,尤其是下肢肌的快肌衰退更为明显,使得老年人的动作灵活性、协调性及动作速度也下降。

老年人在生理、结构及运动能力上具有很大的可塑性。经常进行高强度训练能取得迅速的效果。在60岁的人群中训练引起力量增长率为1.9%~72%。

2. 关节

随着年龄增长,关节的稳定性和活动性逐渐变差。衰老常伴有胶原纤维的降解,关节软骨厚度的减小及钙化、弹性的丧失,滑膜面纤维化、关节面退化。骨关节的变性会使关节僵硬,活动范围受限制。

体育锻炼可增加肌肉力量,防止肌肉萎缩的退行性变化,保持关节韧带的韧性和关节的灵活性,使老年人的动作保持一定的幅度和协调性。

3. 骨骼

骨质疏松是老年人中较普遍发生的现象,尤其在绝经后的妇女中更普遍。患有骨质疏松的人极易发生骨折。

运动能有效地防止骨质疏松症。运动时骨密度的增加受负荷大小、骨骼局部应力及运动量等因素影响。经常坚持负重性运动不仅能阻止骨质的丢失,而且还能增加骨含量,增加骨密度,预防骨质疏松症的发生。此外,负重性运动还可以矫正变形、改善关节功能、增加柔韧性、增强肌力和耐力,保证肌肉和运动器官的协调性并防止摔跤,从而减少发生骨折的危险。

(三) 心血管系统

1. 心率

随着年龄增长,静息时心率的变化很小,而最大心率却下降。老年人最大心率下降的原因可能是由于交感神经活动减弱、传至窦房结的神经冲动减少所致。

2. 心输出量

伴随衰老过程,老年人心肌细胞萎缩,冠状动脉出现粥样硬化,左室舒缩功能减弱,心肌灌血不足,收缩力下降,老年人的心脏容积虽保持不变,但静息时的每搏输出量减少。由于最大心率的降低和每搏输出量的减少,故心输出量也随之降低。

由于老年人血管硬化，增加了血流的外周阻力，增大了心脏的负荷，使心肌的耗氧量增加，引起心肌缺氧。在剧烈运动时，老年人的心率和血压会急剧增加，这也是心血管发病的重大风险因素。

3. 动静脉氧差

最大动静脉氧差随年龄增长而趋向减少，其减少的原因可能与体能水平下降、动脉氧饱和度下降、肌红蛋白的含量减少，外周血流分配不足及组织中氧化酶系统的活性减弱等因素有关。

（四）呼吸系统

呼吸系统结构和机能的衰老表现为肺泡壁变薄、肺泡增大、肺毛细血管数目减少、肺组织的弹性下降及呼吸肌无力等，这些变化会导致肺泡扩散的有效面积减小、肺残气量增加和肺活量下降，最大通气量和时间肺活量等机能指标呈现进行性下降。

在剧烈运动时，只能通过增加呼吸频率来提高肺通气量，而不是依靠呼吸深度的增加。坚持体育锻炼能抑制与衰老相关的肺功能下降。

（五）血液系统

血液的黏稠度主要取决于红细胞的压积、血浆黏度与红细胞的变形能力。随年龄的增长，老年人的纤维蛋白原增加，而纤溶能力下降，使血浆黏度增加。另外，机体造血机能下降会使血液中年轻的红细胞数量减少，衰老的红细胞数量增加，造成过氧化脂质在体内不断集聚以及血管硬化等问题。这些因素都可引起血液黏度升高。随着年龄的增长，老年人血液出现浓、黏、聚、凝的状态，在临床上称之为高黏滞血症（HVS）。从而导致心输出量、有氧能力及清除代谢产物等机能都将减弱，成为诱发心血管疾病的主要因素。

长期运动锻炼使纤溶能力增强，对于增强血液的流变性、降低血黏度有重要作用。长期进行冬泳、门球、太极拳、长跑、散步和舞蹈等锻炼均可对老年人血液流变学指标产生良性影响。

（六）免疫系统

免疫系统功能的衰老变化表现在免疫细胞数量减少和活性下降、T细胞增殖反应、白细胞介素-2（IL-2）水平、受体表达、信号传送及细胞毒性作用下降等。

适当的运动可使机体免疫系统的功能增强。运动引起免疫系统机能变化趋势因运动强度、方式、个体健康和训练水平而有所差异。在实际生活中，常参加锻炼的人患感冒少，因而由感冒引起的一系列疾病，如扁桃体炎、气管炎和肺炎等呼吸道疾病就不容易发生。

(七) 抗氧化系统

衰老机理的"自由基学说"认为自由基在人体衰老过程中起重要作用。通常认为，LPO（过氧化脂质）含量表示自由基损伤的程度，而 SOD（超氧化物歧化酶）活性反映身体内自由基清除系统的功能状况。人体各组织中的 LPO 随年龄增长而升高，而细胞内的 SOD 随年龄增长而逐渐下降。

长期健身可以不同程度地提高老年人抗氧化系统的功能，阻止血清 LPO 的升高及减慢中老年人体内 SOD 的下降速率，减少正常组织细胞的损伤。

(八) 体成分

体成分随年龄增长也会发生显著变化。身高随年龄的增长而降低是由于脊柱后凸（驼背）、椎间盘压缩及椎骨退化造成的。体重的变化表现为一般 50 岁以后开始下降，老年人身体活动能力随着年龄增长而逐渐下降，因而使瘦体重减少和体脂增加，这种体成分的改变会增加老年人发病率升高及生理机能减退。

有氧运动可有效地氧化脂肪使体脂下降，对去脂体重的影响较小，而抗阻运动对减少体脂和增加瘦体重均有良好效果。

(九) 血脂代谢

血液中脂质水平，TC（胆固醇）、TG（甘油三酯）及载脂蛋白等指标增高称为高脂血症，它是老年性疾病动脉粥样硬化的启动因素。HDL-C（高密度脂蛋白胆固醇）具有促进外周组织胆固醇消除的作用，其增高有助于减少患粥样硬化的风险。LDL-C（低密度脂蛋白胆固醇）和 VLDL-C（极低密度脂蛋白胆固醇）的作用是将全身脂肪转向细胞，包括血管内皮细胞。当 LDL-C 被氧化时，容易形成动脉血块及脂肪斑块而导致动脉粥样硬化。

中等强度的有氧运动能有效地改善脂蛋白和载脂蛋白的代谢。长期坚持健身跑、练太极拳（剑）、步行、迪斯科健身舞，可有效提高 HDL-C 水平，降低血清 TG、LTL-C、VLDL-C 及载脂蛋白的水平。

三、老年人健身运动原则

(一) 适宜项目原则

老年人适宜从事耐力型项目，而不宜进行速度性项目。常采用的有步行、健身跑、游泳、自行车、登山和跳健身舞等。有条件时还可以打网球、门球及高尔夫球等。在我国传统体育项目中，可选择气功、太极拳和太极剑等。还有自然锻炼方法（如日光浴、空气浴和冷水浴等）和医疗体育锻炼都可增进老年人的身体健康。同时，还要适当进行一定的力量锻炼,以减轻老年人的肌少症和肌力减退。

(二) 循序渐进原则

进行健身运动的初期,运动负荷和运动量一定要小,经过一段时间锻炼适应后再逐步增加到适宜的运动负荷和运动量。如果运动时感到发热、微微出汗,运动后感到轻松、舒畅,食欲、睡眠均好,这就说明运动负荷和运动量适合。锻炼的动作应由易到难、由简到繁、由慢到快,锻炼的时间要逐渐增加。

(三) 经常性原则

健身运动一定要持之以恒。每周锻炼次数不少于 2~3 次,每次锻炼不低于 30 分钟,形成良好运动习惯,才能促进身心健康。

(四) 个别对待原则

每个人要根据年龄、性别、体力、健康、运动基础及运动习惯等情况合理制定锻炼计划。老年人在锻炼前应做一次全面的身体检查,了解自己的健康状况和各脏器的功能水平。

(五) 自我监督原则

老年人要学会观察并记录自己的脉搏、血压及健康状况,加强自我监督,防止过度疲劳,避免发生运动损伤,从而提高锻炼效果和健康水平。

【复习思考题】

1. 名词解释:生长、发育、青春期高血压。
2. 生长发育的一般规律是什么?
3. 如何根据儿童的生理特点指导体育教学和训练?
4. 结合女性的生理特点分析健身运动及运动训练中应注意的问题。
5. 健身运动对延缓衰老过程有哪些影响?

(吴翊馨)

第九章 CHAPTER 09
运动训练的生理学原理

【内容提要】

科学训练，需要掌握运动训练和生理学基础理论，根据人体生理机能的变化规律，从生理学、教育学等角度提出运动训练原则，合理安排运动训练要素，并通过对运动生理负荷监测与调控，提高训练效果。

【本章重点】

1. 运动训练原则的生理学分析。
2. 运动员停训和比赛前调整。
3. 运动生理负荷监测与调控。

第一节 运动训练原则及生理学分析

一、运动训练的生理学本质

运动负荷是一种外部刺激。运动训练的本质就是在这种强烈的运动负荷刺激下，人们有意识、有目的并按计划实施适宜的运动，希望机体能够产生预期的变化。

二、运动负荷与训练效果

运动负荷刺激施加于机体时，身体的机能状态和工作水平将出现一系列特征性应答反应，即运动应激，主要表现为耐受、疲劳、恢复、超量恢复和消退等。身体机能对训练刺激的反应及适应有一定的规律，刺激强度越大，所引起的机体反应也越大，但是，并非刺激强度越大，训练效果越好。

三、运动训练原则

运动训练原则是对运动训练实践普遍经验的总结和概括,是进行运动训练必须遵循的准则。从教育学角度来看,运动训练原则有两类:第一类指对任何教学和教育过程都适用的一般教学论原则。它具有科学性、自觉性、积极性、直观性、牢固性、系统性、循序渐进性、可接受性等特点。第二类指运动训练中所特有的原则,如超负荷原则、恢复原则、周期原则、专项训练深化原则、个体化原则等。它反映着训练刺激与机体的反应以及各种训练内容、方法、手段、负荷、时间的内在规律。下面将对此类原则做详细介绍。

(一) 超负荷原则

1. 本质

所谓超负荷是指当运动员对某一负荷刺激基本适应后,必须适时、适量地增大负荷,使之超过原有负荷,运动能力才能持续提升。超过原有负荷的负荷即为超负荷。

超负荷原则(overload principle)是基于人体机能对运动负荷刺激的基本反应与适应规律而提出的。在给机体施加一个较大运动负荷的初期,机能反应较强烈,训练效果也比较明显。但随着机体对该训练负荷的逐渐适应,机能反应便会越来越低,训练效果也越来越不明显。

2. 生理学分析

①在运动训练过程中,运动员在承受一定的负荷后,会产生疲劳(能量消耗),在一定的生理范围内,负荷刺激越大,机体能量消耗则越多,疲劳程度就会越强烈。负荷解除后,如能科学地安排恢复,那么能量物质的恢复就会越快,产生超量恢复的水平就会越高。

②不同超负荷时身体机能状态出现不同的变化:当负荷较小时,即训练刺激小,表现为运动员的耐受期较长,疲劳程度较浅,恢复速率较快,训练效果不明显且消退快。当负荷较大时,即训练刺激大,运动员的耐受期变短,疲劳程度加深,恢复时间延长,但产生的训练效果却十分明显,保持时间长且消退速度慢。因此,必须科学分析每一阶段每位运动员所能承受的最大负荷能力,在安排训练时,要有的放矢,注意将大、中、小强度交叉使用。利用大负荷保持或发展能力,利用小负荷促进机体恢复。

③不同超负荷时身体机能发展的差异:给予突增式超负荷安排,施加较大增量的超负荷可使机体发生较大的反应,并获得比较明显的适应效果,较快地提升成绩。但若持续性地给机体施加较大超负荷,极易导致机体过早衰竭,无法达到本来具有的运动潜能,使最终获得的成绩也会比预期的要低很多,并且最好成绩保持的时间十分短暂,犹如"昙花一现"。

给予渐进式的超负荷安排，缓慢地施加超负荷，虽然成绩发展速率较慢，出成绩较晚，但由于机体对此种超负荷会一直产生非常良好的适应，故不仅可以达到运动员的最大潜能，最终获得较高的运动成绩，并且可以保持较长时间。

运动训练所采用的超负荷是否适宜，直接关系运动能力的增长速率以及运动员能否达到其最好成绩。因此，安排超负荷时，不能急于求成，也不能急功近利。

（二）恢复原则

1. 本质

恢复原则（recovery principle）是指在长期的运动训练过程中，只有当运动员得到适宜的恢复，才能保证获得理想的训练效果。

目前，人们已经意识到没有恢复就没有训练，恢复在运动训练中占据着重要地位。随着对运动训练本质的逐步揭示，从一定意义上讲，恢复甚至比训练本身还重要，教练员在设计训练时也将恢复提高到非常重要的地位予以考虑。

2. 生理学分析

①恢复与结构-机能的重建：训练过程实际上是一个反复进行的身体结构与机能的破坏与重建过程。通过负荷运动，消耗大量能源物质，引起微细结构产生某种程度损伤，造成内环境紊乱等。在恢复期，利用机体所具有的适应性特点，进行结构与机能的重建，使运动能力得到一定改善。然而，结构与机能的重建需要一定的时间，若在恢复不完全的情况下进行下一次训练，这时机体尚未完成重建过程，不但不能提高运动能力，反而会加重微细结构的损伤程度，使运动能力进一步下降，恢复时间也相应地延长。因此，恢复实际上意味着给予机体足够的时间在训练后进行结构与机能的重建，以承担随后更大的训练负荷。

②恢复和训练效果与负荷和疲劳有关：运动能力的改善不仅取决于运动训练的安排，而且取决于恢复是否适宜。唯有两者结合，才能使训练效果最佳化。运动员在训练后连续恢复不足，会造成过度训练与过度疲劳，严重者会导致各种运动性伤病。

（三）周期原则

1. 本质

周期原则是根据运动训练的结构特点、重大赛事的安排规律和竞技状态的呈现特征，组织训练过程的训练原则。这一原则主要强调训练过程的周期性、竞技状态提高的规律性和训练周期确定的计划性。

2. 生理学分析

①通过负荷的周期性刺激，使运动员机体得到超量恢复，从而提高机体能力。运

动员的竞技状态是通过周而复始、循序渐进的周期性训练过程得到不断提高。从竞技状态形成和发展的三个阶段中可以看出，运动员必须经过一段时间科学而严格地训练才能形成竞技状态；必须对训练过程采取适宜的调整，才能使暂时消失的竞技状态得以恢复；必须经过一段时间的再训练，才能在原有的基础上形成更好的竞技状态。这一规律的形成是由人体生物钟变化和机能提高的生理机制决定的。

②以人体生物科学与身体机能发展规律为基础，必须处理好训练内容与训练时间、精力之间的矛盾，身体素质发展与保持之间的矛盾以及训练和比赛之间的矛盾，使整个训练有序地进行，做到科学划分训练过程，衔接并落实好各小周期训练的任务，确立各个阶段的发展重点，通过精心的安排使最佳竞技状态出现在重大比赛时。

（四）专项训练深化原则

1. 本质

在运动训练中，根据专项运动的特点，使运动员的训练水平不断提高。在一般训练的基础上，逐步扩大并合理安排专项训练的内容、方法、手段及时间等因素的比例，以便最大限度地提高运动员的专项成绩。专项训练深化原则就是指通过不断深化专项内容来组织训练过程的训练原则。

2. 生理学分析

①运动素质的发展是相互影响、相互促进的。例如，力量素质的发展可在一定程度上提高速度素质，但是某些素质的过度发展会约束和抑制另一素质的提高。

②运动训练系统是由时间序列系统、训练内容系统、控制结构系统组成的。时间序列系统是由单元训练（课）、日训练、周训练、阶段训练、周期训练、年训练、多年训练等不同时间跨度的训练过程组成；训练内容系统是由生理机能、运动素质、运动技术、运动战术、运动智力、运动心理、文化知识等因素组成；控制结构系统是由起始状态诊断、建立训练目标、制订训练计划、组织训练实施、监督检查评定和实现训练目标六大基本环节因素组成。

③动作技能是在中枢神经系统的统一支配下，建立的一种暂时性神经联系。通过一般训练，可以使运动员的运动中枢建立、各类适合专项需要的暂时性神经联系得以巩固，从而为形成有效而灵敏的专项性神经联系奠定基础；通过不断深化专项训练过程，不断调整神经系统的运动性神经联系，可以使非专项动作技能的暂时性神经联系转向专项化，使泛化的神经联系转向精确化，从而在高级神经中枢内形成适应专项需要的最佳化暂时性神经联系。

（五）个体化原则

1. 本质

个体化原则（individuality principle）指教练员在制订训练计划时，必须严格按照每名运动员的身体能力、潜质、学习特征以及从事的专项等各方面特点，设计出适合每名运动员特点的个体化方案。也就是说，整个训练过程必须依据该运动员的特点进行安排，使之潜力得到最大的发展。

2. 生理学分析

①不同个体适应运动负荷能力的差异。不同年龄段的运动员在训练负荷适应性方面是有所差异的。如儿童少年运动员可以耐受较大的运动量，但难以承受较大的训练强度。他们疲劳快，恢复也快。从心理学角度而言，他们的兴趣难以持久，容易转移。这些都提示教练员，在为其安排训练计划时，应注意他们的身心特点。

相同年龄不同训练水平的运动员个体，在训练负荷适应性方面也存在个体差异，即便是运动成绩相似的运动员，其生理机能与心理机能激活程度也不尽相同。因此，在训练中必须充分考虑个体特点及发展需求，有的放矢地安排训练内容。

②不同性别运动员适应运动负荷能力的差异。女性运动员无论从身体形态及身体机能方面，均与男性运动员有极大的差异，这就需要教练员充分了解女性的解剖结构、生理与心理特点，按照女性的特点安排训练。

③运动员不同生理机能状态适应运动负荷能力的差异。同一运动员处于不同机能状态时，如体能下降、生病、睡眠不足、受伤和营养不良等，都会降低运动员对运动负荷的适应能力。故在训练时，必须及时发现运动员的机能变化情况，及时采取适当的个体化处理方案。

第二节 运动生理负荷监测与调控

运动生理负荷是反映人体内部系统机能状态的改变量，运动负荷是对人体活动全过程的描述，运动生理负荷和运动负荷虽为不同的两个概念，却紧密地联系在一起。

一、运动生理负荷

运动生理负荷是指人体在进行特定的体育运动时，身体系统内部机能状态的改变量。人体在参加特定的体育活动中，通过有意识地变化体位与姿势，形成一种刺激，从而促进人体系统内部机能状态不断地变化，这个额外增加的生理负担，就是运动生理负荷。

（一）衡量运动生理负荷的指标

常用的生理测定指标：脉搏、血压、呼吸频率、肺活量、最大吸氧量等；生化指标有血乳酸、尿蛋白等；心理负荷指标有运动中人体在承受一定的生理负荷时，心理上也会产生相应的变化，主观上对运动后的感觉（如轻松、累、很累、精疲力竭）和生理、生化指标有密切关系。主观感觉与心率之间的相关系数为 0.80~0.90。

由于人体系统有高度的复杂性，在运动中人体机能状态变化也相应变得复杂，要客观地反映运动生理负荷值，应将生理指标与生化指标相结合，并参考运动个体的主观感觉，才能较全面正确地反映出人体机能状态的变化情况。

（二）运动生理负荷的取值与运动效果

一般情况下，生理负荷越大，运动效果越好。就像弹簧有一个弹性限度一样，人体系统功能也表现出一个生理极限。超过这个生理极限，人体生理系统就会遭受到难以恢复甚至不能恢复的伤害。至于生理负荷上限的实际值是多少，仍有较大分歧，但上限是客观存在的，且个体不同上限值也有所差异，这是毋庸置疑的。一般来说，生理负荷值的范围可以分为适合区、适应区和耐受区三个区域。参加运动的个体应根据参加运动所达到的目的不同而控制运动生理负荷量。以健身为目的的个体，其运动生理负荷基本上控制在适合区，尽量少进入适应区；而以提高运动水平为目的的个体，其运动生理负荷应基本上控制在适应区，并有计划、有秩序地进入耐受区，让耐受区的部分区域逐渐转化为适应区，从而拓宽生理负荷值的范围，提高生理负荷的上限，进而提升运动水平。

二、运动负荷

运动负荷是指对人体在一定的时间内身体活动过程中的定量描述，它的大小主要取决于运动时间和运动状态。运动时间越长，运动负荷就越大，反之就越小。由于身体活动的内容形式丰富多样，身体活动的组合结构及活动要求变化多端，从而使运动状态也变得极为复杂。归纳起来，影响运动状态的基本因素有运动强度、运动数量及运动密度三个方面。

（一）运动强度

运动强度是指单位时间内所做的功。在周期性练习中，如跑、游泳等项目，它往往以机体最大速度的百分比来表示强度。运动强度的大小决定着瞬时生理负荷的大小，为了追求整个训练过程的质量，提高时段生理负荷的值，所以并不需要练习时强度都要达到100%，应有所控制。通过机体最大强度的80%或90%的运动强度进行训练，能有效地提高整个训练过程的训练质量。在一些非周期性练习如力量性练习中，强度参数用负荷的重量或单位时间内完成同一负荷的次数来衡量。

（二）运动时间

运动时间是指一种练习或一堂体育课、训练课所持续的时间。在运动强度和运动密度基本相同的情况下，运动时间越长，机体的生理负荷量必然越大。在周期性练习中，一次性练习的运动负荷可以用运动强度与运动时间的乘积，即运动量来表示。

(三) 运动量

运动量是指一个训练时段中完成运动练习的总次数、总距离或总质量。在非周期性练习中，常用完成练习的总次数来表示；在周期性练习中，则用完成的总距离来表示；在力量性练习中，又以完成的总重量来表示。运动负荷量与实际运动时间关系较大，等于运动持续时间乘以运动密度。

(四) 运动密度

运动密度是指训练时间和总时间之比。从运动训练的周期考虑，广义的运动密度还应包括一周的训练课的次数。

在运动训练过程中，每一个训练内容和下一个训练内容之间的过渡都必须有一定的时间，过渡时间的长短可以通过变化的训练方式加以调节。如乒乓球训练课中，一个回合结束后的捡球时间就可以通过多球训练来消除。为了使下个内容完成得更流畅、更顺利，训练中内容之间或组与组之间让练习个体休息，做一些身体上和精神上的放松是十分必要的。

运动负荷是通过运动强度、运动密度、运动量及运动时间来综合评定的。在当其他因素不变的情况下，增大某一指标，运动负荷也随之变大。由于身体活动过程具有多变性、丰富性和复杂性，以及个体差异性，所以对运动负荷值的定量就变得很难，一般是通过以往的经验作出大概的估计。

三、运动生理负荷和运动负荷的关系

运动生理负荷不仅可以反映人体在运动中机能状态的变化，还可以反映人体内部的变化状态。运动负荷则是描述人体主动参加运动的整个过程，是人为创造的一种对肌体的刺激过程。这两个概念是完全不同的，但它们又是紧密联系不可分割的。

第三节 运动员停训和赛前减量调整

一、停训和停训综合征

运动员由于某种原因减少或中止运动训练，可造成以前训练所获得的解剖形态结构和生理机能的良好变化部分或完全消失，运动成绩也随之下降，这种现象称为停训(detraining)。引起停训的常见因素有伤病、旅行和休息，因各种原因停训或减量训练一段时间后，可能会引起生理机能变化和医学问题，教练员和运动员应及时准确判断，并采取相应的对策。

停训综合征经常与停训相混淆，停训综合征指从事长期耐力训练的运动员，突然中断有规律的运动训练而出现的各种症状，包括眩晕、心前区不适、心悸、心律不齐、头痛、食欲下降、胃肠道功能紊乱、失眠、焦虑及忧郁等，有的运动员甚至会出现心理障碍，表现为主观体力感觉劳累分级增加，情绪稳定性差，体力自我效率分数下降。许多运动员担心停训会完全丧失他们的竞技状态，比发生运动损伤要可怕得多。

减量训练往往是为了减轻某些体力和心理压力采取的措施。近来研究发现，休息或减少几天训练并不影响运动能力，反而会对运动能力有促进作用。但是长时间减少训练或完全停训会对生理机能和运动能力产生不良影响。

二、停训后的生理反应

（一）停训对心肺功能的影响

运动训练可以提高循环和呼吸系统功能，而停止训练则会使提高的心肺功能下降。停训导致心肺功能的下降比同一时期出现的肌肉力量及肌肉耐力的下降更为明显。Drinkwatel 和 Horvath 观察了 8 名女子径赛运动员停训 3 个月后最大摄氧量的变化。结果发现，在 3 个月的停训期，8 名女子径赛运动员的最大摄氧量平均下降 15.5%。

虽然训练频率和训练时间的减少会导致有氧运动能力下降，但只有当训练频率和时间减少到原来运动负荷的 1/3 时，有氧工作能力才会明显下降。从保持训练效果的角度考虑，保持训练强度对于维持有氧工作能力的作用更为明显。运动员在非比赛期应特别注意保持耐力运动水平，因为一旦耐力运动水平下降，需要相当长的训练时间才能恢复到原有的巅峰状态。同样，因伤病而被停训的运动员应尽早恢复耐力训练以减少心肺耐力水平的下降。

（二）停训对肌肉力量和功率的影响

当运动员停止训练后，肌肉力量和功率也会下降，但这种变化在最初的几个月表现并不明显。研究发现，受试者在进行 3 周的抗阻力训练后停训 4 周肌肉力量并未下降，而通过 12 周训练获得的力量，在停训 1 年后只下降了 45%。与肌肉力量的变化相比，停训后肌肉功率的下降更明显。研究发现，维持肌肉力量也需要一个阈刺激，才能保持通过训练所获得的力量、功率和体积，这对于伤病运动员保持肌肉力量有着十分重要的意义。在最初恢复的前几天，运动员可以用受伤的肢体做少量运动，特别是简单的等长训练，此法对于伤病运动员的恢复是非常有效的。

（三）停训对肌肉耐力的影响

在停训 2 周后，肌肉耐力开始下降，目前尚不清楚是肌肉结构的变化还是心肺功能的变化在引起耐力下降中所起的作用更大。经过长期的耐力性训练，肌糖原储量增加。在停训时，肌糖原含量会发生变化。例如在停训 4 周后，游泳运动员肌糖原含量会下降至与未训练者基本相同水平，这表明，游泳运动员较高的肌肉糖原水平可在停训后缓慢消失。

（四）停训对速度、灵敏度和柔韧性的影响

停训对速度和灵敏度所产生的影响相对较小，所以，运动员可以通过少量训练来维持最佳速度和灵敏素质。但是，在停训期，运动员的柔韧性下降却很快。

（五）减量调整训练的生理反应

减量调整训练除了与上面所提到的停训的生理反应有相似之处外，减量训练的次数、持续时间、强度等因素对运动能力的影响和引起的生理变化还有一些特点。例如，Hickson 等（1981，1982）研究结果提示在训练次数减少 2/3 或者训练持续时间减少 1/3 或 2/3 的情况下，至少 15 周内最大摄氧量可维持在原先的数值上。

三、赛前训练减量

为了使运动员的机体在比赛时达到最佳的机能状态，需要在大赛前减少训练，以使身体在体力和精力上摆脱大负荷训练状态，这个过程就叫赛前训练减量。

研究表明，赛前训练减量时最大摄氧量变化不明显，适当时间的训练减量，对亚极量运动的相应指标不会造成不良影响。赛前训练减量对提高血红蛋白是很有必要的，它可以使能源物质的贮备提高，使氧化酶的活性提高，从而显著提高耐力成绩。赛前训练减量还可以增加运动员的力量。但也应该认识到，比赛前训练减量的主要目的是尽可能地减少疲劳的累积，而不是为了获得生理功能的进一步适应和进一步提高。因此，不能指望通过比赛前的训练减量出运动成绩。

四、防治停训综合征措施

①为预防运动员出现停训综合征，关键的措施是尽量采取逐渐减少运动负荷量的办法。

②急性外伤后，运动员应在可能的范围内让未受伤的肢体进行适当的活动，在重大比赛前被迫减量或停训时更应注意这点。

③对已经出现各种停训综合征的运动员应进行对症治疗，其中包括心理放松措施、药物治疗措施等。

【知识窗】

运动训练原则有哪些？

运动训练原则主要包括超负荷原则、恢复原则、周期原则、专项训练深化原则、个体化原则。

【复习思考题】

1. 名词解释：运动训练生理学本质、运动生理负荷、运动负荷、停训、赛前训练减量。
2. 运动训练原则有哪些？
3. 运动生理负荷监测与调控的测试指标有哪些？
4. 停训综合征的表现是怎样的，停训后的生理学反应有哪些？

（张新安）

第十章 CHAPTER 10
学校课余体育训练的生理学原理

【内容提要】

本章对学校课余体育训练的运动负荷阈、基本原则、运动效果的评定等方面进行介绍。讨论影响运动负荷阈的因素。

【本章重点】

1. 负荷阈及其调控。
2. 学校课余体育训练的基本原则。
3. 运动效果的评定。

学校体育是学校教育的有机组成部分。体育课是对学生进行体育教学的基本组织形式。学生在课余时间里，以增强体质、促进身心发展为目的的运动锻炼，是学校体育的重要组成部分和实现教学目标的手段之一。了解学校课余体育训练的形式和生理学原理，进行科学训练，可以达到增强体质、促进生长发育、提高运动成绩的目的。

第一节 学校课余体育训练概述

一、课余体育训练的本质

课余体育训练（extracurricular physical training）是利用课余时间对有一定体育特长或爱好的学生进行的特殊训练，目的是提高竞技能力和运动成绩，培养竞技运动的后备人才。

组织形式有少年业余体校、校运动队、体育特长班、竞技学校等。

二、学校课余体育训练对身心健康的影响

(一) 学校课余体育训练对身体健康的影响

生长发育阶段的中小学生,适当地进行课余体育训练,可有效提升大脑的工作强度、均衡性和灵活性,改善中枢神经的调节控制能力,使兴奋与抑制交替合理,避免精神紧张,消除疲劳,使思维敏捷,学习效率提高。

长期适当的课余体育训练能提高形态、机能和素质的发展,包括促进骨骼生长,增强肌肉收缩力,增强运动系统功能;提高心肌的兴奋性,增强收缩力和每搏输出量,降低安静心率,增加心力贮备;使呼吸肌发达,提高呼吸机能。同时还包括使体温调节机能更加完善,免疫力提高,增强学生对外环境的适应能力和对疾病的抵抗力。

(二) 学校课余体育训练对心理健康发育的影响

体育运动需按一定的规则和道德标准进行,通过运动中的人际交往,有助于建立遵守规则、公平公正的竞争意识,培养责任感,提高群体意识和社会适应力,相互学习,取长补短,促进建立集体荣誉感和团队精神,这些对培养学生勇敢果断、坚忍刚毅、信念坚定的优良品格有良好的效果。

第二节 学校课余体育训练的负荷阈及其调控

一、负荷阈的概念及组成

在竞技体育运动训练中,强调超负荷原则。在以健身为目的的学校课余体育训练中,则需要选择一个简便易行的生理指标来监控适宜的运动负荷内容和负荷范围,即负荷阈。

负荷阈是指体育课和训练课中适宜生理负荷的低限至高限的范围。常用生理指标有心率、血乳酸、最大摄氧量等。它不等同于负荷,但是它受负荷组成的基本因素(运动强度、运动时间、运动量、运动密度)影响,同时,也受物理、生理、心理等多方面因素的影响。在其他因素基本相同的情况下,任一因素的变动均会影响该次练习所给予人体的运动生理负荷量。

二、学校课余体育训练的负荷阈特征

学校课余体育训练除增强学生的体质外,还有提高运动成绩和参加比赛的任务。学校课余体育训练的目的即运动效果,取决于体育训练课中机体承受的生理负荷量是

否适宜。所以，学校课余体育训练负荷阈具有其独有的特征。

①学校课余体育训练课的负荷阈应超过教学课的负荷阈，使机体产生较大的应激而收到更佳的训练效果。

学校课余体育训练负荷阈的依据是心搏峰理论和最佳心率范围理论。运动生理学将每搏量达到峰值时的心率称为心搏峰，心搏峰为110~120次/分钟。将心输出量能保持在较高水平的心率范围称为最佳心率范围，最佳心率范围在110~120次/分钟至170~180次/分钟，在此区间心功能可以得到较好的锻炼。

②学校课余体育训练课的负荷阈要低于成年人的负荷阈。训练要循序渐进，逐步增加负荷。考虑到青少年生长发育的特点，学校课余体育训练应从实际出发。

③课余体育训练的负荷阈主要应用最佳心率范围理论，应使训练在大多数时间内心率处在最佳心率范围之中。

我国一些地区和学校建议将体育课适宜的生理负荷的平均心率标准定为120~140次/分钟。最佳心率范围的高限因不同项目而有所不同，非周期性项目（如投掷、武术、体操等）都多在最佳心率范围之内，比周期性项目要低。一些激烈的极大强度练习后，心率超过最佳心率范围的上限是允许的。目前，学校青少年业余运动训练生理负荷的心率水平资料不多，但成人运动训练中不同项目的最高心率水平可供学校课余体育训练时参考。

三、学校课余体育训练负荷阈的调控

学校课余体育训练负荷阈的调控应充分考虑青少年生长发育的特点，从以下几个方面掌握学校课余体育训练计划和负荷阈的调控。

1. 合理控制运动强度

儿童和少年循环呼吸机能发育尚不完善，吸氧能力较成人差，因而儿童和少年对匀速的中等强度负荷容易适应，而对强度大的使机体负氧债高的负荷不易适应。故学校业余训练中运动强度要合理控制，过低的生理负荷起不到训练作用，过高则可能损害心肺功能。

一般使用心血管机能指标来判断运动强度。常用指标有负荷阈和靶心率。

负荷阈在实际应用中应注意：①要在心搏峰的心率水平上持续运动一定时间，以使每搏量提高，发展心肌泵血功能；②应使心率水平保持在最佳心率范围一定时间，以发展每分心输出量达到最高水平；③应考虑练习项目的内容特点，周期性运动如跑、竞走、游泳等练习心率较高，而非周期性运动如体操、投掷等练习心率就较低，在内容安排上一定要考虑二者的互补作用。

目前公认，比较适宜的有氧运动靶心率是在最高心率的75%~85%，运动时间约为30分钟。靶心率不应低于120次/分钟，也不得超过200次/分钟。

2. 合理安排运动负荷量节奏

儿童和少年正处于成长阶段，代谢旺盛，能量消耗较多，容易疲劳但恢复也快。因此，在训练中应大、中、小负荷合理交叉结合，控制节奏。

运动量从周训练次数、每次训练时间等方面加以控制。建议9~11岁，每周训练1~2次，1小时/次；12~15岁，每周训练2~3次，1~1.5小时/次；16~18岁，每周训练3~4次，2小时/次。

3. 注意不同项目特点

儿童和少年的糖酵解供能能力较弱，相关项目的练习不可太长，儿童和少年的有氧耐力练习应以发展心肺功能为目的，强度应适当，不宜进行专业化的大强度有氧间歇训练。周计划的节奏安排也应考虑糖原的恢复特点，需1~2天。

4. 注意营养和休息

儿童和少年正处于生长发育最旺盛的时期，必须摄取更多的营养物质以供需要，尤其是蛋白质、糖类和维生素，另外，还要注意充分休息。

5. 指导学生学会自我观察

在课余体育训练过程中，要指导学生运用所学的生理卫生保健知识，观察自己的健康状况和生理机能变化，及时调整训练计划，预防过度疲劳和运动创伤。

自我观察包括运动中的感觉（心率、排汗量等），运动后的心情、睡眠、食欲等。若机能恢复快，每分钟心率和过去无明显差异，精神饱满，体力充沛，吃得香、睡得好、渴望运动，说明训练方法科学。若训练方法不科学，可能会导致机体反应不良或过度疲劳，应及时调整训练计划。女生应注意月经情况。

第三节 学校课余体育训练的基本原则

一、可训练性原则

可训练性原则是指人体的形态结构、生理机能、身体素质等方面，可以通过体育锻炼而获得某些积极的适应性改变。人体机能对外界环境刺激产生适应的能力是可训练性原则的生理学基础。

人体各器官生理功能在适宜的生理负荷刺激下产生一系列适应性变化，机能得到提高，表现为各器官功能明显增强，肌纤维、线粒体等结构和机能发生良好的适应性变化，并能使体内代谢过程产生积极的适应。其受遗传影响很大。先天遗传因素规定了人体生理功能发展的可能性范围，而后天训练却可以充分发掘人体的全部遗传潜力，使各器官生理功能达到遗传能力的极限。根据运动员的遗传特征选择适合各自特点的项目及训练方法，可以使人体各器官功能最大限度地获得提高。

体育课任务是通过身体练习掌握一定的运动技能，学习和掌握运动技能其生理本质是建立运动条件反射的过程。因此，运动技能的学习与掌握具有明显的后天获得性特征。

二、可逆性原则

训练使体质增强的生理本质是积极的适应过程，当训练中止后，由于应激过程的中止而使已经获得的适应会逐步消失。

肌肉会因长期不用而发生萎缩及肌肉内部的一系列变化。肌肉萎缩的同时会导致肌纤蛋白和肌浆蛋白减少，肌肉中糖原、三磷酸腺苷、磷酸肌酸等物质也会减少。经过10周训练后肌肉力量明显增长，如中止训练，30周后所获得的力量增长完全消退。

由于运动技能的本质是运动性条件反射，如前所述，条件反射形成后，如果反复给条件刺激而不予强化，条件反射就会逐渐减弱而最终完全不出现，即条件反射的消退。同理，运动技能如果长时间中止练习（相当于条件反射不予强化），则已经掌握的运动技能会逐渐生疏而最终不能完全获得。运动技能的可消退性也提示训练的可逆性。

在锻炼与训练上注意保持经常性和持续性，而不应中断训练；业余运动训练应注意全年计划训练的科学安排，并注意训练的周期及节奏，使通过训练已经获得的各器官系统的良好功能、身体素质及已经掌握的运动技能得到不断提高，避免因训练中止而消退和下降。

三、全面身体锻炼原则

儿童和少年正处于生长发育的旺盛时期，学校课余体育训练的任务之一是促进学生的生长发育及全面增强学生各器官功能，为此，应该在教学训练过程中给身体各器官系统以全面影响，使人体各器官系统均承受一定的负荷。

不同项目练习对身体生理生化变化的影响有不同的特点，全面身体练习，使不同项目练习引起的机体不同生理生化变化起互补和促进作用，并且使各项身体素质获得全面提高。但我们不应将全面身体训练与发展学生的专项能力对立起来。全面身体训练、专项身体训练及专项技术训练应合理搭配，并根据年龄、训练水平、季节及竞赛等合理安排。年龄越小、训练水平越低、开始训练的时间越短，全面训练的比重应该越大，随着年龄的增长和训练水平的提高，可逐渐增加专项训练的比重，但不能忽视全面身体训练。此外，大多数项目冬季竞赛少，在冬季增大一些全面身体训练的比重是非常有必要的。

四、循序渐进原则

循序渐进原则是指在体育教学与训练中运动技能的建立或习得，必须遵循从易到难、由简到繁、从小到大的规律进行。既不能急于求成，又不能停滞不前。循序渐进原则的生理学基础是生物机体对刺激的适应及运动条件反射的建立和巩固。

生物机体对外界刺激所产生的适应过程是渐进性的，是在多次重复刺激下产生的。人体各器官系统的形态结构、生理功能和生化变化是在教学与训练影响下产生的适应性增强，也是在多次重复刺激作用下产生的适应过程。多级的、复杂的运动条件反射是建立在简单的运动条件反射基础之上的。

在生理极限范围内，机体承受一定负荷后，会产生某种适应性反应。当机体适应这一负荷后，会出现"机能节省化"现象。如果在一段时间内，负荷刺激仍停留在原来的水平上，有机体的机能水平也将停留在原水平上。因此，只有在适应的基础上不断加大负荷，对机体施加更强烈的刺激，使机体不断获得新的适应，才能提高运动员竞技能力水平。

五、适宜负荷原则

适宜负荷原则是指根据学生的实际情况和人体机能的训练适应规律，以及提高身体素质和竞技能力的需要，在训练中给予适宜的负荷，以取得理想训练和锻炼效果的训练原则。学生在训练中承受一定的运动负荷后，必然会产生相应的训练效应。在实践中，合理安排训练负荷主要体现在根据训练任务、对象水平，逐步且有节奏地按照人体机能适应规律加大运动负荷，直至最大限度。在运动训练过程中，学生在承受一定的负荷后会产生疲劳（能量消耗），在一定的生理范围内，负荷刺激越大，机体能量消耗会越多，疲劳程度也会越强烈。科学地安排恢复，能量物质恢复快且恢复的水平高，甚至可能出现超量恢复。

六、系统不间断性原则

系统不间断性原则是指系统地、持续地、循序渐进地组织训练过程的训练原则。该原则强调从训练初期到出现优异运动成绩，都应根据训练结构中各因素间的内在联系，以及人体运动能力的发展规律，有序且持续地进行训练。

学生训练水平的提高是一个长期的过程。通过训练，机体在形态、生理机能及技战术、心理方面产生的一系列适应性的良性变化，可以说是一个从量变到质变的过程。各运动项目的知识、技术、战术以及运动素质发展的本身都有其内在联系及自身的体系。这种内在联系和体系也反映了事物的发展过程遵循由低到高、由易到难、由简到繁的规律。

从纵向看，一名优秀运动员的成长过程大体需要经历五个阶段，即启蒙训练、专项初级训练、专项训练深化、创造或保持优异成绩和延长运动寿命阶段。各个阶段依次相连、有机衔接。运动员通过这些阶段的持续训练直至终结运动寿命。从横向看，成长过程中诸多环节是相互影响的且具有明显的时序性，如训练计划、训练实施、训练监督、训练纠偏等环节。其中，每一环节的内容具有明显的层次性、系统性。不间断性并不是训练过程中时间的延续性，而是强调恰当地安排间歇和调整时间。只有科学地安排积极性间歇活动和恢复，才能更好地保证训练不间断的系统性。

七、其他原则

学校课余体育训练还应该遵循超负荷原则、专项训练深化原则和个体化原则。

第四节 学校课余体育训练效果的评价

一、运动效果

学校课余体育训练和运动训练的生理本质是有目的地通过多次重复的身体练习给人体各器官系统一定的生理负荷刺激，使人体在形态结构、生理功能和生化代谢等方面发生一系列积极的适应性变化，这种积极的适应性变化就称为运动效果。它与身体练习的性质、强度、时间、数量等因素密切相关，学校课余体育训练和运动训练的适宜生理负荷、遵循的生理原则、教学与训练方法的选择等对运动效果有重要影响，运动效果可以通过在安静状态和不同运动状态下的形态和生理机能指标进行评价。

二、运动效果的评价

学校课余体育训练效果的生理学评定旨在检测体育教学和课余训练计划的合理性和评价学生的身体发育及训练水平，为改进教学训练，增强学生体质提供生理学依据。科学地评价学校课余体育的训练效果，必须要建立科学的评价体系和标准。

（一）安静状态下对运动效果的生理学评定

1. 体格评定

体格指运动系统的结构和功能。体育运动的负荷刺激首先直接作用于骨、关节和肌肉等运动器官，这些运动器官在长期适宜的生理负荷的刺激下，产生适应性变化。体格指标主要有身高、坐高、上肢长、下肢长、肩宽、骨盆宽、脚围、上臂围、腿围、体重等。

体格评价有两种形式：参数评价和指数评价。参数评价是以均数±标准差为参照系的评价，指数评价是以人体体格指标之间比例运算结果为评价标准进行的评价。

2. 机能评定

安静时反映运动效果的生理指标有很多，其中心率、血压、肺活量、反应时等是最简便易测的，适用于中小学体育教师掌握。

（二）定量负荷时运动效果的生理学评定

在定量负荷时，不同训练水平的青少年其生理功能反应不尽相同。因此，将同年龄学生机能进行横向比较，可以为身体适应性的评定提供参考。有训练基础的人由于各器官功能强，表现出在定量负荷时的生理反应比训练不足的人生理反应低，运动开始时的机能动员快，运动过程中能量消耗低且呈现稳定状态，运动后恢复时间缩短等特点。同样，将学生运动员训练前后自身机能指标进行纵向比较，也表现出训练后的机能动员快、潜力大、恢复快的特点。可见，定量负荷训练效果明显，运动能力也有显著提升。

（三）极量负荷时运动效果的生理学评定

极量负荷时生理学评定的主要指标有最大摄氧量、最大心率、氧脉搏、最大做功量等，其产生的运动效果表现为人体最大的潜力机能指标得到提高。

【知识窗】 学校课余体育训练是否可以进行专项化力量训练？

由于小学生的各器官机能尚不完善，在体育活动中容易发生疲劳，所以，体育活动时机体的负荷强度不宜过大，持续时间不宜过长，应着重进行体育基本技能的学习。在中学阶段，青少年学生的骨骼、肌肉增长较快，应着重发展速度、力量和一般耐力的锻炼，在掌握各种运动技能的基础上，逐步进行特长性项目训练。进入青春期后，各器官、系统的生长发育明显加快，但是，青少年不是成人的缩影，他们在功能方面未完全达到成熟，此阶段避免过早地按照成人体育训练计划进行运动，或参加成人比赛。尤其是早期专项化力量训练，或过早进行力量训练可能对少年儿童的生长发育产生不良影响，因此，学校课余体育训练不能过早地进行专项化（力量）训练。

【复习思考题】

1. 名称解释：负荷阈、心搏峰、最佳心率范围、课余体育训练。
2. 阐述学校课余体育训练原则及生理学依据。
3. 试分析影响运动负荷阈的主要因素是什么？
4. 如何理解学校课余体育训练课中要充分利用"心搏峰"和最佳心率范围理论？
5. 试述安静时运动效果的评价方法。

（张日辉）

第十一章 CHAPTER 11
健身锻炼生理学原理

【内容提要】

本章介绍了健身锻炼的作用，健身锻炼的方法，健身锻炼效果的测量与评价，健身锻炼原则及运动处方。

【本章重点】

1. 健身锻炼的作用。
2. 健身锻炼的原则。

第一节 健康及健身锻炼

生命在于运动，运动要讲求科学，这是人们追求健康长寿必须遵守的原则。运动健身爱好者应充分认识健身锻炼的作用及对人体的影响，了解健身锻炼的生理学原理，科学运动，才能在健身锻炼的过程中享受到体育运动的乐趣。

一、健身锻炼

（一）健身锻炼的概念

健身是健全人的身体，增强人的体质，是人体自我完善和发展的过程。健身锻炼是以"身体运动"为基本特点，以强身健体为最本质的功能，运用体育运动的身体练习为手段，以增强体质，促进身心健康为目的，达到完善和发展身体的一种社会实践活动。

（二）健身锻炼的作用

1. 健身锻炼对心血管系统的影响

经常进行健身锻炼，特别是有氧运动，可以使心肌收缩蛋白质和肌红蛋白的含量增加。心肌中的毛细血管大量增生,循环血量增加,心肌纤维变粗,心壁增厚,表现为运动性心脏肥大,心脏收缩搏动有力,每搏输出量和每分输出量增加。健身锻炼在促进血液循环,提高心脏功能上,主要体现在:一方面可以使心脏能承受大强度的体力活动。另一方面在安静时可以表现运动性心动徐缓和出现机能"节省化"现象。运动改善血管系统,增加血管弹性,可有效避免高血压、动脉硬化和冠心病的发生。

2. 健身锻炼对呼吸系统的影响

经常进行健身锻炼,能增强呼吸肌的收缩能力,提高呼吸功能,表现为肺活量明显增大,肺泡弹性增加。由于运动时呼吸加快加深,从而使呼吸肌和膈肌得到锻炼,肺和气管的弹性增强,气体交换与贮存氧气的能力增强。

3. 健身锻炼促使骨骼肌肉结实

长期进行健身锻炼,可以改善骨骼的血液循环,加强骨骼的新陈代谢,使骨外层的骨密质增厚,骨径增粗,骨质更加坚固,从而提高骨骼抗折断、弯曲、压拉、扭转的能力。

健身锻炼还能使肌肉变粗,肌肉内营养物质特别是蛋白质的含量增加,肌肉内的毛细血管数量增加。经常参加健身锻炼的人,可以动员更多的肌纤维参与活动,肌肉活动加强,耗氧量增加,新陈代谢加快,还可使肌肉产生一系列的代谢适应性变化,从而保证肌力的正常发挥,延缓肌细胞的衰亡和肌力下降。

4. 健身锻炼能改善神经系统机能,促进智力发展

运动能增强大脑皮质的沟回,使它的表面积增大,进而改善中枢神经系统,特别是大脑的调节控制功能,使反应速度、灵活性和准确性得到提高,促使头脑清醒、思维敏捷,精神焕发。长期锻炼会形成神经反射和对大脑的作用,使大脑的指挥功能增强,意志更为坚定,延缓脑细胞的衰老和死亡。

5. 健身锻炼对内分泌系统的影响

健身锻炼对人体的各种腺体结构和机能均能产生良好的影响。如身体运动程度越高,肾上腺皮质的体积越大,功能越强,对冷热的适应能力和抵抗能力就越强;在极度紧张或危急关头时,有锻炼基础的人的肾上腺分泌速度快,应激水平高;青少年参加体育锻炼可以使脑垂体分泌生长素,促进其身体正常生长发育;此外,健身锻炼还能促进胰岛素的分泌,维持人体正常的血糖平衡。

6. 健身锻炼防治疾病延缓衰老

长期参加体育锻炼的人们与不参加运动的人相比,不仅外表上显得年轻,身体健壮,工作效率高,抗病能力强,而且精神面貌有较大的改观,表现为精力充沛,心理素质好,身体、精神的自我控制能力强,而这些对于延缓机体的衰老都具有十分重要的意义。

7. 健身锻炼有助于塑造形体

健身锻炼通过肌肉的变化能够塑造优美的体形。肌肉的体积增大，表面突起，显得更加丰满有力。男同志显得格外魁梧健壮，女同志线条更加明快多姿，是自然美的魅力。从生理机能的角度看，健美表现为：神经系统反应快，心脏跳动有力，肺活量大，消化吸收好，并表现出良好的速度、力量、耐力、灵敏、柔韧等身体素质。

8. 健身锻炼有助于减肥

肥胖症是一种文明病，会引起与肥胖有关的疾病，如心血管疾病、高血压、肾病、糖尿病、脂肪肝、胆囊炎、胰腺炎以及癌症，对人类健康的危害极大。健身锻炼减肥在于可以加大能量物质的消耗，特别是脂肪的消耗。

9. 健身锻炼有助于愉悦心情

经常进行健身锻炼，不仅有助于身体的发展，而且能调节人的心理，使人心情舒畅，精神愉快，从而加强人的自尊心、自信心和自豪感，其原因之一可能是运动使大脑和血液中的某些激素，如去甲肾上腺素、多巴胺等分泌增多。

10. 健身锻炼有助于提高生活质量

在体力劳动时代，健身锻炼还不是人们健康生活的必要条件。在当今生产力高度发展的科技时代，健身锻炼已经成为人们维持和改善自身体质和健康状况的重要手段。脑力劳动者容易疲劳，从生理学角度分析有三个特点：一是长时间伏案工作，四肢、胸廓、腹腔均处于对健康不利的位置；二是中枢神经系统长时间处于高度紧张状态，大脑对氧气和能量物质的消耗明显增多；三是机体维持相对的静止状态，新陈代谢处于较低的水平，氧和能量物质的供应难以满足全身特别是大脑的需要，很容易患上"肌肉不活动性萎缩""神经衰弱""新陈代谢低下"等疾病。此外，人们生活条件改善，饮食中所摄取的营养能量逐渐增多，导致"供求不平衡"。总之，现代社会"文明病"的发病既有生产方式的原因，也与生活方式有关。人们要解决"活下去"的问题，提高生活质量，就不得不求助于系统的健身锻炼。

二、健康及影响因素

(一) 健康的含义

从医学角度看，不同年龄、不同性别、不同地域、不同民族、不同职业在健康要求标准各不相同。这一点不仅体现在身体的健康上，还有心理的健康上。可见，健康综合了身体、心理、社会、环境等各方面因素，很难有一个共同的标准。

身体健康体现在以下几个方面：心肺功能好、生长发育良好、身体素质好、神经系统的功能好、对外界环境的适应和抗病能力强。一个健康的人应该具有：

①充沛的精力，能够从容地应付生活和工作的压力而不感到过分紧张。
②处事乐观，态度积极，乐于承担责任，事无巨细不挑剔。
③善于休息，睡眠良好。
④应变能力强，能适应外界环境的变化，能抵抗感冒等一般性传染病。
⑤体重适当，身体匀称；站立时，头、肩、臂位置协调。
⑥眼睛明亮，反应敏锐，眼睑不发炎。
⑦牙齿清洁，无洞，无痛感，齿龈颜色正常，无出血现象。
⑧头发有光泽，无头屑或头屑很少。
⑨皮肤有弹性，肌肉丰满，走路轻松。

身体健康和先天遗传有直接关系，但起决定性作用的还是后天锻炼。有些人年轻时身体好，但由于不参加锻炼，身体慢慢垮了下来；有些人生下来体质很弱，但通过锻炼身体慢慢得到改善。这提醒我们，参加科学锻炼，身体就会更加健康。

（二）影响人体健康的因素

1. 环境因素

人类健康受自然环境和社会环境影响极大。人类享受它的成果，同时，接受它带来的危害。在社会环境中，政治制度的变革，社会经济的发展，文化教育的进步与人类的健康紧密相连。人类要健康，就必须坚持不懈地做好改善环境、美化环境、净化环境和优化环境的工作。

2. 生物因素

影响人类健康最重要的生物因素是遗传因素和心理因素。心理因素与疾病的产生、防治有密切关系，积极的心理状态是保持和增进健康的必要条件。研究证实，消极情绪如焦虑、怨恨、悲伤、恐惧、愤怒等可以使人体各系统机能失调，导致失眠、心动过速、血压升高、食欲减退、月经失调等疾病。

3. 生活方式因素

生活方式是指人们长期受一定文化、民主、经济、社会、风俗、家庭影响而形成的一系列生活习惯、生活意识。人类很早就认识到生活方式与健康有关，但由于危害人类生命的各种传染病一直是人类死亡的主要原因，就忽视了生活方式对健康的影响。直到19世纪60年代，人们才逐渐发现生活方式在全部死因中所占的比重越来越大。因此，养成良好的科学饮食和运动习惯等生活方式对于健康非常重要。

4. 保健服务因素

保健服务也是极为重要的因素。世界卫生组织把卫生保健服务分为初级、二级和三级，实现初级卫生保健是当代世界各国卫生保健的共同目标，是对人类健康提供的根本性保障。其基本内容是：①健康教育；②提供符合营养要求的食品；③提供安全用水和基本环境卫生设施；④妇幼保健和计划生育；⑤开展预防接种；⑥采取适用的治疗方法；⑦提供基本药物。

5. 锻炼因素

人体并不是只靠简单的适应环境而生存的。人们常常有意识地采用某些手段和方法如锻炼，来克服自身身体的不足，以促进健康，增强体质，延年益寿。体育锻炼是促进人体发展的积极手段和重要方法，不受遗传和环境因素影响，任何药品和营养品都无法取代。

6. 社会心理环境因素

社会心理环境又称人文环境，指人类赖以生存的社会历史、政治、经济和文化环境和心理氛围。人的情绪总是会根据周围的现实各种事物的变化而作出反应，并对人的整个心理状态产生影响。情绪有积极和消极之分，积极情绪可愉悦身心，陶冶情操，对人的体质健康有利。消极的情绪，如冲动、孤独、紧张、恐惧、失落、忧患等，则会影响有机体结构的复杂功能，使人体的正常活动受到阻碍。现代社会的竞争加剧，生活节奏加快，如果不注意通过调节手段将其控制在一定范围内，久而久之，就会造成各种心理疾病，威胁到人类健康甚至生命。

7. 卫生环境因素

狭义的卫生包括饮食卫生、生活习惯卫生、环境卫生、运动卫生等。而广义的卫生还包括心理卫生。原始社会里的人类寿命极短，其中一个重要的原因也是由于缺少最起码的卫生环境。当今世界上许多第三世界国家的人均期望寿命较低，重要原因也在于这些国家的公民缺少应有的卫生意识和卫生条件。今天，许多不良的生活习惯，如吸烟、酗酒、吸毒、滥用药物、异常性行为等，已经成为威胁人类健康的卫生环境因素。

8. 食物营养环境因素

人体的生长发育离不开食物营养。在人类历史的远古时期，人的寿命非常短，其根本原因之一是不能获得足够的食物营养。现代社会，人们的健康体质得到改善，寿命也大幅延长，其根本原因在于生产力的飞速发展，从根本上满足了人们对食物营养的需求。保证食物中的营养平衡，克服偏食和过分节食，是维持正常生命活动的必要保障。同时也要防止日常不良烹调习惯所造成食物中不必要的营养丢失。

第二节 健身锻炼原则及运动处方

一、健身锻炼原则

健身锻炼原则是指人们在长期的运动锻炼过程中逐步形成了一些较为稳定的，为科学锻炼所必须遵循的准则,是健身锻炼实施过程中客观规律的一种反映。健身锻炼过程中要遵循这些原则,这样锻炼的效果才会事半功倍。否则,将事与愿违。

(一) 主动积极性原则

主动积极性原则是指参加运动锻炼者必须在充分理解自己锻炼目的的基础上,自愿、主动、积极地进行健身锻炼。

健身锻炼既是一种战胜自身心理和生理惰性的体力活动,又是克服外界环境阻碍的意志性活动;是现代人的一种目的性、灵活性、独立性强的业余运动,受客观制约性、纪律监督性不强等因素影响。目的明确和主动积极是参加并坚持运动锻炼的首要条件,以主动积极的态度长期坚持锻炼,才能收到有效的锻炼效果。

(二) 身体全面发展原则

身体全面发展原则是指运动处方实施过程中,运用多种内容、方法和手段,统筹兼顾,使身体各部位、各器官系统的机能、各种身体素质和活动能力以及心理品质得到全面均衡地发展。

人作为一个完整的系统,机体各部位、各组织器官是相互联系、相互制约的。根据生物进化论"用进废退"原理,如果安排得当,身体的形态、机能和素质就会互为促进,共同提高。否则,将失去平衡发展,影响锻炼效果。

为了贯彻身体全面发展原则的要求,要注意合理选择和全面搭配身体锻炼手段,在选择锻炼内容时要统筹安排,全面照顾。兼顾对身体各方面有全面影响的手段;兼顾某些锻炼手段的组合搭配,以发挥其互补作用;兼顾不同季节的运动项目,以促进身体全面发展;兼顾准备活动与整理活动。

(三) 运动适量原则

运动适量原则是指健身锻炼实施过程中,恰当合理地安排运动负荷,使之既能满足锻炼者增强体质的需要,又符合身体的实际接受能力。

运动负荷安排是否合理,直接影响锻炼效果。负荷过小,刺激不能引起机体的加能反应,达不到强身健体的作用;负荷过大,机体超载负荷,不但不能增强体质,反而会损害身体。

在运动锻炼中应注意:①根据超量恢复原理,运动负荷必须与机体承担负荷的能力相适应,适度疲劳但不要过度疲劳,配合一定的休息和恢复措施,这样机体可以恢复到原有水平,甚至会超过运动前的水平,最终表现为能量储备和机体能力稳定增长,体质逐步增强。②根据运动负荷价值阈理论,把运动负荷控制在合适的有氧强度的范围内,以保证对机体适宜的刺激负荷强度和负荷量,并且合理安排休息,安排休息时,要先安排积极性休息,后安排消极性休息,再采用积极性休息,即"金字塔"式的休息方式。③要结合其他因素，如劳动负担、工作性质、休息方式、睡眠状况、食欲情况、营养状况、作息制度等。

(四) 循序渐进原则

循序渐进原则是指锻炼者要按照事先制订的健身锻炼方案，经常地、持之以恒地从事身体锻炼，锻炼内容和形式要由简到繁、由易到难，运动负荷要由小到大。

健身锻炼首先要了解机体适应性规律，即机体从一个不适应阶段向适应阶段转化的过程。当机体出现持续性适应后，如果不增加练习负荷，即不增大负荷刺激，机体对该负荷的反应就会逐渐降低直到消失，即便再现"习惯性负荷"效应，身体锻炼的效果也会降低。可见，锻炼者要想获得良好变化，必须坚持循序渐进的原则。

养成锻炼习惯是锻炼循序渐进的基础。有规律的身体锻炼，可使身体形成较为稳定的生物节奏。良好的生物节奏，可以保证每一次锻炼对身体产生良好的效果，并为下一次锻炼提供基础。养成锻炼身体的习惯需要毅力，特别是在锻炼初期，一定要战胜自我，坚持不懈，认真执行制订好的运动处方。经过一个阶段（3~6个月）锻炼后，新的生物节奏才有可能形成。此外，锻炼中还要加强体质和健康监测，预防伤害事故的发生。

(五) 区别对待原则

区别对待原则是指在健身锻炼实施过程中，根据锻炼者不同的年龄、性别、身体条件、运动基础、职业特点等因素，合理地选择练习内容、手段与方法以及安排运动负荷，做到区别对待，因人而异，使健身锻炼具有针对性。

要发展个体的统一性和差异性。即使体质状况大致相似的人，随着身体锻炼过程的发展，个体对负荷量或强度的适应能力也会出现差异。因此，不可能提出一个人人通用的身体锻炼量度方案，必须依据锻炼者的不同情况，做到区别对待。此外，锻炼环境也会随季节气候经常变化。我们只有根据各种自然和活动条件相应地作出安排，才能掌握锻炼的主动权。

锻炼中要注意：①锻炼者的年龄特点，在不同年龄阶段，人体的机能是有差别的。少儿时期、青年时期、中老年时期，区别对待。②锻炼者的性别特点，男女的身体差异是十分明显的。男性肌肉发达，适合完成力量、速度、跳跃等动作，女性则适合完成平衡、柔韧等动作。③锻炼者的身体和健康状况，是确定身体锻炼内容、方法和负荷的主要依据。锻炼前要通过体质检测、医学诊断或病史调查等手段，掌握锻炼者的健康情况。④锻炼者的职业特点，如体力劳动者，脑力劳动者，混合型劳动者，不同人群从事不同强度的劳动，我们要根据不同职业者的劳动特点，制订出有针对性的切实可行的锻炼方案。⑤地域和季节特点，不同地区的地理气候条件、体育的地区特色均有不同，我们要从各地实际情况出发，因地制宜，有针对性地安排。

二、运动处方

(一) 基本要素

运动处方是指针对个人的身体状况制订的一种科学的、定量化的、周期性的锻炼方案，其基本要素包括运动目的、运动类型、运动强度、运动时间、运动的时间带、运动频度和注意事项等。其中运动类型、运动强度、运动时间与运动的时间带、运动频度称为运动处方的四大基本要素。

(二) 运动目的

根据个体不同的身体情况确定目标即运动目的。运动目的具有主观和客观的双重性。主观性表现为对运动的意向、愿望和兴趣，是以情绪为核心的主观意愿需要。而客观性则更多的是由于健康状况、疾病程度等身体客观状况产生的需求，把运动作为满足机体健康需要的一种手段。

运动目的主要有以下方面：①促进生长发育；②防治某些疾病，保持健康，延缓衰老；③增强体质，提高工作效率；④丰富文化娱乐生活，调节心理状态，提高生活质量；⑤学习掌握运动技能和方法，提高竞技水平。

(三) 微调整

由于不同年龄、不同性别、不同体质的人群身体状况各不相同，即使是同一个人在不同的时期，身体状况也会不一样，因此，提前设计好适应不同时间及各种场合的运动处方是不可能的。通常正确的做法是：首先，接受运动处方的人应按当时制订的运动处方进行锻炼；其次，在使用运动处方锻炼的过程中，可以根据自己的情况，对处方中不适合的地方加以调整，逐步使处方更适合自身状况。一般制订的运动处方不会一次到位，需要在锻炼的过程中不断地进行调整，最终找到最适合本人的运动处方。

三、健身锻炼方法

(一) 有氧代谢运动

健身锻炼一般以有氧代谢运动为主。有氧代谢运动是指人体在整个运动过程中的需氧量与摄氧量基本平衡，运动所需的能量（ATP）均由糖或脂肪的有氧氧化提供，并且可以维持较长时间的运动。有氧代谢运动是耐力性运动，对心肺功能有良好的锻炼作用。

(二) 有氧代谢运动中健身锻炼项目及其特点

1. 运动项目

①周期性有氧代谢运动项目有走、慢跑、原地跑、爬登楼梯、游泳、骑自行车、跳绳、滑雪等。

②非周期性有氧代谢运动项目有健身操、太极剑、太极拳、健身气功等。

③混合性有氧代谢运动项目有网球、门球、乒乓球、羽毛球等。

2. 项目特点

①运动强度低、有节奏、不中断、持续时间较长。

②动作技术简单，容易掌握。

③运动量可以自行监控，锻炼方法安全、有效。

④锻炼方法科学性强，可按库珀的"有氧运动得分制"来评价运动负荷强度。如果一个男子每周得30分，女子每周得24分，说明一周内心血管系统的耐力锻炼达到了要求，锻炼取得了一定的效果。

第三节 健身锻炼效果的测量与评价

健身锻炼的实施过程，离不开对其效果的测定和评价，测定和评价是互相联系的两个不同过程。测定是评价的基础，评价则以测定为前提，评价的准确性有赖于测定手段的科学性，以及正确的标准和理论的支持。

健身锻炼效果的检查是通过观察、主观感觉而对身体状况和锻炼效果所进行的一般衡量。一般来说，健身锻炼实施3~4个月后，要进行一次健康检查和体力测定，以评价身体健康水平和运动锻炼的效果，保证锻炼的安全性、可靠性，同时，及时评价运动的锻炼效果，并提供锻炼反馈信息，为制订新的健身锻炼方案提供依据。

运动者也应加强自我监控，自我监控的内容包括主观感觉和客观检查。在健身锻炼的实施过程中，对自己健康状态和生理功能变化进行连续观察，并做定期记录，其目的在于评价锻炼效果、调整锻炼计划、防止过度疲劳和运动损伤的发生。经常进行自我监控，对于增进信心、防止运动过量或不足、提高锻炼效果和养成运动的习惯等有重要意义。

一、主观感觉

(一) 运动心情

运动心情即运动欲望。正常时应是精神饱满，精力充沛，自信心强。情绪低落、心情不佳时，则厌烦运动，甚至害怕锻炼。锻炼过程中若出现对运动健身不感兴趣，甚至厌倦，可能是疲劳或锻炼方法不当，也可能是过度训练的早期征兆。

(二) 身体感觉

正常时，自我感觉良好，身体无不适感觉。如运动中或运动后异常疲劳，有头昏、恶心、呕吐、全身无力、肌肉酸痛等不良反应时，应分析原因，及时纠正。不良反应强烈者应暂停锻炼。

(三) 睡眠

经常进行健身锻炼的人，应是入睡快、睡得熟、少梦或无梦，次日精力充沛。若出现夜晚入睡慢、容易做梦、睡中易醒，白天无力嗜睡，精力不集中，容易疲劳，则表明睡眠异常。

(四) 食欲

健身锻炼爱好者的食欲，一般都比较好。如果运动后、食量减少或不想进食，表明运动量安排不当或身体健康状况不佳。

(五) 排汗量

出汗量如与平时无明显差别时，尿量应无大变化。如轻微活动时大量出汗，提示疲劳或某些功能不良，特别是有自汗和夜间盗汗的现象时，表明身体极度疲劳或有其他疾病。

二、客观检查

(一) 晨脉

健身锻炼爱好者每天早晨醒后，立即去测量其1分钟的脉搏数，这就是安静时脉搏，也有人把它称为"晨脉"。运动后次日晨脉，每分钟波动不超过3~4次，则运动量适宜；若超过5次以上，有运动量过大的征兆。

(二) 锻炼后即刻脉搏

运动后即刻脉搏达到靶心率，则表明正常。若连续几天超过靶心率，身体有不适感，说明运动量过大，应及时进行调整；若几天均未达到靶心率，身体感觉良好，可适当增加运动量。

(三) 体重

刚进行健身锻炼，体重会逐渐减轻，尤其是身体肥胖者，运动消耗能量促使体内储存的脂肪氧化分解，致使脂肪减少，后续体重减少值在 0.5 kg 以内，逐渐趋于正常水平。若体重持续下降，并伴有其他异常，可能与过度训练或患有慢性消耗性疾病有关，此时应减小运动量并到医院检查。体重每周应测 1~2 次，如果条件允许，测体重应在一天的同一时间进行，穿的衣服也应一致。

（四）血压、心电图

健身锻炼爱好者的血压比较稳定。变化范围在 10 mmHg 左右，应视为正常。如数日内血压明显上升，则说明运动量偏大，有疲劳积累的征兆，应及时减少运动量。有条件时，要定期检查心电图，并作运动前后对比。

（五）肺活量

测肺活量时，应连续做 5 次，每次间隔 30 秒，若测量结果逐渐上升或前后基本保持一致，说明呼吸机能良好，若测量结果逐渐下降或前后差别显著，是反应不良的表现，说明呼吸肌耐力差，运动量偏大，有疲劳积累的征兆，应及时减少运动量。

> **【知识窗】运动与抗癌**
>
> 早在 1911 年，癌症专家詹姆斯·尤文就观察到生活富裕而缺少活动的人比贫穷而多劳的人更易患癌症。目前，在德国和日本，运动健身越来越多地被人们用作同癌症对抗的武器。研究证明，运动可提高机体的免疫功能，使机体的免疫监视功能增强，从而起到预防癌症的作用。运动的减肥作用可以预防与肥胖有关癌症的发生。运动的放松和调节情绪的作用可以降低不良情绪引发的癌症的概率。
>
> 运动不仅能预防癌症，而且对癌症病人的治疗和预后也起着极为重要的作用。首先，运动可以增强病人战胜疾病的信心，使病人变得乐观，增加其抗癌积极性。积极的心理能够使机体的神经内分泌功能趋于协调，并通过提高食欲和睡眠质量、增强体质，间接提高病人的抗病能力。其次，运动可以提高免疫功能抑制癌细胞的生长。临床上也发现，那些能够长期存活下来的癌症病人，大多数是喜欢运动的人。
>
> 运动与抗癌的案例，可扫描二维码查看。

【复习思考题】

1. 名词解释：健身锻炼、健身锻炼原则。
2. 健身锻炼的作用是什么？
3. 如何进行健身锻炼效果的测量与评价？
4. 健身锻炼应该遵循哪些原则？

（张　肃）

第十二章 CHAPTER 12
增进运动能力的辅助手段

【内容提要】

运动训练中通过辅助手段可以增进运动能力，提高运动成绩，本章就营养学手段、生理和物理学手段、心理学手段、生物力学手段等内容作了详细阐述，同时对兴奋剂的分类及对人体的危害也做了简单介绍。

【本章重点】

1. 营养学手段中糖、水、无机盐和维生素的补充。
2. 兴奋剂分类、作用及其危害。

第一节　营养学手段

能源物质不足或耗竭、脱水或电解质丢失、维生素或微量元素缺乏等，都会引起运动能力的下降。因此，营养辅助是必要的。

一、食物与营养素

人类主要从食物中获得营养。根据不同的标准对食物进行不同的分类，如日本学者将其分为三类，即红类、黄类和绿类。红类食物包括肉、鱼、蛋、大豆、奶类、小鱼等；黄类食物包括谷类、薯类、白糖、油脂、肝油等；绿类食物包括绿黄蔬菜、水果、海藻等。

营养素可以保证人体正常的生命活动，需要从外界环境中摄取。来自食物的营养素种类繁多，根据其化学性质和生理作用可将营养素分为七大类，即糖、蛋白质、脂类、矿物质、膳食纤维、维生素和水。

二、能源物质

糖、脂类、蛋白质是人体的三大能源物质，是维持正常生命功能的保证。其生物学功用可扫描二维码进行学习。

（一）糖

糖的生物学功能主要是：储存和提供机体所需要的能量，提升体内糖储备和利用量，减少蛋白质降解，调节脂肪代谢，改善运动能力。

（二）脂类

脂肪是人体最大的储能库，是维持正常生命活动不可缺少的能源，其中类脂是机体生物膜的主要构成物质。皮下和体内重要的脏器等都有脂肪层分布，有防震和隔热保温的作用，对某些运动项目的运动员来说具有积极意义。

（三）蛋白质

蛋白质生物学功能有：①作为有机体的结构成分；②酶的催化功能；③运载和储存功能；④激素调节功能；⑤免疫保护功能；⑥产生、接受和传递信息功能；⑦参与能量代谢。

三、运动膳食平衡的基本要求

①尽量做到能量的摄入与热量的消耗平衡，只有这样才能保持正常的体重。

②注意每日饮食中三大能源物质所提供的热量比，最佳比例为：50%的热量来自碳水化合物，20%来自蛋白质，30%来自脂肪。

③一日三餐的时间要准时，掌握"早餐饱、午餐好、晚餐少"的进食原则。为了保持现有的体重，一日三餐的热量分配比是：早餐占全天热量的25%，中餐占30%，晚餐占45%左右。如果为了减肥，则比例以25%、50%、25%为宜。

④进食的食物要力求多样化，任何一种营养物质都不具有提高机体功能所需要的全部营养素。

⑤为了减肥而进行节食时，不可减少含有丰富维生素的食物的摄取，如水果蔬菜类，膳食平衡必须与减肥锻炼有机结合起来。

⑥对于从事力量和耐力性运动的锻炼者，当运动量较大时，应适当加大碳水化合物的摄入，对于一般的健身锻炼者，应选择一些低糖饮料。

四、水

水的生物学功能，运动脱水（失水）与复水（补水），请参见第三章第一节。

五、无机盐和维生素

（一）无机盐

无机盐的生物学功能，运动中无机盐代谢及补盐问题，请参见第三章第一节。

（二）维生素

维生素的生物学功能，运动员维生素推荐量及在运动中的重要作用，请参见第三章第一节，也可扫描二维码进行学习。

六、中药

近年来，开发抗疲劳的中医药成为我国体育界研究的一个热点。按照中医理论，疲劳属于劳倦范畴，表现为不同形式的虚症（脾虚、肾虚、气虚、血虚等），集中在形体（疲）劳、神志（疲）劳和脏腑（疲）劳三个方面。中医理论认为，免疫功能降低主要归因于正不压邪、阴阳失调所致。因此，对免疫机能进行调理的基本思路是扶正祛邪，调整阴阳，即利用补益法从补气、补血和补阳入手，扶持正气，提高免疫机能。目前抗运动性疲劳的中医药多以健脾益气、补脾、补肾或脾肾双补为原则，中药调理的目的多在于提高机体运动能力，增强免疫力，改善机体代谢水平，提高训练效果。一些研究指出，补肾壮阳类中药、补脾理气类中药以及补血活血类中药对提高运动能力和抗疲劳有一定作用。另外，有研究发现，常用的中草药如人参、当归、生地、酸枣仁、川芎、五味子等可以减少高强度运动时氧自由基对机体的损害。由于不同的中药服用剂量差别较大，我们可以根据中药的疗效以及运动训练的实际需要来控制服用剂量的大小，应按医师处方执行，不得随意服用。

但应注意有些中药中含有国际奥委会规定的违禁成分，故运动员服用中药前一定要通过兴奋剂检测，证实其不含违禁成分方可服用。具体兴奋剂相关内容参见本章第五节。

> 【知识窗】运动免疫与营养调理
>
> 营养调理主要是针对影响免疫机能的重要营养因素来进行。
> （1）补糖：补糖是目前国内外应用较为广泛的免疫调理手段。在补糖时要注意以

下几个问题：①训练前补糖时间不宜距离开始训练的时间过近，以免胰岛素效应导致运动时血糖浓度降低；②运动中补糖要少量多次，浓度不宜过高；③运动后补糖应在训练后抓紧进行，这样既有利于维持血糖水平，促进免疫机能恢复，又有利于糖原的再合成。

（2）补充谷氨酰胺：对肌细胞生长和提高免疫机能等有重要作用，多在运动后补充。

（3）补充抗氧化物：服用一些抗氧化物（如维生素C、维生素E、胡萝卜素及乙酰半胱氨酸等）来提高机体的抗氧化能力。自由基不仅可以抑制免疫机能，还是重要的致疲劳物质。因此，补充抗氧化物可谓"一箭双雕"，既有利于调理免疫机能，又有助于促进疲劳的消除和身体机能的恢复。

（4）补充微量元素：硒、铁、锌、铜等微量元素具有保护细胞膜（包括免疫细胞）并促进身体机能恢复的作用。

第二节　生理和物理学手段

在增进体力的辅助手段中，生理学手段主要是一些有助于改善能量产生过程的非营养性物质手段，而物理学手段重点是缓解疲劳和防治运动损伤。

一、充分的休息和睡眠

运动员的睡眠与合理营养一样，都是促进恢复最重要的方面。运动员每天睡眠要保证在7~9小时以上，另外，训练间隔期的休息和午睡也不能忽视。

睡眠不足会引起运动员生理机能的改变。研究显示，连续36小时的睡眠不足会导致心血管机能降低11%。如果运动员正常需要8小时睡眠，而仅睡了6小时，那么15天之后就能明显看出心血管功能降低。此外，睡眠不足还可影响信息传递，睡眠过程中大脑细胞可以对白天信息进行整合处理。研究认为，缺乏睡眠所导致的神经功能下降要比其他生理功能下降速度快1倍。所以，运动员在睡眠不足的情况下即使人体机能感觉良好，也不一定能取得好成绩。

提高睡眠质量不仅是体力恢复的有效手段，也是心理恢复的有效手段。结合本人睡卧习惯，通常采取卧姿使身体放松，调节呼吸，以达到提高睡眠质量和缩短入睡时间的目的。要想获得良好睡眠的方法，可扫描二维码查看。

二、按摩

按摩的作用主要有：加速局部血液循环；增加细胞渗透性，使细胞更容易把乳酸转运到细胞外；对中枢和周围神经有良性的影响。

按摩是缓解肌肉紧张和恢复运动系统功能的有效方法。规律性的按摩能降低运动损伤的发生。由于长期运动训练可导致运动肌肉、关节、韧带的紧张性提高，而运动训练的这种作用积累到一定程度往往会影响运动成绩，按摩治疗师能够及时地发现这些软组织的变化，通过相应的按摩使运动系统保持良好的功能状态。

按摩还可以缓解疲劳。优秀运动员每周需要至少 2 次的全身性按摩，对主要运动部位的肌肉每天也要进行自我按摩。

三、肉碱摄入

肉碱是体内合成的一种有机化合物，作为一种生理性载体，它可以将脂肪酸运送并带入线粒体中进行氧化放能以生成 ATP，具有辅助减脂作用。对长时间的耐力运动员来说，肉碱能促进运动过程中脂肪酸的氧化利用，有助于减少肌糖原的消耗，节省的肌糖原可用于运动后期的能量需要，提升耐力。因此，一些研究认为，肉碱是一种有效的增强体力的物质，有两个立体异构，其中有生物活性的为左旋肉碱（L-肉碱），起始剂量宜小，每天约 500 mg，训练日可在运动前 30 分钟服用，非训练日可在饭前 30 分钟服用。迄今为止，肉碱尚未被列入国际奥委会禁用之列。它的使用属合法，生理剂量的肉碱摄入暂未发现有医学上的危险。

四、碱性盐摄入

安静时，肌细胞的 pH 呈弱碱性，此时参与乳酸能系统和有氧系统供能的所有代谢酶的活性最高。高强度运动时，随着乳酸和其他酸性物质的生成和堆积，肌细胞内的 H^+ 浓度升高，会引起上述代谢酶的活性下降，从而导致能量生成减少。因此，从理论上，以乳酸系统供能为主的运动项目，补充碱性盐有助于消除肌细胞内的 H^+，使肌细胞 pH 保持在适宜水平，从而保证酶的活性和能量的生成。一般认为，持续 0.5~5 分钟的全力运动服用碱性盐最为合适，通常在运动前 30~60 分钟服用碳酸氢钠或小苏打，也可服用柠檬酸钠、钾盐，剂量为每公斤体重 300 mg（加在足量的饮料或水中）。

碱性盐虽不是禁用物质，但其服用效果尚不确定，服用后 60 分钟可能会出现胃肠道不适，甚至会发生爆发性腹泻。此外，服用碱性盐可使尿中酸度下降，不利于各种药物检测而被视为企图逃避药物检查，甚至被取消比赛资格。因此，碱性盐摄入不能用于必须进行药检的运动员。

五、磷酸盐摄入

磷酸盐对三种供能系统都有改善作用。对于 ATP-CP 供能系统，磷酸可与腺嘌呤和肌酸结合生成 ATP 和 CP 的高能磷酸键；磷酸钠和磷酸钾可作为体内缓冲剂，改善乳酸能系统的活动；磷酸还可通过多种途径协助有氧供能系统的供能过程。例如，磷酸是红细胞中 2,3-二磷酸甘油酸（2,3-DPG）的组成成分，后者能帮助血红蛋白释放氧进入肌细胞。多数研究表明，磷酸盐对各种强度的运动能力都有促进效应。

运动员应在比赛前 3~4 天开始服用磷酸盐，每日 4 次，每次 1g，最后一次在赛前 2~3 小时服用。目前磷酸盐的摄入尚未列入禁用范围。过量的磷酸盐能从尿中排出，不会引起明显的医学问题，但其实际效应尚有待考证。

六、高原训练

高原训练已被众多的运动项目广泛采用。高原训练能提高氧运输系统的功能，从而提高有氧运动能力。由于高原上空气阻力降低，有利于速度项目训练；又由于高原重力减小，对于力量性项目运动员运动能力的提高也有帮助。一般认为，离开高原后的第 19~21 天会出现第一个运动成绩高峰，在第 36~48 天后会出现第二个成绩高峰。研究显示，在海拔 1800~3000 米的高原训练，可显著提高耐力成绩。

高原训练对运动员身体是一个应激，因此，高原训练引起的副作用也需要高度重视。

第三节 心理学手段

近些年来，采用心理学改善运动员的心理状态，提高运动能力的方法越来越受到重视。运动员经常会出现一些负面的心理表现，这不仅会影响训练和比赛，而且对运动员的身心健康也不利。因此，对运动员进行相应的心理咨询、心理辅导，实施心理训练，克服运动员的心理障碍，是需要重视的问题。

运动员的身体能量和心理能量是互相影响的。当运动员感到身体能量不足时，他们会设法提高自己的心理能量水平以激起身体能量；当运动员在以焦虑或愤怒的形式表现出心理能量过高时，他们又会设法使自己平静下来，调整状态以便提高运动成绩。

一、心理能量的概念

心理能量（psychic energy），也称心力，是指与心理功能相联系的精力、活力、思想、情感的强烈程度以及动机强度。它可能是积极的，也可能是消极的。与激动、愉快等积极的情绪相联系的心理能量是积极的；与焦虑或愤怒等消极的情绪相联系的心理能量是消极的。

心理能量如同大多心理品质一样，它有一个由低到高，或由少到多的连续体（continuum）。人在不同的时期，心理能量是不同的。不同的运动对最佳心理能量的要求也不同，如射击、射箭要求的最佳心理能量水平较低，网球要求的心理能量水平居中，而举重要求的心理能量水平较高。在体育运动中，心理能量有它特定的用词范围，如运动员的心理能量从低逐渐地升高时，称为"精神振奋"或"精神饱满"（psyched up）；但当心理能量过高时，称为"精神衰竭"或"失常"（psyched out）。

二、最佳能量区

最佳能量区是指有很高的心理能量，但没有过度的心理紧张区域。当运动员处在激动或愉快的状态或处在精神饱满的状态时，表明他们已具有最佳心理能量水平。在这种情况下，运动员全神贯注于当前的活动，能坦然地面对困难，感到一切都在自己的控制之下。在某种意义上讲，运动员的最佳能量区是其取得最高成绩的区域。

心理能量的变化归因于情绪或动机。因此，心理能量对运动成绩的影响不仅取决于心理能量的水平，也取决于产生心理能量的源泉是积极的还是消极的。积极的心理能量促进运动成绩的提高，消极的心理能量使运动成绩下降。

三、对心理能量的控制

控制心理能量的能力是后天习得的，但大多数运动员缺乏这方面的训练。因此，在多数情况下，任何一种引起强烈不愉快情绪的体验都可能造成他们心理的创伤，或引发消极的心理能量。运动员可通过自我控制心理能量和自我心理调整的技术，使自己的心理能量达到最佳的状态。运动员控制心理能量和心理自我调整常见的方法，可扫描二维码进行学习。

第四节　生物力学手段

在竞技体育运动中，应用力学、生物力学的原理和方法是强力的辅助手段，其目的在于尽可能地节约能量消耗。

目前，科技与训练的结合不仅体现在教练员科学训练的意识和水平不断提高，还体现在训练手段、先进训练器材设备的研发应用以及训练基地等的科技保障条件和水平的提高。如录像分析运动技术以及对运动测试结果进行分析，对运动的各项参数进行采集和量化训练效果的智能化肌肉力量训练系统，用计算机与激光技术结合制成的激光测速仪等，对于运动训练科学化都起到重要的作用。随着各领域的科技进步，运动训练辅助手段的研发和应用也在不断发展。这类手段主要用于提高人体运动训练的机械效率,以提高训练水平和运动成绩。如根据身体结构、生物力学特点进行训练,研究开发运动服装、训练器材设备以适应人体结构和运动项目等方面的要求。下面简单介绍几个实例。

一、充分利用外力的作用

①在帆船运动中,合理利用风力。
②在游泳运动中,合理利用浮力等。
③弹性绳牵拉,提高向前的速度,具体可扫描二维码进行学习。

此外,采用拖拽阻力(如克服降落伞的空气阻力)、弹性绳向后拉和举重来发展肌肉力量。

④下坡跑是提高短跑速度的有效方法,最大坡度以15°为宜,以40~60米达到最大速度,之后维持此速度30米。每次训练2~3组,每组重复3~6次。

⑤上坡跑是提高肌肉爆发力的方法,对要求高速度运动项目如足球、篮球、板球等运动员成绩的提高非常有益。上坡跑可以提高运动单位募集,使小腿后肌群产生快速收缩,其作用是平地训练的2~3倍。

二、尽量减小重力的作用

①在跳高中,适当减轻运动员的体重,以减轻重力对跳高腾起高度的不利影响。
②在长跑中,适当减少运动员的体脂量,以减小重力对长时间位移运动的影响。
③在某些运动项目中,采用轻质服装和鞋也有类似的效果。

三、充分减小阻力的影响

①在游泳、自行车运动中,运动员身体姿势和技术的改变。
②在长跑、自行车运动中,运动员的队列跟随。
③在竞赛规则允许的范围内,为特定项目研制新型运动器材和装备的应用,有助于减小运动过程中空气或水对人体自身或运动器械产生的表面阻力和形状阻力,从而节省能量消耗,提高运动成绩。
④为特定项目研制的运动服装,如负重背心、负重腰带等,用于运动训练,对于提高运动员的力量和比赛成绩有一定帮助。

力量训练的开始阶段一般是利用自身的重力做抗阻力训练,然后利用负重背心、负重腰带等训练(负重约为体重的5%~8%)来提高阻抗训练的阻力。由于这些负重设备在运动中穿着舒适,重量也可以调整,两手还可以自然摆动,所以常在爬山等项目中用于不同年龄和体质状况的人群。

⑤鼻带。鼻带是由两个弹性塑料组成，使用时将其贴在鼻翼的两外侧，由于塑料的弹性作用，使鼻腔轻微扩大，从而减少了鼻腔气流的阻力。在比赛中使用鼻带可以降低进入鼻腔的气流阻力，使更多的氧气进入血液和活动的肌肉，有利于运动能力的提高。

第五节 反兴奋剂

竞技体育界除了关注运动员的训练手段外，还有药物手段，即违禁药物，也就是通常所说的兴奋剂。国际奥委会关于兴奋剂规定为："竞赛运动员用任何形式的药物或以非正常量或通过不正当的方式摄入生理物质，企图以人为的和不正当的方式提高他们的竞赛能力即为使用兴奋剂。"

当医疗上确有需要使用某些物质时，但由于它的性质、剂量或应用方式是以人为的和不正当的手段来提高运动员在比赛中的运动能力时，也被认为是使用了兴奋剂。兴奋剂的种类、数量不断更新、增加，这里简单介绍主要和最常用的几类，告知运动员使用兴奋剂的利弊及使用兴奋剂所导致的一切不良后果。运动员应了解兴奋剂的有关知识，注意不要因失误而错用兴奋剂，兴奋剂不仅损害体育运动参加者的身心健康，破坏公平竞争的体育原则，还严重损害国家的声誉。近年来，科学技术的发展加大了反兴奋剂的力度。

一、合成类固醇

合成类固醇是一类拟雄激素的人工合成药物，其主要生理功能类似雄激素，促进蛋白质合成，使骨骼生长和红细胞生成增多，提高神经肌肉传导。合成类固醇的男性化作用减弱，主要体现在促进肌肉生长。不过它的男性化作用对经常使用它的女性也起着不可忽视的作用。可见，合成类固醇对运动能力的心理作用大于生理作用，它虽不能增加爆发力，却能增加肌肉体积，主要还是水分。

美国运动医学学会研究报道，大强度运动和适宜的膳食所获得的肌肉力量的增长，与合成类固醇的效果相似。运动员使用合成类固醇不仅违背体能竞赛规则和理论道德准则，还损伤肝脏、心血管系统、生殖系统等，有严重的副作用，对心理状态也产生影响。

二、安非他命

安非他命类药物是中枢神经兴奋剂，它的抗疲劳作用是运动员提高耐力的促进剂。它可以使交感神经兴奋，血压升高和脉搏加快，提高心输出量，又可以使呼吸频率加快,糖代谢速率和血糖水平上升,促进皮肤、脾内动脉收缩,以及骨骼肌和肺血管舒张,故服后有快感。它的心理影响取决于所用的剂量和服药者的心理状态及个性特征。服用后,运动员自信心和集中力增强,心血管机能提升,肌肉的耐力、速度、力量和反应时得到改善,整个人感到有力量,有效缓解了疲劳。

使用安非他命给运动员的健康和生命带来不可估量的危险,服用安非他命的副作用不仅使运动员增加攻击性,还会产生敌意;长期持续服用会导致生理和精神上对药物的依赖性,严重者会引起中枢心血管系统失调;它能抑制或减弱身体正常对疼痛、疲劳或热应激的警觉和应答能力,长期服用会造成受伤组织永久性损害,在热环境中影响散热,使体温过高,致死率较高。另外,相当剂量的安非他命,还会导致心神不宁、头昏眼花、精神痛苦、失眠、心律不齐、过度紧张、食欲减退、神经肌肉失调等症状,造成脑出血死亡的情况也不少见。

三、生长素

生长素是腺垂体分泌的蛋白质激素,其主要生理功能是刺激合成蛋白质,加速脂肪分解,降低身体利用糖的数量。由于它能促进合成代谢,使骨骼肌、结缔组织生长,一些力量性运动员(举重、投掷)和健美运动员用它增大肌肉体积和力量。

生长素的副作用极大,大剂量使用可以导致糖尿病。由于生长素能促进合成代谢,引起心肌肥大,使心肌需氧量增多,有引起动脉粥样硬化、心肌梗死和心力衰竭的危险。此外,它还可能引起肢端肥大症等。

四、血液兴奋剂

血液兴奋剂又称红细胞回输技术,是先抽取一定量的血液冷冻贮藏,在赛前回输给运动员,1971年,血液兴奋剂作为强壮剂和替代高原训练的办法出现在欧洲。通过这种方式,可使血液红细胞和血红蛋白的水平提高8%~20%。在使用血液兴奋剂后,运动时最大心输出量增大,红细胞数目增多,使血液载氧能力增强,有氧代谢能力提高5%~13%。这对于耐力运动员,尤其是马拉松运动员非常有帮助,因为有氧代谢能力是这类运动项目成绩的主要限制因素。此外,血液兴奋剂对某些血红蛋白偏低的运动员也有一定治疗作用。

1988年汉城奥运会将此技术列为禁用之列。目前,根据回输血液后血红蛋白、血清胆红素、血清铁和血清红细胞生成素变化,检出率达50%。使用血液兴奋剂带来的不良作用有:高水平红细胞增多会使血液黏稠,血流速度减慢,影响循环动力学,异体输血时容易发生感染。因此,血液兴奋剂也是禁止使用的。

五、违禁的技术手段

除血液回授技术为禁止使用的方法外，那些干扰药检的尿样成分和收集的所有过程和操作也是禁止使用的手段，如使用导尿管向膀胱注入液体，替换尿样及使用诸如内磺舒等药物抑制违禁物质排泄等手段。

目前的检测过程是运动员都有同性别的兴奋剂检测官员陪伴，取尿样也是在直接监督之下进行的，替换尿样的机会几乎没有。用一些药品来掩盖所使用的兴奋剂是禁止的，如使用利尿剂可帮助排泄和稀释尿液中兴奋剂的浓度。为排除一切可能干扰药检的因素，要求运动员列出在药检前几天使用过的所有药品。

六、β-阻断剂

β-阻断剂能选择性阻断心肌或无选择性阻断心肌、脉管系统、支气管平滑肌部位的β-肾上腺素受体，阻止神经递质乙酰胆碱和去甲肾上腺素与相应受体的结合。临床上广泛使用β-阻断剂降低心脏病人的心率和血压，这种生理功能，也可作为滑雪射击、射击、射箭等项目运动员的促力剂。由于滑雪射击要求运动员具备滑雪的技巧性和射击的准确性，服用β-阻断剂可以降低心率，促进运动成绩提升。

研究指出，β-阻断剂对需要力量、速度、协调性和无氧代谢的体育项目的运动能力没有明显的促力效应。β-阻断剂不仅能降低心率，还能使无氧代谢能力下降。目前，有9种β-阻断剂已被正式列入禁用药物的范围。

七、利尿药

利尿药，如速尿，是拳击、摔跤、举重选手和其他需要将体重保持在竞赛允许限度内的运动员常用的药物。

因使用利尿药引起的脱水和丢失无机盐时，不但影响最大强度运动能力，还会降低最大摄氧量和心输出量，对体温调节和心血管功能都有不利影响。利尿药也列入禁用兴奋剂的范围。

八、促红细胞生成素

促红细胞生成素（EPO）是由肾脏产生的激素，它能刺激骨髓红细胞的生成增加，使红细胞的数量、血红蛋白和红细胞压积增加。在运动界，EPO主要用在耐力性运动员身上，因为EPO能使红细胞数量增加，从而提高其对氧的运输能力，同时，它可以抑制无氧代谢产物乳酸的产生，起到延缓疲劳的功能。此外，EPO还避免了自身输血带来的危险因素，同时又能产生血液兴奋剂的效果。

EPO 主要的副作用是血液黏稠度升高，这样就可能造成体内血栓的形成，发生心血管意外，尤其是在耐力训练引起脱水的情况下，更为危险。因此，EPO 也是被禁止使用的药物。

九、其他促力手段

除前面介绍的几种使用药物或促力技术外，体育界使用的其他促力手段还有不少。简单叙述如下：

①可卡因：属于精神刺激药物，其主要功能是抑制疲劳，服后有快感，但副作用大。

②吗啡：具有麻醉镇痛作用，有研究发现，吗啡可明显降低定量负荷的运动能力和运动时的摄氧量。

③"抑制"药物：女运动员服用"抑制"药，可推迟少女的发育，以保持最小比例的体脂，防止重心转移。例如，15~18 岁女体操运动员使用"抑制"药物后，在竞赛时长得像 11~12 岁的女孩。常用的"抑制"药物是一种雌酮-安宫黄体酮和一种抗雄激素药醋酸氯羟甲烯孕酮，通过抑制排卵和月经，推迟少女青春期。"抑制"药的主要副作用是导致发育延缓和身体变形，对少女的其他影响还有待研究。

④吸氧：在赛前即刻或间歇期，吸入 100%氧气，通过提高吸入量降低血乳酸生成和呼吸频率，以便提高运动机体的有氧代谢能力。实验结果证明有轻微效果。吸氧后血氧量增加 80~100 mL，对运动时间不到 2 分钟的竞赛项目大约可提高最大工作能力的 1%。国际奥委会已将此法列为兴奋剂。在实际比赛场地不允许携带氧气罐等设备的前提下，"吸氧"这一手段已不存在了。

⑤"放松"药物：包括酒精、烟草中的尼古丁、大麻等。运动员试图使用这些物质来"放松"自己或达到某种刺激作用，此类放松药物也被列为兴奋剂，不准使用。

【知识窗】**自我保护调理**

运动员自我保护调理措施包括：①将训练之外的生活和精神压力降低到最低限度；②进食多样化，平衡膳食；③避免过度训练和慢性疲劳；④生活要有规律，保证睡眠充足；⑤降体重的速度不宜过快；⑥重大比赛之前，尽可能避免与病人接触，尽可能不到人多之处，以减少感染机会；⑦运动员到异地参加比赛，尤其是冬季比赛时，有条件的建议接种流感疫苗；⑧如轻微感冒，待症状消失后再进行大强度训练。如感冒较重，兼有发烧、极端疲乏、肌肉疼痛以及淋巴结肿大等症状，应待彻底痊愈后再恢复大强度训练。

【复习思考题】

1. 名词解释：运动训练的辅助手段、兴奋剂。
2. 说明运动员补糖的重要意义及方式。
3. 运动与水有何关系？运动补液的必要性是什么？
4. 无机盐和维生素在运动中的主要作用是什么？
5. 何谓兴奋剂？包括哪些主要药物？

（张日辉）

第十三章 CHAPTER 13
主要运动项目的生理学特点

第一节 田径运动

一、田径运动项目简介

田径是世界上最为普及的体育运动之一,具有悠久的历史(图 13-1)。田径运动包括竞走、跑、跳跃、投掷以及由跑、跳、跃、投掷的部分单项组成的全能运动,共计 40 多项,以时间计算成绩的项目叫径赛;以高度或远度计算成绩的项目叫田赛;全能运动项目,则是以各单项按《田径运动评分表》换算分数计算成绩的。

图 13-1 田径运动

二、生理学特点

(一)短跑

奥运会田径径赛项目中,短跑是以最快速度跑完规定距离的一种比赛项目,包括

100米跑、200米跑、400米跑、4×100米接力跑、4×400米接力跑等。

1. 短跑运动员的身体形态机能特征

总体来说，短跑运动员具有中等或以上的身高，肌肉发达且成束形，皮下脂肪较少；下肢较长，大腿比小腿稍短；踝围细，跟腱长且扁平、清晰；脚趾齐且较短，趾关节较坚固。短跑运动员具有较高的快肌百分比。

国家集训队短跑运动员血红蛋白平均值男子为 164 g/L，女子为 141 g/L，处于相对比较高的水平。短跑运动员有氧训练较少，心功能不如耐力项目运动员，因此运动量过大或发生疲劳过度训练时心电图反应较灵敏，主要表现为安静心电图 ST 段下降 0.05 mV 以上及 T 波倒置，P–R 间期延长（超过 0.20 s），明显窦性心律不齐（P–P 之差超过 0.40 s 以上）和期前收缩等改变。

2. 短跑运动员的能量代谢特征

由于短跑运动的特点，运动中能量主要依靠无氧代谢中的非乳酸能供能（400 米有较大比例的无氧糖酵解供能），因此非乳酸形式供能是发展速度素质的生理基础。持续时间为 10~25 s 的短跑项目，处在以非乳酸的磷酸原供能系统为主的供能状态。

（二）中长跑

中长跑是中距离跑和长距离跑的合称。男子 800 米、1500 米、3000 米和女子 800 米、1500 米属于中距离跑；男子 5000 米、10 000 米和女子 3000 米、5000 米、10 000 米属于长距离跑。

1. 身体形态特征

国内外大量的研究资料表明，女子中长跑运动员的身高一般要求在 165 厘米以上，体重较轻，体脂肪含量低，体态均匀，下肢较长，大腿短于小腿，跟腱较长。优秀中跑运动员的肌纤维中慢肌纤维百分比占 45%~52%，优秀长跑运动员慢肌纤维占 79%~88%。

2. 心血管机能

心脏对耐力性运动的急性反应表现为心输出量和动静脉氧差增加，收缩压升高，舒张压和平均动脉压升高不明显，尤其是大肌肉或腿部训练时，肺动脉压升高更明显。耐力性运动训练者心输出量的增加主要是心搏量的增加。其血红蛋白和血容量均增加，从而进一步提高对组织的供氧能力。

3. 有氧和无氧工作能力

在中跑项目中，虽然从有氧、无氧代谢的供能比例上看有氧代谢提供的能量占优势，但运动员的无氧工作能力，即糖酵解供能能力是决定专项成绩的重要因素。对于长跑项目，一般认为 5000~10 000 米跑，有氧代谢供能达到 80% 以上。中长跑运动员具有较高最大摄氧量水平。

(三) 跳跃项目

跳跃项目包括：跳远、三级跳远、跳高、撑竿跳高。

1. 身体形态特征

跳跃运动员的身材匀称，上肢下肢比例协调，骨盆较窄，臀部肌肉向上紧缩，膝、踝关节围度较小，脚掌厚而宽，脚趾粗壮且齐，跟腱清晰。经统计，国内外优秀跳远运动员的身高：男子在1.78~1.88米，女子在1.66~1.76米。

2. 素质特征

跳跃要求运动员具有良好的爆发力、绝对速度和柔韧性。例如，跳远运动员的水平速度是决定其跳远成绩的重要因素，跳高运动员则需要较大的垂直起跳速度，而这些都可以通过加快助跑的速度和加大起跳的力量来完成。男子跳高运动员专项素质训练中，立定跳远、后抛铅球和助跑摸高是重要的基本素质训练内容。

(四) 投掷项目

投掷项目包括男女铅球、铁饼、标枪、链球等，其中女运动员所用的器械重量或尺寸要比男运动员的略小。

1. 身体形态特征

投掷项目是运动技术较复杂、身体素质要求较高、较全面的爆发力或速度力量性项目。运动员的主要形态特征是身体高大、健壮，上肢长，具有较快的速度，较强的爆发力，高度的灵活性、协调性。

2. 心血管机能

投掷项目训练过程中，运动员摄氧量和心输出量的增加较耐力性运动员稍低，心输出量的增加主要是因心率加快，收缩压显著升高，动静脉氧差不变。从事投掷项目的运动员心脏以心室壁增厚为主，心容积和心腔内径无明显变化，表现为运动性心脏肥大。

3. 感觉机能

投掷运动的特点是动作结构复杂，涉及旋转、滑步、投掷器械等内容。在完成动作的过程中，除需要本体感觉传入冲动外，还必须有视觉、前庭分析器等结构共同作用。

三、评定与监控方法

田径运动的生理学评定应注意从不同种类运动（如短跑、中长跑、跳跃、投掷）

角度进行能量代谢特点分析，并对运动负荷强度及运动能力的生理指标进行评定与监控，如血乳酸、血红蛋白水平、血清肌酸激酶、血尿素、心率与血压、血尿素氮（BUN）及尿蛋白等。

（张新安）

第二节　体操运动

一、体操运动项目简介

"体操"（Gymnastics）一词，来源于希腊文 Gymnastike，最早由古希腊语 Gymnós（意为裸体）演变而来。1896 年第 1 届雅典奥运会就有了体操项目。按照教科书的分类，体操包括竞技体操、艺术体操、蹦床、健美操、技巧 5 个竞技性项目。多年来，人们仍习惯称"竞技体操"为体操。目前，竞技体操、艺术体操、蹦床同属奥运会体操项目。竞技体操是通过徒手或者在器械上完成不同类型、不同难度的动作，追求美感的技能类体育竞赛项目。奥运会中的竞技体操项目女子和男子有所不同，女子体操项目包括跳马、高低杠、平衡木、自由操；男子体操项目包括跳马、单杠、双杠、吊环、鞍马、自由操。

综合来看，体操运动需要运动员有较好的力量素质、柔韧素质和灵敏素质。从骨骼肌工作的情况来看，既有静力性工作性质（如吊环水平支撑动作）又有动力性工作性质（如鞍马）。从运动员选材的角度来看，体操运动员通常身材相对矮小，因为这样可以保证较小的转动惯量，减少克服自身做功，利于做出快速优美的旋转动作。

二、生理学特点

（一）身体形态特征

我国奥运会体操运动员无论男子、女子的体脂百分比都低于其他项目运动员。对参加第 26 届夏季奥运会的 12 名男女体操运动员的身体成分进行测试，结果发现男子体操运动员平均体脂百分比为 9.1%，女子体操运动员平均体脂百分比为 8.0%，体脂水平低而肌肉含量高。

（二）能量代谢特征

在体操运动中，所有的技术动作都是在短时间、大强度下完成的，因此主要依靠无氧代谢供能，即 ATP-CP 供能和糖酵解供能。例如，吊环动作中所有的技术动作几乎都靠肌肉静力性的等长收缩来完成，而且为了固定上下肢和躯干，在完成该固定技术动作时不能呼吸，完全处于憋气状态。虽然运动强度大，但是由于运动完成的时间很短，因此总的能量消耗并不大。

（三）感觉与神经系统机能特征

在体操运动中运动员要快速变换自己的身体姿势，这就要求运动员的精神要高度集中，大脑中兴奋与抑制的转换过程要快速、准确，同时对运动员的本体感觉以及前庭感觉的要求也较高。在体操运动练习中，要求肌肉动静结合，即要求建立有动力性和静力性相结合的动力定型，建立主动肌与拮抗肌所对应的神经中枢之间兴奋与抑制交替的动力定型。

在体操运动技能形成过程中，肌肉的本体感觉起着至关重要的作用，通过视觉、听觉、前庭觉、皮肤触压觉产生的反馈信息传给肌肉的本体感受器，通过本体感觉不断地纠正身体的姿势位置，最后使各个感觉中枢与各个肌群之间在时间和空间上建立精确的协调关系，从而完成优美的技术动作。

（四）心血管机能特征

体操运动员的基础心率较耐力性运动员稍快；体操运动员血压的正常范围与普通人一致；心血管机能的变化与动作难度和性质有关。如优秀女子体操运动员做完一套自由操后，心率上升到 174~192 次/min，血压 145~160/50~51 mmHg；做完一套静力性动作较多的高低杠练习，脉搏可以达到 162~170 次/min，收缩压上升至 139~145 mmHg，心输出量可以达到 11.3~17.3 L/min。

在完成高难度动作时的瞬间，如吊环的水平支撑动作，运动员需要憋气以固定上肢的肩关节和下肢的髋关节，会导致血压经历升高、下降，再恢复的过程，使得局部血流量经历减少、增多，然后恢复的再分配过程。在做头部向下的运动时，例如，大回环动作由于离心力作用会使血液大量流向下肢而使头部缺血，训练水平低的运动员在连续做几次大回环动作后，会出现暂时脑供血不足，并伴有眼花和头晕的症状。

三、评定与监控方法

（一）心血管机能评定

在体操运动过程中，运动方式和运动强度会随时变化，因此，一般不采用训练后心率来评定运动员的身体机能，最实用的方法是测试运动员的晨脉。如果短期内晨脉突然增高，应该先排除患病原因，再考虑可能是由于近期运动量较大造成的。体操运动员运动量过大或者比赛前焦虑会导致晨脉增加。

在体操运动员心血管机能评定时，应该结合清晨血压进行测定，如果血压比平日上升 20% 左右，除了疾病或睡眠问题外，还应该考虑机能状态的不良变化。

（二）血液运氧能力评定

运动性贫血在体操项目中发生的概率较高，尤其是长期控制体重的女运动员更容易出现，因此监测运动员血红蛋白、红细胞数值非常重要，运动量过大或者身体机能下降时，血红蛋白值会下降。

（三）血尿素

血尿素可以反映机体蛋白质的代谢水平，血尿素的测定一般安排在一次训练课的前、后和次日早晨安静状态时。一般认为运动员在一次大负荷训练课后，次日清晨血尿素不应该超过 8 mmol/L，如超过该值，应该连续监测并结合其他指标综合评定。运动量与血尿素有紧密的联系，运动量越大，血尿素水平越高。

（四）尿蛋白

体操运动员的尿蛋白阴性较多，如果对运动强度有反应尿蛋白浓度多在 20mg% 左右，偶尔达到 40mg%，调整训练量后可很快恢复到正常值。

（五）血清睾酮和皮质醇

睾酮是体内一种重要的性激素，体操运动员较其他项目运动员成熟比较晚，十八九岁的男子体操运动员的血清睾酮高于 17.35 nmol/L，女子体操运动员的血清睾酮很低且波动很大，在 0.35~1.74 nmol/L。运动量过大时，浓度下降。

皮质醇是肾上腺分泌的一种激素，作为机体的重要应激激素，其变化快而且变化幅度大，浓度大小代表运动员应激水平的高低，浓度越高，意味着机体对外界刺激反应越强烈，分解代谢水平越高，尤其是蛋白质的分解加速，血尿素水平升高，因此，如果出现血清睾酮水平明显下降，或皮质醇水平和血尿素升高过多，或两种情况都有发生，就可能发生过度训练了。

四、体操运动的伤病特征及防治

体操运动员的伤病具有明显的专项特征，主要有急慢性跟腱损伤、股骨头坏死、足舟骨疲劳性骨折、胫骨远端骨骺病和坐骨骨骺炎。

在体操训练中，跟腱炎的防治主要依靠三点：第一，合理使用技术动作；第二，训练时使用跟腱支撑带；第三，训练后有效的冰水浸泡理疗。

对于股骨头坏死通常是早发现早治疗，一般采用不负重、牵引和石膏固定，固定需要 1~2 年时间。

（郭　峰）

第三节　球类运动

一、球类运动项目简介

球类运动的项目众多，如足球、篮球、排球（统称"三大球"）、乒乓球、网球、羽毛球、手球、棒球、垒球、橄榄球、曲棍球等。

球类运动都是队与队、人与人之间相互对抗的竞赛性活动，属于混合性运动。其既含有各种强度的周期性活动，又含有不断变化的非周期性活动。球类运动的不同项目其比赛规则、场地设备、控制球的技术方法等各不相同。因此，各种球类运动对人体的影响也不尽相同。

专项运动员必须掌握本项球类的基本技术和多种专门技能。运动员的动作技能需根据对手或同伴的行为，或临场情况发展随机应变。因此，在球类运动的训练中，一方面要掌握较多、较娴熟的动作技能，在复杂的攻防场合下实施训练，以期获得机动灵活、随机应变地组合各种联合动作的能力；另一方面还应经常安排比赛性战术训练，提高分化能力，预判对手的意图，领会队友默契，以期培养在瞬息变化的赛场上，能得心应手地运用动作技能和战术意识的能力。由此可见，球类运动技能的特征表现在运动员必须根据各种情况的转换，及时地做出适当的连锁性反应。实践证明，掌握的基本技术越多、越娴熟，比赛经验越丰富，反应才会越准确，越迅速，才有可能更加积极主动，在比赛时才可能"随机"地组成某些"创造性"的动作。有人认为"创造性"动作技能的完成，高度取决于技术和战术的训练，即加强大脑皮质中两个信号系统的相互作用，提高综合分析能力与神经过程的灵活性。这是球类比赛中实践能力的生理基础。

二、生理学特点

（一）体成分和体形

随着比赛的激烈、对抗的凶猛，对足球运动员身体条件的要求也越来越高，主要表现在攻防中运动员的立体控制越来越大，形态特征趋于高大健硕，特别是中路三条线及守门员位置，对高度的要求更高，无论男子还是女子运动员，其形态特征的发展趋势均一致。

排球运动员具有身材高大、指间距长、体重较小、臀围骨盆相对狭窄、体脂少等形态特点；篮球运动员也大多身材高大、匀称、四肢修长、手大足大。优秀的男子排球和篮球运动员与其他项目运动员相比肌肉更加精硕健壮。

优秀的乒乓球运动员具有体形指数较大、上臂或前臂围度差较小，即上肢比较均匀、体脂含量较高（尤其是女运动员）、克托莱指数较高等特点。优秀的羽毛球运动员的身体形态一般为身体匀称、四肢（主要是上肢）较长。优秀的网球运动员需要较大的瘦体重，另外，前臂长和手长均比普通网球运动员要长。

（二）肌纤维特征及肌肉功能

优秀男子排球运动员的股外肌快缩酵解型肌纤维占56.6%，职业足球运动员为59.8%，而短跑和跳高运动员的股外肌快缩酵解型肌纤维占62%。

下肢力量对足球运动员来说尤为重要。股四头肌、腘绳肌、小腿三头肌在跳、踢、扭、转和变换脚步方面要比普通运动员力量大。强大的收缩能力，对保持平衡和控制身体非常重要，尤其是守门员，对肌肉力量素质的要求更高。

排球运动员通常具有较高的纵跳能力，表明他们都有较高的肌肉功率输出。女子排球运动员的平均纵跳高度大约为50厘米，高于普通男性，与同水平的男子排球运动员相比约低15厘米。

（三）无氧代谢能力

由于球类运动员所承受和达到的强度在比赛中不断变化，其供能特点较难进行定量分析。一般认为，球类比赛中关键的技术动作是靠以无氧代谢供能支持的运动来完成的。例如，排球运动员多次在短时间内做出的弹跳、击球、拦网、扑救等动作，足球运动员的反复短距离冲刺跑和多次大力量的踢球、起跳、射门等动作，篮球运动员在激烈攻防转换中的传球、运球、突破、跳投、冲抢篮板球、变方向跑、突然起动抢占空间有利位置等，均要求运动员具有很强的磷酸原供能能力和糖酵解供能能力。

（四）有氧代谢能力

对于一名优秀的球类运动员，不仅要有良好的无氧能力，还必须具备良好的有氧能力。有氧代谢是基础，良好的有氧代谢能力对于加速无氧代谢后的恢复速率、延缓疲劳的出现、使机体在承受高强度负荷等方面起到保障作用。

（五）心血管机能

球类项目多种多样，活动的形式、强度和持续时间各不相同。即使是同一个项目，运动员的位置不同，其生理负荷量也不一样，对心血管系统的影响也不完全一样。此外，心血管机能还与对手的强弱、采取的战术情况、比赛时赛场局势的变化以及情绪变化有关。例如，高水平乒乓球运动员比赛前后心血管机能的变化就比较明显。对球类运动员来说，心肺功能应具有较大潜力，并应能根据运动的需要，迅速动员起来。

（六）神经和感觉机能

球类运动比赛需要运动员对变幻莫测的赛场情况做出准确判断，迅速采取措施，改变自己的动作方向或节奏，甚至改换技能的组合。在比赛条件下，运动员的注意力非常集中，精神高度紧张，这对中枢神经系统调节运动性机能的能力，起着良好的训练作用；同时，还可以让大脑皮质神经过程的强度、均衡性和灵活性得到提高。例如，用简单运动条件反射的研究方法进行测试时发现，篮球、足球、手球运动员经过训练后，对光和声的反应潜伏期缩短。

球类运动对感觉机能有良好的训练作用。例如，赛场上局面千变万化，人体的各种感觉器官可以将相应的刺激信息，转换成神经冲动传递到大脑皮质。大脑皮质会不失时机地分析处理来自主体、客体及时间、空间方面的感觉信息，并产生恰如其分的综合反应，然后分别由不同的运动传出通路，下达给参与实现某种运动行为的肌肉，做出准确的动作技能。简而言之，球类运动员需要有精细感觉、准确判断、敏捷行动的能力。可见，感觉器官的机能对从事各项球类运动都有很重要的作用。

视野的大小对球类运动员也很重要。据研究，球类运动员在相对安静状态下的视野比训练前稍有扩大，特别是绿色视野扩大得更明显。此外，有人提出，在情绪因素的影响下大脑皮质的机能状态发生变化也可以影响视野的范围。情绪激昂或消沉均能导致眼球运动的灵活性下降，视野范围缩小，反应迟钝，产生较大的视差，严重影响运动能力。视野大有助于扩大观察范围，中央视觉可以保证运动员准确地完成投篮、射门以及各种击球动作。而且球类运动员的空间视觉，即判断物体在空间运动状态的能力精于其他专项运动员，其中又以网球、乒乓球、羽毛球和棒（垒）球等项目运动员的空间视觉机能最为精细。训练下，球类运动员的眼球运动装置能逐渐改善，并获得眼球运动的高度协调能力。

此外，球类运动训练也能提高本体感受器的机能，有助于运动员产生清晰的肌肉感觉。研究证明，球类运动员借助于本体感觉机能，可以高度精确地完成许多复杂的动作技能。例如，出色的篮球运动员能在取消视觉监看的情况下，通过来自指、掌、腕、肘、肩等环节的皮肤、肌肉、关节的触觉、压觉以及本体感觉，控制运球的方位、高低、起止动作。

优秀的乒乓球运动员能将"手感""拍感""球感"和来自视觉的"来球飞行感"四者合一形成对乒乓球的"综合感觉"。

三、评定与监控方法

运动训练实践中，实时、有效地评定运动员的机能状态，对控制训练负荷、判断运动疲劳及防止过度疲劳和运动损伤的发生具有重要意义。

不同的球类运动在训练和比赛中，身体机能的监测指标不完全相同。普遍应用的指标有心率、血压、血红蛋白、血清睾酮、血清皮质醇、血尿素、血清肌酸激酶、血乳酸和最大摄氧量等，有些球类项目中还会用到尿肌酐、血压、白细胞计数、淋巴细胞亚群、反应时、中心视力、周围视力、肌力、指温、脑电图和本体感觉等指标。

（高海宁）

第四节 游泳运动

一、游泳运动项目简介

游泳运动是男女老幼都喜欢的体育项目之一，具有健身性、竞争性和趣味性等特点。游泳运动是指运用头部、躯干、手臂、腿的动作，使身体在水中活动或游进，主要包括竞技游泳、实用游泳等，而各种游泳又有多种不同的泳式和技术要求。

二、生理学特点

（一）能量消耗

游泳时能量消耗较多，其原因如下：

①水的温度：游泳时水温在20~26℃，由于其温度低于体温，所以机体向外散热，水传热能力比空气快25倍，这样人体散热较多，能量消耗也比较多。

②游泳的速度：游泳的速度越快，所受的阻力越大，消耗的能量就越多，距离越长，能量消耗的总量就越多。

③游泳的姿势：四种泳姿中，自由泳是最节省能量的技术，以相同速度游泳时，其能量消耗只有蛙泳的71%，仰泳消耗能量的经济性与自由泳接近，而蝶泳在相同速度的游泳姿势中能耗最高。

④训练程度：游泳运动员训练程度越高，能量消耗则越少。

⑤其他因素：水面浪大或逆流游泳时，波浪阻力增大，能量消耗增多；水流速度越快，体热流失越多，前进阻力越大，能量消耗也就越多；身体侵入水中的程度越多，能量消耗也越多。

（二）呼吸机能

游泳是发展呼吸机能有效的运动项目之一。经常从事游泳训练，可使呼吸肌得到锻炼，所以，游泳运动员的肺活量比较大，一般为4700~5000毫升，最大可达5000~7300毫升。胸围呼吸差也大，通常为8~9厘米；最大肺通气量也高于一般运动员。

（三）心血管机能

有证据表明，漂浮状态的游泳可以使心血管发生适应性改变。水的压力可以反射性地引起心率减慢，但漂浮或是仰卧体位能通过增加舒张期的充盈度而使心脏每搏输出量增大。极限下游泳运动的心率低于相同摄氧量水平在陆地上的跑步或自行车运动的心率。

游泳运动员有较高的心血管机能调节能力，对寒冷刺激能迅速产生反应，反射性地引起血管活动的改变，也体现出大脑皮质对非条件反射调节能力的提高。

（四）体温调节能力

长期的游泳训练，可以提高运动员的体温调节机能，增强对低温水的适应能力。运动员入水前体温升高，是一种条件反射；入水后体温先下降后升高，说明在冷刺激下体内产热过程加强。训练程度差的游泳运动员，入水后体温一直处于下降的阶段。

（五）训练后尿成分变化

因游泳是在水中进行运动，汗腺分泌机能减弱，大部分代谢产物从肾脏排出，因此，增加了肾脏的负担。研究证明，游泳后尿中排出的乳酸比相同强度的跑步后排出的多。剧烈游泳后，尿中常出现蛋白质，尿蛋白的阳性率也较其他项目高而且量较多。

（六）游泳运动员的有氧能力

1. 最大摄氧量

一般认为，最大摄氧量和游泳运动成绩密切相关，相关系数在 $0.70 \sim 0.91$。早在 20 世纪 60 年代，Miyashite 就已经报道了游泳运动员的最大摄氧量值，男子是 4.36 ± 0.41 L/min，女子是 2.92 ± 0.18 L/min。Neumann 等人（1988）报道，男女游泳运动员最大摄氧量的相对值分别是 $60 \sim 70$ mL/（kg·min）和 $55 \sim 60$ mL/（kg·min）。

2. 乳酸阈

在人体肌肉代谢过程中，随肌肉运动强度逐渐加大，快肌糖酵解做功增加，使血乳酸的生成率明显超过清除率，开始快速积累，在血乳酸动力曲线图上形成的随运动强度加大而出现的急剧上升的一个拐点，称为乳酸阈。

（七）游泳运动员的无氧能力

专项比赛或测验之后的血乳酸水平可以很好地反映运动员的无氧能力。血乳酸水平越高，则专项成绩越好，无氧能力越高。在 50~400 米自由泳项目中，尤其是 100 米和 200 米自由泳项目，训练水平高者耐乳酸能力强。随着训练水平提高，游速加快，血乳酸水平也相应提高。如我国男子 200 米自由泳平均成绩在 1979—1986 年提高了 2 秒多，而血乳酸水平也随之增加，提升幅度接近 49 mmol/L。

三、评定与监控方法

赵杰修等人（2006）以备战第 28 届雅典奥运会的国家游泳队集训运动员为研究对象，建立了对优秀游泳运动员血液生化指标评价的参考范围。

游泳训练生理生化监控是通过心率、血乳酸、体重、血红蛋白、红细胞数量、红细胞比容、尿蛋白、血尿素、血清肌酸激酶、血清睾酮与皮质醇等指标的测试结果，以及游泳运动员训练计划（包括训练手段、训练方法等）的完成情况，对运动员的机能状态、训练反应进行评价，进而调整运动训练的具体手段、方法，使运动训练更适合每一名运动员的个体特点。

四、游泳运动的伤病特征及防治

游泳常见膝关节内侧副韧带损伤，如蛙泳，损伤时伴有疼痛感。因此，游泳运动员在训练中应加强下肢力量的训练，特别要加强大腿内收肌群的力量，在训练前要做好充分的准备活动，如膝绕环下蹲、左右侧压腿等练习，还可用手按摩膝部或用水按摩膝部，不要过分集中在单一蹬腿动作上，以防止局部疲劳而引起损伤。

游泳易导致肌肉韧带拉伤，一些游泳运动员在游泳活动后，会产生关节部位肿胀和疼痛的现象，并在用力时感到使不上劲，这可能是肌肉韧带拉伤的表现。如遇到膝关节韧带部分撕裂或完全撕裂，当场不要揉捏按摩膝关节，应立即将患部固定好，去医院治疗。

游泳易引起外耳道感染或中耳炎，其症状是耳部红肿发热、疼痛剧烈、严重者耳道会流脓血，出现中耳炎。同时，还有可能伴有头痛、发热、恶心呕吐等症状。鼻窦炎、腹痛、游泳性结膜炎等疾病也易出现。游泳中如有上述现象发生，应立即停止。建议到水质有保证的游泳场所，如经过严格消毒处理的游泳池或天然游泳场。

> **【知识窗】**
>
> 游泳的无氧酵解能力训练包括耐乳酸训练与乳酸峰值训练。在游泳无氧酵解能力的训练过程中，国内、外普遍使用血乳酸、摄氧量与心率来监控运动训练负荷程度与训练效果。通常应用运动后血乳酸的最高值来监控运动员的无氧酵解能力训练，其主要目的是提高乳酸的最大生成能力和肌肉耐受乳酸的能力。肌肉耐受乳酸的能力得到提高后，在全力短冲过程中，机体可能会堆积更多的肌乳酸和血乳酸，使运动员在乳酸和氢离子水平急剧升高导致肌肉收缩能力受限之前，较长时间内持续释放能量的能力增强。

案例分析，可扫描二维码进行学习。

（高海宁）

第五节　武术运动

一、武术运动项目简介

武术是以技击动作为素材，以套路和搏斗为运动形式，注重内外兼修的中国传统体育项目。它将技击寓于套路运动和搏击运动之中，讲究内外合一、形神兼备，具备广泛的适应性。中国武术按其运动形式，分为套路运动和搏斗运动两大类（图13-2）。

图 13-2　武术运动

二、生理学特点

通过长期系统的武术练习，可以增强体质、健体防身、锻炼意志、培养品德，并使躯体各个系统发生变化。

（一）中枢神经系统的机能变化

1. 改善各中枢之间的协调性

武术动作复杂、多样、不对称，动作要求严格、完整和谐。在练习过程中，对8个部位要求"内外合一"，不仅要求协同肌群的大脑皮质与相应的运动中枢之间具有高度的精确性和协调性，而且要求运动中枢和植物性中枢之间也具有高度的准确性和共济协调性。

2. 提高神经系统的强度、均衡性和灵活性

武术具有搏斗攻防技击性，讲究内外合一，内练心神意气胆，外练手眼身腰马等，在做武术练习时，要快而有力的动作会提高神经系统的强度、均衡性和灵活性。

（二）肌力和柔韧性得到发展

武术的特点是全身一动，无所不动。练习时全身肌肉、关节、骨骼、韧带、筋膜只有充分活动，才能协调一致地完成运动。练习武术可以增强肌肉的弹性、伸展性，发展肌肉力量，使关节活动的弹性幅度增大，韧带、筋膜拉长，脊柱的活动幅度加大，柔韧性和灵活性增加。

（三）视觉、平衡觉和前庭觉机能的变化

武术比赛或表演、由静转动，动作迅速敏捷，眼到手到，手眼相随，内外合一，上下一致，神形兼备，这是武术运动比赛中的仪式感。从提高武术运动的攻防能力来说，必须先通过视觉分析器判断，再做出准确快速的反应。另外，武术运动员应该有更高的稳定性和良好的方位判断能力。由于人体位置不断变化，前庭分析器的敏感性对武术运动员来说非常重要。

（四）心血管机能变化

长期从事武术训练可使心血管系统机能得到改善。武术运动员与其他项目的高水平运动员一样，经过长期训练后，迷走神经紧张性会升高，静态时还会出现心动徐缓和血压降低的现象。

（五）呼吸系统的机能变化

武术运动强调"心与意合、意与气合、气与力合"，气要下沉，以气催力，所以武术运动与呼吸机能有着特殊的联系。呼吸运动要密切配合武术动作，这是武术运动的重要特点之一。如在做踢腿、伸拳、下蹲动作时，大多都同时进行呼气；而做屈体、回收等动作时，则大多同时吸气，而且要求做到呼吸深长、均匀。

（六）能量代谢

武术运动的种类与套路较多，门派拳式不同，能量的消耗也迥异。从运动时间、动作变化节奏、动作特点角度来分析，每个完整套路的平均时间为1分30秒，动作节奏快，运动员需全力完成动作；从能量代谢理论来看，武术自选套路运动中三种能量代谢都参加了供能工作，但主要还是依靠无氧代谢的乳酸能供能。赵萍等人（1998）研究认为，散手运动是以无氧耐力为主的活动，且间歇训练法是提高运动员专项耐力水平较为理想的方法。

三、评定与监控方法

武术运动的生理学评定中应注意不同种类武术运动评定方法有所不同，比如长拳、南拳类套路运动和散手运动、太极拳套路运动等角度进行能量代谢特点分析，并对运动负荷强度及运动能力的生理指标进行评定，如血乳酸、心率与血压、血尿素氮（BUN）及尿蛋白等。

（张新安）

第六节 冰雪运动

冰雪运动对身体机能要求较高，不同的专项具有其不同的生理学特点。

一、冰上运动简介

冰上运动项目主要包括速度滑冰（长距离、中距离、短距离、全能）、短道速度滑冰、花样滑冰、冰球和冰壶等。

1. 速度滑冰

速度滑冰（speed skating）是以体能和技能为主导的竞技项目。大跑道速滑比赛项目有短距离（男、女500m和1000m）、中距离（男、女1500m）、长距离（男5000m、10 000m；女3000m、5000m）的单项比赛和全能比赛（男、女各跑两个500m、两个1000m，计全能成绩）。速度滑冰是一项周期性、耐力型项目，要求运动员具备较高的无氧代谢能力与一定基础的有氧代谢能力。

单项比赛不同距离的供能百分比及血乳酸含量见表13-1。长距离单项比赛无氧代谢能力及其作用也不容忽视，高水平的速滑运动员在血乳酸值较高的情况下易出现好成绩，是因为随着滑跑速度的提高，速度耐力和肌肉代谢能力也随之提高，最终使运动员耐乳酸能力提高，从而滑出高水平运动成绩。

表13-1 不同距离的供能百分比和乳酸含量

能量供应	500m	1500m	5000m	10 000m
有氧供能（%）	10~13	40~50	80~85	90~95
无氧供能（%）	70~90	50~60	15~20	5~10
乳酸（mmol/L）	12.0	15.6	13.6	12.2

（引自运动生理学，1990）

针对速度滑冰项目供能特点，在发展速度的基础上相应提高耐力水平，是提高全程滑跑成绩的主要训练途径。在选择训练手段时要充分考虑ATP-CP系统和糖酵解系统的供能特点。例如，500m、1000m短距离项目，重复进行6~10秒或10~15秒的极限强度训练，并合理确定间歇时间，可改善肌球蛋白ATP酶的活性和CP的贮量，同时加强ATP-CP的分解过程。1500m中距离项目，是发展速度耐力（糖酵解供能系统能力）的主要途径，可选用4×400m或4×600m段落的冰上滑跑，强度视运动员水平而定，间歇时间以3分钟为宜。因为这样的滑跑段落并配以相应负荷强度的滑跑，使糖酵解系统所占供能的百分比率最高，血乳酸值也处于较高水平，选择3分钟间歇时间，也是由于滑跑后约3分钟时，血乳酸值可以达到最高峰。间歇时间过长或过短都会影响训练效果。3000m、5000m 及 10 000m 属长距离项目，以适宜的强度进行训练，对提高有氧供能系统是非常重要的。然而，在有氧训练的同时，也需要有意识地、科学地安排一定比例的无氧代谢训练。在进行有氧代谢长距离训练时，科学确定负荷强度（滑跑速度），即有氧强度和个体无氧阈强度，随着训练水平的提高，并作定期监控，可以不断提高无氧阈水平。与此同时适当安排一定比例的最大乳酸训练和乳酸耐受能力训练，也可以刺激有氧能力，不断提高训练水平。

一般认为能代表速滑运动员机能好坏的主要指标有晨脉、收缩压、血红蛋白、腿力、负荷后心率的恢复时间等。短距离选手要有良好的耐缺氧能力，闭气试验这一指标很重要。长距离选手要有良好的有氧代谢能力，所以，测试最大摄氧量应作为主要的评定指标。有文献报道，国外最优秀的速滑男选手最大摄氧量在 80~88 mL/（kg·min），最优秀的速滑女选手最大摄氧量在 68~75 mL/（kg·min），而我国速滑运动员的有氧代谢供能能力较差，男选手最大摄氧量在 55~69 mL/（kg·min），女选手最大摄氧量在 47~59 mL/（kg·min），与世界高水平运动员有很大差距，因此必须在训练中注重提高我国运动员的有氧代谢能力。

2. 短道速滑

短道速滑（short track speed skating）是从速度滑冰中派生出来的新项目，设有男、女500m、1000m、1500m、3000m，以及男子5000m接力和女子3000m接力。

短道速滑具有周期性和耐力性项目的特点，与其他周期性项目比较，不仅需要速度，还要比战术、比智力，比应变能力与自我超越能力。项目比赛轮次多，抗争性强，竞争在同一跑道上，比赛分预赛、复赛、半决赛、决赛，同时优秀运动员不但要跑完单项，还要跑接力，所进行的比赛项目要求运动员必须具备较强的无氧代谢能力，尤其是耐乳酸能力，一个项目比赛轮次一个接一个，有时乳酸尚未完全消除又要进行下一轮比赛，如果运动员没有高强的耐乳酸能力是无法取胜的。

我国学者对速滑和短道速滑运动员的训练强度区域进行划分，并初步研究了对应的血乳酸值和心率水平，可供运动实践参考，具体见表13-2。

表13-2 速滑与短道速滑运动员强度区域表

分类	乳酸值（mmol/L）	心率（b/10s）	强度区域（%）
速度	5~7	28~30	105~110
无氧代谢供能	11~15	31以上	105~110
混氧代谢供能	7~10	29~30	90~100
无氧阈强度	3~6	26~28	80~85
有氧代谢供能	1~3	23~25	75以下

（引自冯连世等，2003）

3. 花样滑冰

花样滑冰（figure skating）有国际滑联批准的男子单人滑、女子单人滑、双人滑和冰上舞蹈四个正式比赛项目。花样滑冰是一项冰上运动技术与综合艺术表演相结合的竞技体育项目，穿着特制带有冰刀的冰鞋，在冰面上随着音乐伴奏的旋律做滑行、跳跃、旋转和各种舞姿等表演，要求运动员有良好的弹跳力、柔韧性和平衡能力。体脂、肺活量、最大摄氧量等都会直接影响花样滑冰运动员的形态及弹跳力。因此，这些指标也是花样滑冰运动员必须监测的指标。张春林等人也曾对我国优秀花样滑冰运动员主要机能进行评价研究，其评价结果如表13-3、表13-4所示。

表 13-3 我国优秀男子花样滑冰运动员主要机能评价表

分级	晨脉 （次/分钟）	肺活量 （mL）	血红蛋白 （g/L）	最大摄氧量		体脂 （%）	纵跳 （cm）
				L/min	mL/（kg·min）		
优	46.8	5468	14.5	4.3	65.7	6.1	59
良	49.2	5258	14.2	4.1	63.5	7.3	56
中	54.0	4838	14.0	3.7	51.1	9.7	48
下	58.8	4418	13.7	3.3	54.7	12.1	41
差	61.2	4208	13.5	3.1	52.5	13.3	37

表 13-4 我国优秀女子花样滑冰运动员主要机能评价表

分级	晨脉 （次/分钟）	肺活量 （mL）	血红蛋白 （g/L）	最大摄氧量		体脂 （%）	纵跳 （cm）
				L/min	mL/（kg·min）		
优	51.5	4040	13.3	3.7	58.2	5.8	44
良	53.4	3800	12.8	3.5	55.4	8.2	41
中	57.2	3320	12.1	3.1	45.8	13.0	36
下	61.0	2840	11.3	2.7	44.2	17.8	32
差	62.9	2600	10.9	2.5	41.4	20.2	29

经验证明，5~6岁是开始学习花样滑冰的最佳年龄。与其他项目相比，花样滑冰有其独特的锻炼价值，除能增强人体的耐寒能力和提高一般身体素质外，对提高身体的平衡力、弹跳力、灵活性和协调性，以及对培养正确的身体姿态也有特殊的作用。

4. 其他冰上项目

冰壶（ice curling）项目是在冰上进行的一种以队为单位的投掷性竞技项目。

冰球（ice hockey）运动是以冰刀、冰球杆和冰球为工具，在冰面上进行的一种相互对抗的集体性竞赛活动。冰球项目的特点是对抗性强、强度大。运动员在场上比赛约一分钟就要被换下场休息,休息一分钟后继续上场比赛。冰球比赛只有通过频繁换人,才能使运动员保持高速度、高强度、高密度的竞赛能力。因此,爆发力、速度、无氧代谢能力是冰球运动员的主要专项素质。在机能评定中,加试力量也是必不可少的。

二、雪上运动简介

雪上运动是借助滑雪板或其他器具在雪地上进行的各种运动,主要包括越野滑雪、跳台滑雪、自由式滑雪、高山滑雪、单板滑雪、现代冬季两项滑雪、北欧两项滑雪、雪车、雪(冰)橇等。

1. 越野滑雪

越野滑雪(cross-country skiing)是脚穿滑雪板、手持滑雪杖,在丘陵起伏的山地沿着规定的路线进行滑行的一项运动。比赛时要求运动员以最快的速度滑完规定的距离,以用时多少判定胜负。男子最长距离为 50 km,女子为 30 km,这个项目是各种竞技运动中,能量消耗最大的项目之一。以滑行 50 km 为例,它所消耗的能量约为 4000 kcal。滑雪时的能量消耗同山地地形、气温条件、雪的情况、滑雪速度、运动员的训练程度以及滑雪的方法等因素有关。

运动员在雪上滑行时的心率为 160~190 次/min,在上坡和加速滑行时心率可达 200 次/min 或更高。优秀运动员的最大摄氧量为 4~6 L/min,摄氧量与滑雪速度有着密切的关系,大强度的比赛需要充足的供氧,以减少血乳酸的堆积和氧债的形成。这种能量保障的特点表明,越野滑雪运动员不仅需要有良好的心肺功能、有氧代谢能力和耐力,还需要有较强的无氧工作能力。它的专项特点和速度滑冰相似。

由于滑雪时人体的生理负荷量较大,因此可以使运动员的体重显著减轻。体重减轻同滑行的距离有关,还与滑行速度及训练程度有关,滑行速度越快,滑行距离越长,训练水平越高者,体重减轻的数量越大。滑雪运动的体重减轻主要是人体失水造成的。滑雪时丧失的水分大都是经汗腺排出,一部分由肾排出,由肺从呼吸道排出的占 1/3 左右。滑雪后,出现一过性运动蛋白尿者比较常见。

2. 跳台滑雪

跳台滑雪(ski jumping)的完整技术可分为助滑、起跳、空中飞行和着陆四个部分。此项目要求运动员有较强的空间感觉、速度感和临场发挥能力,并可以准确地判断出着陆的时机并及时做准备着陆动作。这需要有良好的平衡和支撑能力。

3. 自由式滑雪

自由式滑雪(free style skiing)包括空中技巧、单人雪上技巧和双人雪上技巧 3 个小项组成。

空中技巧是在规定的场地上，运动员通过助滑坡加速，从跳台上起跳飞起到空中完成空翻、转体动作后，在着陆坡着陆并下滑至停止区停止。空中技巧技术水平主要看踏跳、空中技巧动作的难度、质量和着陆水平，以惊险、创造性、跳跃、滑雪等为特征，具有其独特的挑战性、创造性和刺激性。

雪上技巧是在极陡满是雪包的场地上运动员利用纯熟的转弯技巧，争取用最快的速度滑完全程，且在滑行中要跃起到空中进行空中表演，此项目要求运动员要有进攻意识、冷静果断的判断力、顽强的意志品质和心理能力。雪上技巧分单人和双人两种。在比赛中可以使用节奏感强的音乐。

自由式滑雪对运动员耐力的要求相对不高，而对协调性、灵敏性及控制能力要求较高。随着体育运动的发展，自由式滑雪中的空中技巧项目已出现了夏季比赛的苗头，即利用水池进行着陆，利用人工跳台进行助滑和起跳，从而使这一项目表现出更大的魅力。

4. 高山滑雪

高山滑雪（alpine skiing）可分为娱乐滑雪、竞技滑雪、实用滑雪和探险滑雪四类。冬奥会高山滑雪包括回转、大回转、超级大回转、滑降和全能 5 个竞技项目。

高山滑雪需要有良好的平衡能力和支撑能力，另外，对人体机能的判断能力、有氧代谢能力、腿部肌肉力量、腹部和背部肌肉力量的要求也比较高。

5. 冬季两项

冬季两项（biathlon）是以滑雪板、滑雪杖和步枪为工具，在专门线路上滑行一定距离的同时，在指定区域进行射击的一种综合性竞赛项目。因此，冬季两项包括越野滑雪技术和射击技术，要求神经系统转换速度快且稳定，同时运动员还必须具备立、卧两种射击方法，掌握在不同气候条件下运用这两种射击技术的技巧。

北欧两项（nordic combined）是由跳台滑雪和越野滑雪组成的一种综合性雪上竞赛项目。两个项目分别进行比赛（先比跳台滑雪，后比越野滑雪），因此北欧两项具有两个项目的生理学特点。

6. 单板滑雪

单板滑雪（snowboarding）是 20 世纪 60 年代中期起源于美国的一类滑雪运动，我国单板滑雪运动开始于 2001 年。单板滑雪包括单板滑降、回转等技巧。单板运动员需要具有高超的技巧和平衡能力。

三、冰雪运动对人体生理机能的影响

冰雪运动对人体生理机能影响的程度，与项目、距离、强度、气候条件和训练程度等有关。主要表现在以下几方面：

1. 冰雪运动可以促进心肺机能发展，加强代谢作用

在滑雪过程中，心血管系统的机能变化很明显。如越野滑雪运动员的心脏功能性肥大和运动性窦性心动徐缓是心脏肌肉发达的表现，肺通气量和摄氧量也可达到很大数值。训练水平很高的滑雪运动员，其肺通气量每分钟可达 153 L，最大摄氧量男子平均 6 L/min，女子平均 3.1 L/min，而一般男子只有 3 L/min 左右。滑雪运动员最大氧亏高达 15～20 L，一般人只有 10 L。

在冷环境中进行冰雪运动，会引起内分泌的适应性改变，加强代谢作用。下丘脑促甲状腺素增多，从而使体内甲状腺素水平提高，总代谢率增加，使产热量增多。交感神经系统兴奋释放肾上腺素和去甲肾上腺素，启动非氧化磷酸化作用，并从储备脂肪中释放自由脂肪酸，以增加热的生成。

2. 冰雪运动可以促进运动系统的发展

经常参加冰雪运动，增强臂、腿、腰等部位肌肉的力量和各关节的灵活性，上下肢都得到锻炼，能够使人身体素质得到均衡的发展。据 B. H. 加夫卢克的研究，滑雪运动员肌肉力量发展水平的一般规律性与年龄和性别无关，上体、肩、大腿、小腿伸肌的肌肉力量大于屈肌的肌肉力量，上臂、足屈肌力量大于伸肌力量。滑雪运动员的力量耐力与成绩水平有关，它要求全部肌肉群都有很高的相对力量，是这个专项的特点。了解这些特点有助于教练员更合理地进行选材，以及在教学训练过程中有目的地选择练习。

3. 冰雪运动可以提高神经系统调节机能

经常参加冰雪运动，可以提高神经系统调节机能，对提高平衡能力和感觉机能有特殊作用。冰雪运动不仅是速度的变化，而且方向、位置等也在不断变化，这些都会使前庭分析器、运动分析器与其他分析器（触觉、视觉、内脏感觉分析器）进入活动状态，在不断反复练习中，参与机能活动向建立复杂联系的分析器形成了综合分析活动。这样，便形成了运动者特殊的"冰（雪）感""速度感"和"腾空感觉"等，对冰雪的性质有很强的辨别能力。在本体感觉和空中方位感觉的基础上，大脑皮层随着环境的变化，借助各种反射调节肌肉紧张程度，保证实现各种高度复杂、协调精细的技术动作。

4. 冰雪训练可以提高体温调节机能

冰雪运动不仅能提高体温调节机能，提高抗寒、耐寒的能力，而且还能提高人体对冷环境的服习作用。在冷环境中，人体对寒冷的刺激能及时产生生理性调节，人体对寒冷的生理反应与年龄、性别、体表面积和训练水平因素有关。女性的耐寒能力高于男性，青年人的体温调节能力比老年人好，身体的体积越大，在寒冷环境中维持体温的能力越强。相对体表面积（体表面积与体重之比值）较大的人，维持体温的能力较强。

5. 冰雪运动能培养勇敢、顽强的意志品质

冰雪运动大多在亚高原或高原上进行，运动员在近乎极端的特殊环境下训练和比

赛，既要有良好的身体素质，又要有较高的技术水平去完成一系列的难美技术（如自由式滑雪空中技巧）或精准技术（如冬季两项的射击技术），而整个过程都要求运动员有稳定的心理状态。如果运动员对各种应激压力应对得当，那么他们就会以更好的身心状态去参加训练和比赛，充满自信，勇敢面对，顽强拼搏。

四、冰雪运动伤病的特征及防治

1. 遵循训练的生理学原则

每个选手都有各自的特点。训练要根据选手的能力、性别、年龄、身体素质水平的差异，确定适当的负荷，区别对待，注意全面发展、循序渐进、用心反复刻苦训练。

一般达到优秀运动员的水平需要有10年以上较系统的训练，因此，优秀冰雪运动员的培养应尽早开始。少年儿童滑雪运动员的全面身体素质训练，应严格地掌握各项运动素质发展的"敏感期"，同时，应严格掌握运动负荷量和强度，做到既要坚持大运动量的科学训练，又要符合少年儿童的生长发育特点。在全面身体素质训练过程中，各项素质安排的顺序应该是柔韧性和灵活性素质、技术、速度、力量、耐力等。有时也可根据训练任务的要求把两个素质结合在一起安排。同时，也要注意要和心理训练、恢复训练及智力开发训练相结合。

2. 预防运动伤害和冻伤

如果技术不熟练、准备活动不充分、超速滑行、睡眠不足、身体欠佳、对场地不了解、没有掌握安全摔倒方法等，容易造成运动伤害，以骨折、脱位及膝关节的损伤最多。因此，要采取有力措施预防损伤，同时注意保暖，穿足够的、多层的、可以吸汗并能蒸发的衣服，要戴好帽子和手套，以防冻伤。在雪地上长时间活动，有条件的应佩戴有色眼镜。阳光耀眼时，遇双眼有疼痛感觉时，要将双眼闭上，过几分钟后再睁开眼睛，这种现象就可以消退，注意不要用手去揉眼睛。

3. 注意饮食均衡

冰雪运动员饮食中应适当补充含蛋白质和脂肪较多的食物，注意饮食均衡。建议膳食糖应占总能量的60%，运动后2小时补糖100 g，以及赛后进食含高糖的膳食，有利于糖原恢复和预防慢性糖原耗损。蛋白质的热量为总能量的12%~15%（1.5~2.0 g/kg），以保持机体蛋白含量和肌肉力量。脂肪的热量≤30%。同时也应注意在运动前、中、后及时补充水分以预防脱水，训练和比赛场地应有随手可及的运动饮料。运动训练或比赛前和运动中要补水，但不要饮咖啡和酒。

（张日辉）

第七节 自行车运动

一、自行车项目简介

(一) 自行车项目分类

自行车比赛项目可分为场地自行车、公路自行车和山地自行车,其中山地自行车可与其他项目组合成新项目,例如,铁人三项和现代冬季两项等(表13-5)。

表13-5 自行车项目分类

项目	短程耐力 (1~2分钟)	中程耐力 (2~10分钟)	长程耐力			
			I (10~35分钟)	II (35~90分钟)	III (90~360分钟)	IV (>360分钟)
场地自行车	1000米	短距离(2分钟预热,11~25秒) 4000米追逐赛(个人) 4000米追逐赛(集体) 3000米追逐赛(女子个人)				
公路自行车				30~50公里标准计时	100公里团体赛 80~180公里个人赛	>200公里团体赛
现代冬季两项				30~50公里		
奥运会距离铁人三项赛				40公里	180公里铁人三项赛(男子和女子)	540公里超长距离/三倍铁人三项赛
环游赛				20~50公里	50~120公里	
越野赛	2~5公里(下坡)		5~20公里	30~50公里	50~70公里	

(引自谢波德,2006)

不同的比赛所使用的自行车车架材质类型也不尽相同。公路赛自行车重约9 kg,其车架由特殊轻型金属(钛、钪和镁等)或碳纤维制成。在场地赛中运动员所使用的自行车更是轻至6 kg,没有刹车或变速齿轮装置。刹车通过使赛道倾斜来完成。场地自行车的赛道长度为170~400m，用水泥或木材覆盖。自行车竞赛的最高速度也是在场地自行车中产生的，2006年，荷兰选手Theo BOS在男子200m争先赛（1km的赛程中取最后200m计时）中以9.772秒的成绩打破世界纪录，成为职业竞技比赛中平均速度最快的运动员。1996年亚特兰大奥运会，英国选手Chris Boardman打破了场地自行车4000m个人追逐赛的世界纪录，为我们提供了一个很好的力量耐力动态发展的例子（图13-3）。

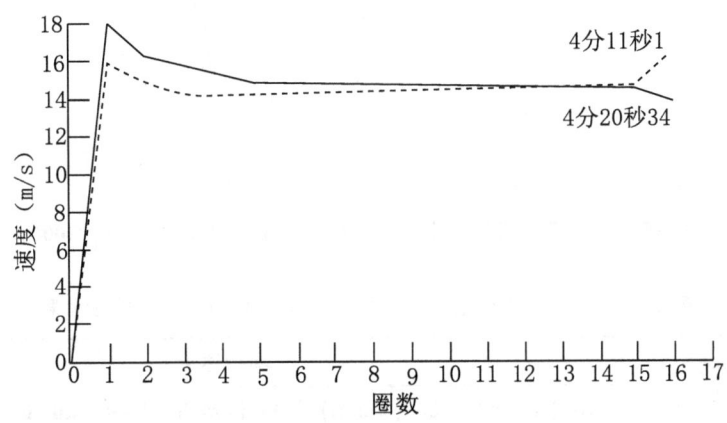

图13-3　Chris Boardman在比赛时的速度（引自谢泼德，2006）

（二）影响自行车运动速度的因素

运动员骑自行车的速度并不能全面正确地反映其运动能力，其速度受到物理学因素的影响：空气阻力，斜坡阻力，转动阻力以及摩擦阻力。这些因素中空气阻力的影响作用最大（图13-4和图13-5）；斜坡阻力，转动阻力以及摩擦阻力，在运动员骑行过程中虽然影响较小，但也是难以改变的。运动员在骑行过程中使用相同骑行姿势，采取尾随的运动员可以比领骑者节省大约30%的能量（图13-4）。运动员采取不同骑行姿势（图13-5），空气阻力面也不同，躯干越接近垂直地面的位置，其所受的空气阻力的阻力面越大，越容易影响其骑行速度，竖直姿势的能量消耗明显高于俯伏姿势（表13-6）。

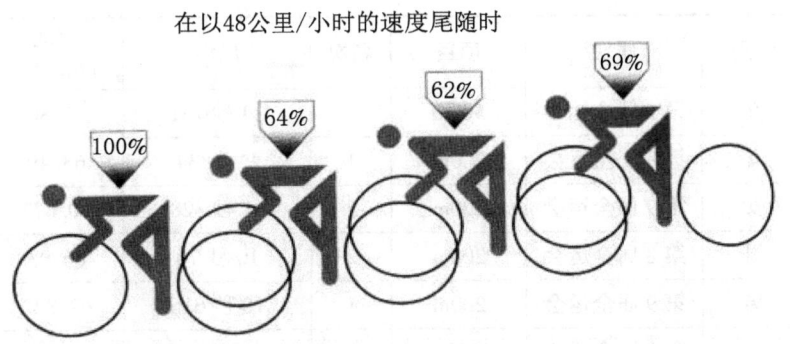

图13-4　自行车在不同位置尾随时的能量消耗（引自谢泼德，2006）

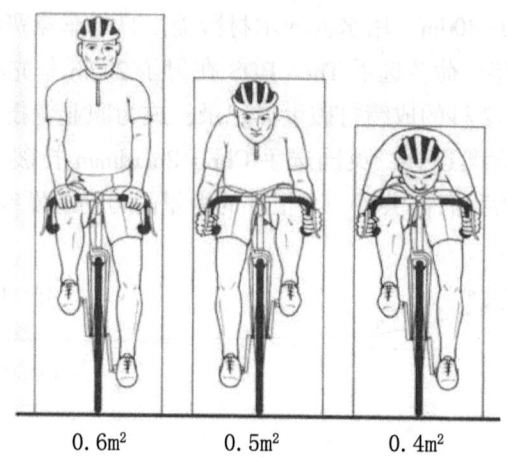

图 13-5　不同骑行姿势对空气阻力的阻力面（引自谢泼德，2006）

表 13-6　在不同骑行速度下分别以不同姿势骑行时的能量消耗

不同姿势的	骑行速度				
能量消耗	10（km/h）	20（km/h）	30（km/h）	40（km/h）	50（km/h）
竖直姿势（W）	23.6	79.4	199.1	415.0	795.3
俯伏姿势（W）	22.6	70.8	170.2	346.8	625.7

（依 Hagberg 和 McCoyle，1996）

二、生理学特点

（一）能量代谢特点

在短程自行车项目中，由于持续时间很短，能量主要来源于磷酸原供能和糖酵解供能，如表 13-7 所示。

表 13-7　场地自行车项目成绩、血乳酸值比较

姓名	性别	届次	项目	名次	成绩	时速（km/h）	血乳酸（mmol/L）
JYH	女	第9届全运会	500m	1	34秒751	51.80	18.27
WY	女	第8届全运会	200m	1	11秒34	63.49	11.5
WJL	女	第9届全运会	200m	3	11秒828	60.872	14.4
LJW	男	第8届全运会	200m	2	10秒76	66.93	16.8
GZG	男	第9届全运会	200m	1	10秒616	67.822	13.26
LYD	男	第8届全运会	1000m	1	1分6秒396	54.22	17.6
MYJ	男	第9届全运会	1000m	1	1分3秒879	56.357	16.14

续表

姓名	性别	届次	项目	名次	成绩	时速（km/h）	血乳酸（mmol/L）
GYY	男	第8届全运会	1000m	2	1分6秒895	53.82	23.6
YXF	男	第8届全运会	1000m	3	1分7秒011	53.72	15.9
ZHS	男	第9届全运会	1000m	3	1分5秒479	54.979	15.69
GRC	男	第8届全运会	4000m	1	4分42秒085	51.05	15.3
SSH	男	第9届全运会	4000m	1	4分38秒715	51.665	15.2
JYH	女	2001昆明世界杯	500m	世界纪录	34秒000	52.941	20.83

（引自冯连世，2003）

参加中距离项目的运动员必须具备良好的有氧能力。值得注意的是，虽然在3km追逐赛时无氧供能所占比重仅为15%~25%，但是在比赛中途加速的功率可能要超过1000W，运动员需要在有氧能力的基础上注重发展和提高糖酵解能力，这也是创造中短距离项目优异成绩的关键因素。

路程在20km以上的自行车项目中，运动员完成的时间一般在30分钟以上，整个过程以有氧代谢供能为主，有氧代谢供能比例占90%以上。虽然无氧代谢供能仅占不到10%的比例，但是其作用却非常大，当在比赛中需要变速、爬山、冲刺终点时，就会对运动员的无氧代谢能力提出很大的要求。

从自行车项目的供能特点可以看出，自行车运动属于典型的周期性速度耐力项目，所以，提高运动成绩的关键是发展运动员的体能，主要是有氧代谢和无氧代谢能力。

（二）心血管系统特点

在自行车项目中，心血管系统兴奋性最高的是中短程比赛，最高心率可以达到185~210次/分钟。一般比赛开始40~60秒后，运动员才能完全利用最大摄氧量。为提高比赛时的代谢效率，运动员往往在赛前做较长时间的准备活动。

在持续几小时的自行车运动中，运动员的心率一般在140~170次/分钟。随着肌肉疲劳程度的增加，心率还会进一步升高。心率的增加主要与肌肉运动造成的核心温度升高有关。由于脱水程度的增加，热量向身体表面的传输受到阻碍。身体在脱水时，血液容量减少的比例少于体液的减少比例。在自行车运动中，风可以保护机体避免过热。

三、评定与监控方法

(一) 最大摄氧量

优秀自行车运动员的最大摄氧量可达 75~80 mL/（kg·min），根据训练内容的不同，最大摄氧量在年度训练周期内的波动幅度约为 8~12 mL/（kg·min）。只有在理想状态下，运动员才能在国际比赛期间达到个人的最高值。当有氧-无氧转换训练期间高强度训练的比例增加，最大摄氧量增加不明显（图13-6）。

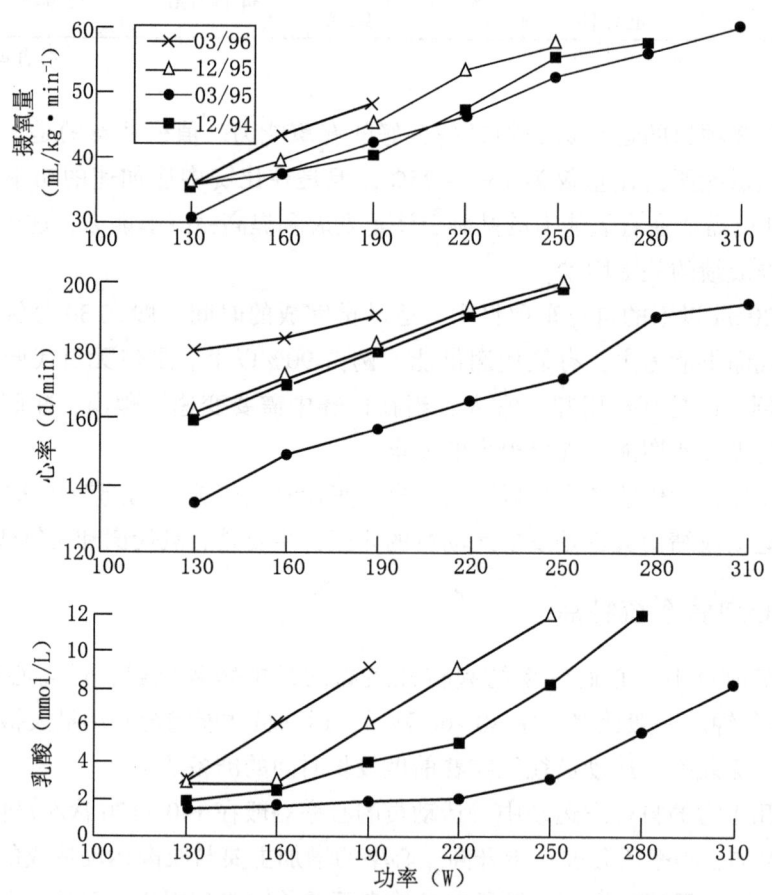

图13-6 女子自行车运动员在有氧-无氧转换训练期间摄氧量、心率和乳酸的跟踪测试（引自谢泼德，2006）

(二) 个体乳酸阈值

个体乳酸阈值是反应运动员有氧代谢能力的常用指标，其所对应的是运动强度。个体乳酸阈强度是进行有氧训练的最高强度，也可以作为有氧-无氧转换训练的临界值。

(三) 血液生化指标

在自行车项目中，血红蛋白、血清肌酸激酶和血乳酸对实时、有效评定运动员的机能状态，对控制训练负荷、判断运动疲劳、预防过度疲劳和运动损伤的发生具有重要意义。

（冯　宁）

第八节　跳绳运动

一、跳绳运动简介

跳绳在中国已有数千年的历史，唐宋明清都有记载。唐朝称之为"透索"，宋代时称"跳索""跳白索"，明代时称"白索"，清代时称"绳飞"，民国以后才有"跳绳"这一叫法。跳绳有单脚跳、单脚换跳、双脚并跳、双脚空中前后与左右分跳等多种方法。跳绳时，摆绳与跳跃动作要合拍，可一摇一跳，也可一摇两跳甚至一摇三跳。摇绳的方向可前可后。两人可用长绳同时摇动，集体轮流跳或同时跳。跳跃时还可按不同情况编排各种动作花样，也可用节奏与旋律适宜的歌谣伴唱。除花样跳绳外，也可按一定距离，边摇绳边跑向终点，比赛前进的速度。跳绳是一项极佳的健体运动项目，可有效训练个人的反应能力和耐力，有助于保持个人体态美和协调能力，从而达到强身健体的目的。

二、生理学特点

（一）有氧为主的运动项目

跳绳是常见的有氧运动项目，是一种运动强度低、时间长的运动方式，负荷强度为人体最大负荷强度的75%~85%，心率一般在140~170次/分钟，持续运动时间一般在15分钟以上。跳绳每小时约消耗体内热量1000kcal，并且使心率维持在与慢跑大致相同的水平，可以避免因跑步而产生的膝、踝关节疼痛等困扰。研究显示，相同时间内跳绳运动消耗热量大于排球、乒乓球、篮球、慢跑、自行车等项目。一次跳半小时相当于慢跑90分钟的运动量，是极佳的有氧健身运动。同时，跳绳过程中不影响听音乐、看电视，而且跳绳小巧简便，无论上班或是外出旅行，放入行李包中随时都能进行。

（二）能量代谢特点

跳绳是一种典型的减肥运动，它可以使胸部和臀部多余的脂肪消失而使胸大肌和臀大肌变得结实而富有弹性，并使动作敏捷、身体重心稳定。中华医学会心血管病分会副主任胡大一教授曾为青少年健身提供一剂良方，他呼吁在青少年中开展跳绳运动，既可以作为减肥、预防血脂异常和高血压最切实可行的方式，也可以作为很好锻炼耐力的一项有氧运动。

（三）心血管活动特点

跳绳是全身运动，除了可以加速血液运行，强化血管功能外，还可以加强身体的新陈代谢，把人体所需的氧气和营养物质及时输送到身体的各个部分，同时把代谢产物排出体外。在这过程中呼吸、心血管和其他系统的机能得到了加强，肺活量提升，心脏搏出量储备增加，安静时心率降低等。完成一下跳绳，犹如背负相当于个人体重的对象跳一下，有助增强个人的肌肉耐力和心肺功能。

（四）肌肉生理特点

跳绳可以提高人体肌肉的力量、速度、耐力、灵敏度和协调能力。如摇绳时可以增强肩关节、上臂、前臂和手腕的力量；跳跃时可以增强颈椎、躯干、髋关节、膝关节、踝关节和相关肌肉韧带的力量；保持几分钟的连续跳绳，可以锻炼身体的耐力；花样跳绳，可以提高身体的灵敏度和协调能力。

（五）中枢神经系统的特点

人在跳绳时手握绳头不断旋转，会刺激拇指的穴位，对脑下垂体产生作用，增加脑细胞的活力，醒脑提神。跳绳是一种健脑运动，可以培养准确性、灵活性和协调性，以及顽强的意志和奋发向上的精神，对提高身心整体素质有很大帮助。此外，集体跳绳项目在培养团队合作精神上也发挥着不可替代的作用。

三、跳绳运动的注意事项

①跳绳者应穿质地软、重量轻的高帮鞋，避免脚踝受伤。

②绳子软硬、粗细应适中。初学者通常宜用硬绳，熟练后可改为软绳，尽量选择软硬适中的草坪、木质地板和泥土地等场地，切莫在硬性水泥地上跳绳，以免损伤关节，并易引起头昏。

③跳绳时需放松肌肉和关节，脚尖和脚跟需协调用力，防止扭伤，肥胖者和中年人应双脚同时起落。同时，上跃不能太高，以免关节因负重过大而受伤。

④患有静脉曲张、关节病变及行动不便的人群不适合跳绳。

（苏中军）

PART 03

第三篇

实验运动生理学

第十四章 CHAPTER 14
运动生理学实验

实验一　血红蛋白的测定和血型的鉴定

【实验目的】

（1）掌握血红蛋白的测定方法。

（2）观察红细胞凝集现象，掌握 ABO 血型和 Rh 血型鉴定的原理。

【实验原理】

1. 血红蛋白测定

红细胞与盐酸作用生成褐色的盐酸高铁血红蛋白。经稀释后与标准色柱比色，即可求得血红蛋白含量。通常以每 100 mL 血液含血红蛋白若干克来表示，我国成人正常值：男性为 120~160 g/L 血液，女性为 110~150 g/L 血液。

2. 血型鉴定

血型一般指红细胞的血型，是根据红细胞膜外表面存在的特异性抗原（凝集原）来确定的，具有遗传特性。抗体（凝集素）存在于血清中，与红细胞的不同抗原起反应产生凝集。因此，输血前必须鉴定血型，以确保安全。输血反应中大多数人关注 ABO 血型，其次为 Rh 血型。ABO 血型鉴定是将受试者的红细胞分别加入标准 A 型血清（含抗 B 凝集素）、标准 B 型血清（含抗 A 凝集素）中，根据凝集现象将血型分为 4 种，即 A 型、B 型、AB 型和 O 型。

【实验器材】

沙里氏血红蛋白计、血红蛋白分析仪、采血针、0.1 mol/L 盐酸溶液、载玻片、双凹载玻片、A 型和 B 型标准血清、生理盐水、蒸馏水、75%酒精、消毒牙签和棉球等。

【实验步骤】

1. 血红蛋白测定

（1）沙里氏血红蛋白计法：血红蛋白计包括血红蛋白吸管、测定管和标准比色架；血红蛋白吸管为一厚壁毛细玻璃管，其上有 10μL 和 20μL 两个刻度，上端接一橡皮吸管（也可接橡皮滴头），供吸血用（图 14-1）。比色架的两侧装有标准色玻璃管，其内装有标准浓度的高铁血红蛋白溶液，也有用比色玻璃柱（或片）来代替的。测定管插在比色架中，与其两侧的标准色进行比色。测定管的两侧，通常有两行刻度：一行为血红蛋白的绝对值，以 g/dL 表示，从 2 起至 22 止；另一行为血红蛋白的相对值，以%（相当于正常平均值的百分数）来表示，从 10 起至 160 止。此外，血红蛋白计中还附有搅拌用的玻璃棒和添加蒸馏水用的滴管。

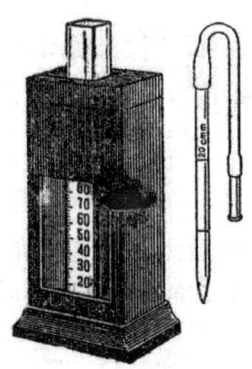

图 14-1　血红蛋白计

①测定管内加入 0.1 mol/L 盐酸溶液至百分刻度"20"处。

②用采血针在无名指指端或耳垂采血。用干棉花拭去第一滴血，待第二滴血自然流出一大滴时，用毛吸玻璃管吸至 20μL 刻度处，仔细将吸管尖端外面的血液拭去，迅速将吸血管插入测定管底部的盐酸液中缓慢挤出血液，再吸取上部清液，反复冲洗吸血管 2~3 次。吸管尖端残留的液体应在比色管内壁上沥净。取出吸管后轻轻摇动比色管，混匀，静置 10 min。

③沿着管壁加入蒸馏水，逐步稀释至与标准色柱色调一致后，读取刻度值并报告结果。比色前应将搅拌用的玻璃棒取出，且玻棒上的溶液应在测定管内壁上沥净。比色应在明亮的自然光线下进行（但应避免直射的阳光），并将测定管上的刻度转向侧面，以免影响比色结果，读数应以溶液凹面最低点的刻度为准。

标准值换算：血红蛋白（g/L）= 血红蛋白（g/dL）×10

实验完毕，应将血红蛋白吸管和测定管洗净，放回匣内。记录测定结果，并与成人正常值进行比较。

（2）血红蛋白仪测定法：XD-1 血红蛋白仪应用光电比色原理，根据 Lambert-beer

（朗伯-比尔）光吸收定律，在规定的波长及液层厚度的条件下，不同浓度的样品，具有不同的吸光率，通过氰化高铁稀释液氧化血液中的血红蛋白为高铁血红蛋白，来比色测定人体血液中血红蛋白的含量。该仪器可直接读取血红蛋白值，其测量值范围为 0~200 g/L。

①调零。把装有蒸馏水的试管套在吸样管上，按一下测试按钮，待红灯熄灭后再测一次，移去试管，观察数字显示处，此时数字显示应为零，若不为零，则轻轻旋转"调零旋钮"，使数值显示为零。

②校正：再让仪器吸入已知数值的校正液（最好选择 130 g/L 标准液为宜），然后轻轻旋转"校正旋钮"使数值显示同已知数值相符。注意，仪器一经调校好，面板上的旋钮就不能动了，测试过程中也要格外小心。仪器经过调零和校正，便可以进行使用。

③血红蛋白测定：取全血 20 μL 加到 5 mL 的 HiCH 试剂（氰化高铁稀释液）中，充分混合，静止片刻然后让仪器吸入，待吸样完毕，观察数字显示，待数字稳定后，此时的数值便是该血样的血红蛋白值。

如此继续，其余血样依次进行测试，仪器使用 4h 后，重新用蒸馏水调零（不为零，调至零），仪器使用完毕，需要用清洗液或蒸馏水清洗，否则将会影响第二天仪器的测试结果。最后关机，拔掉电源。

2. 血型鉴定

（1）取一清洁玻片，用记号笔画上记号，左上角写抗 B 字，右上角写抗 A 字。

（2）用小滴管吸 A 型标准血清（抗 B）一滴加在左侧，用另一小滴管吸 B 型标准血清（抗 A）一滴加在右侧。

（3）穿刺手指取血，玻片的每侧各放入一小滴血，用牙签搅拌，使每侧标准血清和血液混合。

（4）室温下静置 10~15 min 后，观察有无凝集现象，假如只是抗 A 侧发生凝集，则血型为 A 型；若只是抗 B 侧凝集，则血型为 B 型；若两边均凝集，则血型为 AB 型；若两边均未发生凝集，则血型为 O 型。

【实验结果】

（1）沙里氏法测定 Hb = _____ g/dL

血红蛋白仪测定 Hb = _____ g/L

（2）受试者血型：_____ 型

【注意事项】

1. 血红蛋白测定

（1）使用沙里氏比色法测定血红蛋白含量时，应保持充足光线；盐酸酸化时间不要低于 10min；勿造成气泡；蒸馏水需逐滴加入，边加入边比色，多做几次比色，以免稀释过量。

（2）XD-1 血红蛋白仪再使用时，要调零，校正；使用完关机前，务必要对仪器进行清洗,排掉比色池中的样品,将仪器管道系统清洗干净。

2. 血型鉴定

(1) 判断红细胞凝集,要有足够的时间(10~15 min)。

(2) 载玻片须清洗干净,以避免假性结果。

【思考题】

(1) 为什么正常成人男女性的血红蛋白值不同?

(2) 若父亲为 A 型血,母亲为 O 型血,他们所生的孩子可能是什么血型?

【说明】 所有实验均需认真完成实验报告,具体格式规范,请扫描二维码查看。

(赵 斌)

实验二 安静和运动后脉搏和动脉血压的测定

【实验目的】

(1) 了解人体动脉血压测定的原理。

(2) 掌握人体在安静时和运动前后脉搏和血压的测定。

【实验原理】 由心脏输出的血液引起动脉管壁波动,称为脉搏。正常成人脉搏 60~100次/min。运动员在运动时的脉搏可以达到 200 次/min 以上,而安静时的脉搏却不足 30 次/min。在进行中小强度的定量活动时,往往未受过运动训练的人的脉搏频率快于受过训练的人。因此,运动训练中常采用脉搏作为评定运动员的负荷水平的简易指标。

测定人体动脉血压的方法,常采用间接测压法,它是使用血压计的压脉带在动脉外加压,根据血管音的变化来测定动脉血压。通常,血液在血管内流动时没有声音。假如给血管施加压力,使血管变窄形成血液涡流,则可以发出声音(血管音)。用压脉带在上臂给动脉加压,当外加压力超过动脉的收缩压时,动脉血液被完全阻断,此时用听诊器在肱动脉处听不到任何声音。如果使袖带内压力降低,当外压低于动脉内的收缩压而又高于舒张压时,血液则可间断地通过受压血管的狭窄处,从而形成涡流发出声音,此时用听诊器可在被压的肱动脉远端听到声音。若外加压力等于或小于舒张压时,血液由间断又变成连续,声音则突然由强变弱甚至消失。由此可间接测出完全阻断血流所需的最大管外压力(发生第 1 次声音时),即收缩压,而动脉内血流由间断变成连续,声音突变或消失时的外加压力则为舒张压。

【实验器材】 血压计、听诊器和秒表。

【实验步骤】

1. 安静时脉搏和动脉血压的测量方法

（1）安静时脉搏的测定：以食指、中指、无名指轻压在受试者的桡动脉上，以 10s 为单位连续记数每 10s 的脉搏，如连续 3 个 10s 的脉搏数是一致的，即以这个数字乘 6，得出受试者每分钟的脉搏频率。若受试者的脉搏相邻两个 10s 的频率只差一次，连续测试每两个 10s 的情况都是这样，即可以用邻近两个 10s 的脉搏相加乘 3，求得安静时每分钟的脉搏。如：10 次/10s，11 次/10s，10 次/10s，11 次/10s，10 次/10s，11 次/10s，即可以（10+11）×3 得出 63 次/min，得出其安静时的脉搏。另外，安静时的脉搏也可用听诊心音的方法测定心跳频率得出。

（2）测定安静时动脉血压的方法（图 14-2）：①将脉压带绑在受试者的上臂，其下缘应在肘关节上约 3 cm，松紧度应适宜。②以手指寻找肘窝处的肱动脉，然后把听诊器的听头放在肱动脉上。③把球囊的气阀旋紧，打气，随脉压带内的压力升高，逐渐可听到有节奏的"咚咚"声，继续打气至声音消失时再使压力升高 20～30 mmHg，然后旋开气阀徐徐放气。④在放气时当听到有节奏的"咚咚"声响的第 1 声出现时，汞柱面所指示的压力即最高血压（收缩压）。⑤继续放气，随压力逐渐下降，听到突然变音（或声音消失）时，汞柱面所指示的压力即最低血压（舒张压）。⑥记录所得结果，例如，最高血压为 110 mmHg，最低血压为 70 mmHg，也可以写成 110/70 mmHg。

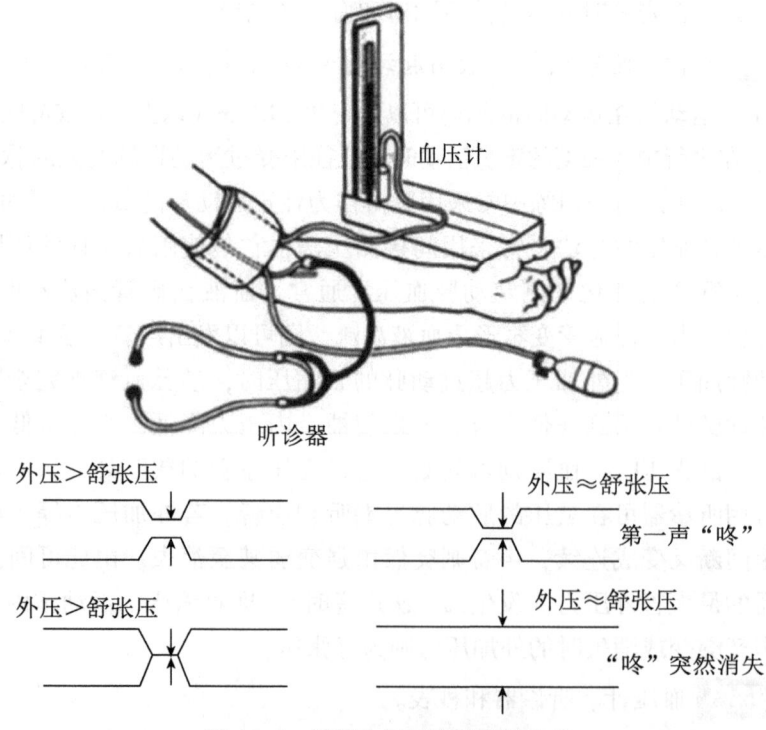

图 14-2　动脉血压测定原理及方法

2. 运动前后脉搏和血压的测定

（1）运动前脉搏和血压可以在安静时测定，也可以在准备活动前测定。标准安静时的脉搏血压应在清晨醒来时测定。

（2）运动后可根据测验要求分别在运动后第 1、2、3……min 测定。

（3）测定运动后脉搏和血压，一般先测 10 s 脉搏频率，然后测定血压，并记录所得结果，要求测量准确。全部测定和记录要在 1 min 内完成。

下面以 30 s 蹲起 20 次的定量运动为例，测定运动前后脉搏、血压，其具体步骤包括：①受试者以坐位测定其运动前的脉搏、血压，并记录结果。②取下脉压带和血压计间的连接，让脉压带仍绑在受试者上臂。③受试者手托气球，两腿分开与肩同宽，按 20 次/30s 的节奏，蹲起 20 次。④运动后立即坐在桌旁，先测量运动后第 1 min 前 10 s 的脉搏频率，然后测定血压，并记录结果。⑤运动后的第 2 min 开始时，仍按第 1 min 要求，测定第 2 min 前 10s 的脉搏，然后测血压，并记录结果。⑥第 3 min 的测定方法同第 2 min 的方法。

3. 结果分析

将所测定的结果记录在表 14-1 中，然后进行分析。

【实验结果】

表 14-1　安静时和定量运动后的脉搏血压（20 次蹲起/30s）

指标	受试者	安静时测试值	运动后不同时间测试值				
			1 min	2 min	3 min	4 min	5 min
脉搏（次/min）	甲						
	乙						
血压（mmHg）	甲						
	乙						

【注意事项】

（1）脉搏要测定 10 s 的数值，但要记录 1 min 的结果。

（2）球囊放气时速度要徐缓，不要太慢也不要太快。

（3）读数时，双眼要与水银柱凹液面平视。

（4）听诊器听件应放于脉压带的外面。

【知识窗】

通过对足球、篮球和排球运动员的调查表明，在一般的训练或比赛后，脉搏会升高到 140~180 次/min，收缩压会提高 30~50 mmHg。我国男排运动员安静时心率为

> 46~73 次/min，最大心率可达 206 次/min，安静时收缩压为（112.9±10.7）mmHg，舒张压为（70.9±5.1）mmHg。打满全场的篮球主力队员，比赛后即刻心率多在 180 次/min 以上，最高可达 215 次/min。训练水平越高，心率恢复越快。

【思考题】
(1) 脉搏、血压的变化与运动过程有何关系？
(2) 测定脉搏和血压在运动实践中有何意义？

（高海宁）

实验三　肺通气量的测定

【实验目的】
(1) 掌握正常情况和运动后肺通气功能测定及各指标的评定意义。
(2) 不同运动项目和训练水平肺通气功能的比较分析。

【实验原理】肺通气功能的评定指标主要包括肺活量、时间肺活量、连续肺活量和最大通气量。肺活量可以反映人体呼吸运动的机能；时间肺活量可以反映肺组织的弹性和呼吸道的畅通能力；连续肺活量可以简单、快速地判断呼吸肌的疲劳及身体的机能状况；而最大通气量则可以反映肺的潜在通气贮备能力。

长期运动可以改善人体的呼吸机能，增加肺活量和最大通气量，并提高时间肺活量和连续肺活量，使呼吸对运动训练产生良好适应，并表现出专项运动的特征。

【实验对象】人

【实验器材和药品】肺活量计、肺功能测试仪、一次性吹嘴、鼻夹、75%酒精。

【实验步骤】

1. 翻转式肺活量计的肺活量测定（图 14-3）

(1) 仪器准备：检查液面是否与液面线相齐，对吹嘴进行酒精消毒，测量水温。
(2) 测试：深吸气，对准吹嘴深呼气。
(3) 根据水温读取数据。

图 14-3　翻转式肺活量计

2. 了解 JAEGER 肺功能测试仪组成、功能及操作方法

其内容可扫描二维码进行学习。

3. 以耶格肺功能测试仪为例，测定肺通气量

（1）测定安静状态下的呼吸深度、呼吸频率、肺活量、肺通气量、时间肺活量和最大通气量。

（2）测定 30s 20 次蹲起运动后 30s 内的呼吸深度、呼吸频率和肺通气量。

（3）安静时连续 5 次肺活量试验。

方法：受试者取立位，每 30s 测量一次肺活量，共测 5 次。30s 时间，既包括吹气时间，也包括休息时间，因此，在 150s 内测量 5 次肺活量。

评定：各次数值基本一致或逐次增加者为机能良好；逐次降低，特别最后两次明显下降者，为机能不良。

（4）肺活量定量负荷试验。

方法：首先测得安静时的肺活量，然后进行定量负荷运动（其负荷量应根据不同对象而定，如原地高抬腿跑 30s），运动后立即测量肺活量。每分钟测 1 次，共测 5 次，记录每次的结果。

评定：运动后 5 次肺活量逐渐增加或保持安静时水平者，表明机能良好；运动后肺活量逐渐下降，且第 5 min 仍未恢复者，表明机能不良。

4. Care fusion 232 肺功能仪测定肺通气量的使用步骤

其内容可扫描二维码进行学习。

【实验结果】

（1）肺活量：_____mL

（2）安静状态下

　　呼吸深度：_____mL　呼吸频率：_____次/min

　　肺活量：_____mL　肺通气量：_____L/min　最大通气量：_____L/min

　　时间肺活量：第 1 s_____%，第 2 s_____%，第 3 s_____%

(3) 蹲起运动后 30 s 内

呼吸深度：_____mL　　呼吸频率：_____次/min　　肺通气量：_____L/min

(4) 5 次连续肺活量

第 1 次：_____mL　　第 2 次：_____mL　　第 3 次：_____mL

第 4 次：_____mL　　第 5 次：_____mL

【注意事项】

(1) 翻转式肺活量计要注意液面是否水平。实验前应检查浮筒有无漏气、漏水现象。

(2) 肺功能仪实验使用过程中要规范。测试前，受试者可做必要练习，掌握测试方法。应按要求测试，不能看着描记线呼吸。

(3) 注意安全卫生。不同受试者使用吹嘴前，均应进行消毒，做到吹嘴一用一消毒，或使用一次性吹嘴。

【思考题】

(1) 分析运动引起的肺通气量变化。

(2) 比较分析连续肺活量和肺活量的意义有何不同？

(3) 根据所有受试者的各项测试指标进行统计分析，找出不同性别、不同运动专项和不同训练水平的同学各指标的差异，并分析其原因。

（冯　宁）

实验四　运动时能量消耗的测定

【实验目的】学会利用间接测热法来测定运动时的能量代谢。

【实验原理】能量测定有直接测热法和间接测热法。间接测热法虽然准确性较直接法差，但简便实用。因此，常用间接测热法测定能量代谢。

人体内的热量来自体内的糖、脂肪、蛋白质三大物质在体内氧化所产生。三大营养物质在体内氧化时消耗氧，产生二氧化碳。等量不同营养物质在体内氧化时产生的二氧化碳和所消耗的氧不同，即呼吸商不同。而且，不同营养物质在体内氧化时的氧热价也不同。因此，收集运动时气体代谢情况，计算出总的耗氧量和二氧化碳的产生量，从而求出呼吸商，查出氧热价，这样就可推算出营养物质在体内氧化时所产生的热量。

【实验器材和药品】德国 Oxycon Pro 十二导联运动心肺功能仪、VO2000 能量测试仪、功率自行车、75%酒精棉球、体重计。

【实验步骤】

1. 德国 Oxycon Pro 十二导联运动心肺功能仪能量代谢测试方法

（1）连接仪器，打开电源，对德国 Oxycon Pro 十二导联运动心肺功能仪进行调试、校准。

（2）输入受试者的个人信息，包括：姓名、测试编号、出生日期、身高、体重、单位等情况。

（3）让受试者坐在功率自行车上，调整座位高度，使之与腿长相适应。

（4）确定好心电导联位置，贴好电极贴，按序号连接好各心电导联线，并戴上面罩。

（5）选择每口气法进行测定，依据测试需要，设定测试规程（根据个人体质、性别、年龄等不同运动负荷有所不同）。

（6）测试前校准仪器，校准完毕后，将传感器与受试者面罩相连，开始测试。

（7）受试者静坐不动，戴上口罩（呼吸口咀），连续记录 3 min 安静时的呼出气量，然后求出安静时平均每分钟的肺通气量。

（8）令受试者以 60 转/min 踏车 5 min，记录运动过程中的耗氧量、二氧化碳产生量、呼吸商等指标。测试结束后打印结果。

（9）利用呼吸商从表 3-8 中查出安静时和运动时每消耗 1 L 氧所产生的热量（称氧的热价）。

（10）计算运动时能量消耗。

①求出安静时每分钟的能量消耗：每分钟能耗=每分钟耗氧量×1 L 氧产生的热量（kcal/L）

②按照同样的计算方法，求出运动时不同运动强度的总耗能。

③求出运动净耗能，由于运动时的总耗能包括运动所需要消耗的能量及安静时供人体各器官代谢活动所需要消耗的能量。因此，运动净耗能=运动时的总耗能-安静时的耗能。

（11）根据报告得出运动过程中糖、脂肪的消耗，并可推算出不同运动强度，每公斤体重及每平方米体表面积的能量消耗。

2. VO2000 能量测试仪能量代谢测试方法

（1）仪器提前预热 1 小时。

（2）受试者测试前不要做剧烈运动，静坐 10 min 以上，保持放松。

（3）实验正式开始，双击桌面 Breeze 图标。

（4）点击 New，新建受试者。蓝色区域为必填项，包括姓名、ID 号、出生日期、民族和性别。然后点击 Add，等待自动跳到下一个界面。

（5）在新界面中填写身高、体重，小数点后可保留一位小数。

（6）点击 GX，等待进入下一个界面。

（7）在新界面中，无需做任何更改（实验前仪器管理人员已设定），直接点击 Test，进入到测试界面。

（8）此时新界面会提示是否进行气体校准、点击 OK，开始进行自动校准。

（9）校准结束后，连接好仪器，给受试者戴好面罩，准备就绪，点击绿色 Start 键，开始进行测试。

（10）记录运动过程中的耗氧量、二氧化碳产生量、呼吸商等指标。测试结束后打印结果。

（11）利用呼吸商从表 3-8 中查出安静时和运动时每消耗 1 L 氧所产生的热量（称氧的热价）。

（12）计算运动时的能量消耗（计算方法同上）。

（13）根据报告得出运动过程中糖、脂肪的消耗，并可推算出不同运动强度，每公斤体重及每平方体表面积的能量消耗。

【实验结果】

（1）安静时每分钟能量消耗：_____kcal/min。

（2）运动时不同运动强度的总耗能：_____kcal。

（3）运动净耗能：_____kcal。

（4）不同运动强度时能量代谢率（每千克体重及每平方米体表面积的能量消耗）：_____kcal/（kg·m^2）。

【注意事项】

（1）受试者在测试前要空腹或饭后 2~3 小时后进行运动负荷。

（2）戴呼吸面罩时依据受试者脸型进行适当调整，防止呼吸面罩出现漏气而影响测定结果。

【思考题】

（1）结合测试结果分析受试者安静时和不同强度运动时主要由哪种营养物质供能。

（2）当呼吸商为 1.0 时，机体内为何种物质供能？

【知识窗】

[案例分析] 运动员在进行不同运动项目时，机体供能方式不同，对三种运动项目的机体总需氧量、实际摄入氧量和血液中乳酸增加量进行测定，结果见表 14-2。

表 14-2　三种运动项目的机体总需氧量、实际摄入氧量和血液中乳酸增加量

运动项目	总需氧量（L）	实际摄入氧量（L）	血液中乳酸增加量
马拉松跑	600	589	略有增加
400m 跑	16	2	显著增加
100m 跑	8	0	未见增加

[问题] 根据以上资料分析，马拉松跑、400m 跑、100m 跑过程中机体的主要供能方式分别是怎样的？

[分析] 马拉松跑、400m 跑、100m 跑过程中机体的主要供能方式分别是：有氧系统供能、酵解能系统供能、磷酸原系统供能。

根据所给资料分析，马拉松跑中需氧量很大，且乳酸的含量增加不多，因而判定该项运动主要是通过有氧系统供能，因为能量物质利用氧气可以彻底分解成 CO_2 和 H_2O；400m 跑项目摄入氧量显然不能满足身体需氧量，血液乳酸增加显著，说明此项运动主要采取的是酵解能系统（会产生乳酸）供能；100m 跑没有摄入氧，血液乳酸也未见增加，可见有氧供能、无氧糖酵解都不是此时的主要供能方式，而是由磷酸肌酸分解提供能量。磷酸肌酸是人体内储备的高能化合物，在 100m 跑大量耗能、ATP 过分减少时，磷酸肌酸可以分解供能补充 ATP，ATP 再利用供能。

（高海宁）

实验五　人体身体成分的推测

【实验目的】

（1）掌握皮褶厚度法推测身体成分。
（2）熟悉电阻抗法测定身体成分。

【实验原理】身体成分分为体脂重和瘦体重，其中体脂重是指人体内的脂肪重量，瘦体重包括体内所有的非脂肪组织，如骨骼、水、肌肉、结缔组织和牙齿等。目前，体脂的测量方法有直接测定法和间接测定法。间接测定法很多，目前国内身体成分测量一般采用皮褶厚度法、水下称重法、电阻抗法等，其中以皮褶厚度测定法较为实用，具有快速，简便和易行等特点。以皮褶厚度可求得体密度，带入 Siri 或 Brozek 预测公式计算体脂率，即可求出体脂重和瘦体重。

身体成分的测量，可以反映人的营养状况和体质水平。所以，通过测量人体身体成分，不仅可以评价青少年儿童的营养状况和发育水平，还能为制订合理的训练计划、科学指导膳食营养、有效控制体重和对训练过程进行医学观察提供客观依据。

【实验对象】人

【实验器材】皮脂厚度计、Zeus 9.9 身体成分分析仪。

【实验步骤】

（一）皮褶厚度法

1. 仪器校正

（1）校正皮脂厚度计指针刻度：合上钳口，看指针是否停在"0"位，如果不在"0"位，可用手轻轻转动刻度盘，使指针对准"0"位。

（2）校正压强：指针校至"0"位后，再检查钳口压强是否合乎要求。检查方法如图 14-4 所示。左手持皮脂厚度计，使之呈水平位置，在皮脂厚度计的下侧臂顶段小孔中悬挂重 200g 的砝码，使下侧臂基部与顶端的接点处于同一直线上，观察圆盘内指针的偏离情况。若指针处在 15～25 mm，表明两接点间的压力符合 10 g/mm² 的要求，若指针超过 25 mm，则表明接点压力不足，需要转动压力调节旋钮，增加压力至 15～25 mm。反之，若指针不到 15 mm，则表明压力过高，需要转动压力调节旋钮校正指针至规定范围内。操作中允许有 ±5 mm 的误差。

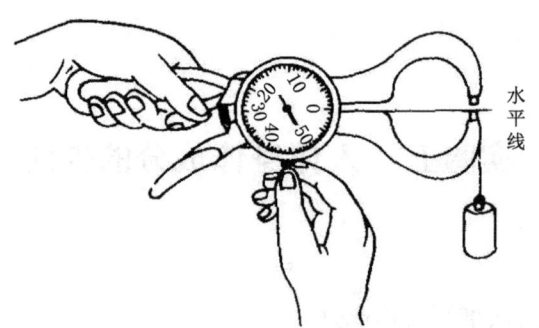

图 14-4　皮脂厚度计校正

2. 测量方法

受试者应着装背心、短裤，自然站立，暴露测试部位。测试者选准测量点，用左手拇指和食指、中指将皮褶捏起，右手持皮脂厚度计将卡钳张开，卡在捏起部位下方约 1cm 处，待指针停稳，立即读数并做记录。测量三次取中间值或取其中两次相同的值，测量误差不得超过 5%。以 mm 为单位，取小数点后一位记录。

3. 测量部位

一般测量右侧,常测部位有以下几处。

(1) 上臂部:上肢自然下垂,于肩峰与尺骨鹰嘴连线中点处,肱三头肌的肌腹上,垂直捏起皮褶。皮褶走向与肱骨平行(图 14-5)。

(2) 肩胛部:在右肩胛骨下角的下方约 1 cm 处,皮褶方向向外下方,与脊柱成 45°角(图 14-6)。

(3) 腹部:脐水平线与锁骨中线相交处,大约在脐的右侧 2 cm 处,皮褶走向水平(图 14-7)。

(4) 髂部:髂嵴上方脐水平线与腋中线交界处,皮褶走向稍向前下方(图 14-8)。

(5) 大腿:腹股沟中点与髌骨上缘中点连线的中点处(大腿前部股骨中点处),皮褶方向与股骨平行(图 14-9)。

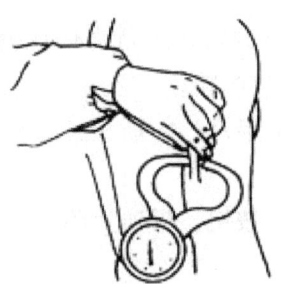

图 14-5 测定上臂肱三头肌部

图 14-6 测定肩胛下角部

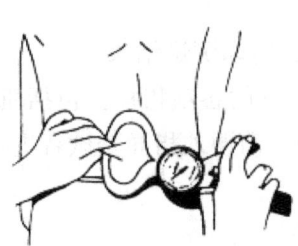

图 14-7 测定腹部

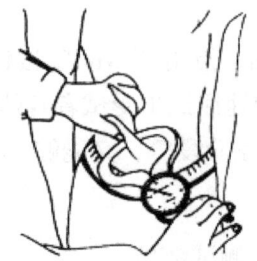

图 14-8 测定髂嵴上缘部

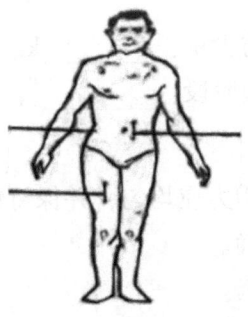

图 14-9 测定大腿部

4. 计算身体成分

（1）计算人体密度。

推测体密度的回归方程式：

身体密度（男）= 1.0991-0.0005×腹部-0.0004×肩胛下角-0.0005×大腿-0.0003×年龄

身体密度（女）= 1.0837-0.0004×肱三头肌-0.0004×腹部-0.0004×大腿-0.0003×年龄

（2）计算体脂率：体脂率（%）=（495/身体密度）-450

（3）计算体脂重（F）：体脂重=体脂率×体重

（4）瘦体重（LBW）：瘦体重=体重-体脂重

（二）电阻抗法

（1）仪器预热：采用韩国产Zeus 9.9身体成分分析仪进行身体成分测试。提前1小时开机预热，开机顺序为仪器显示器、仪器主机、电脑。

（2）打开软件，在信息栏内输入受试者的出生年月、性别、身高和职业等基本信息。点击Insert按钮插入该测试对象。

（3）选择该受试者，点击屏幕上方"Member"按钮，听到"滴声"表明仪器连接正常，可以进行测试。

（4）指导受试者安静平稳地站立于脚踏板上，测试体重完毕后，双手握住点击手柄进行体成分测试。

（5）测试完毕后，点击"Print"按钮，打印测试结果。

该方法既可以快速测试出受试者身体成分的各项指标，包括肌肉含量、脂肪含量、BMI、身体水分和体型阶段等，又能够直观、简便地指导受试者进行体型调整训练。

【实验结果】

（1）皮褶厚度法测试结果。

体脂率：_____% 体脂重：_____kg 瘦体重：_____kg

（2）电阻抗法测试结果。

肌肉含量：_____kg 脂肪含量：_____kg BMI：_____kg/m^2

身体水分：_____kg 体型阶段：_____

【注意事项】

（1）测量时，左手捏皮褶时用力应均匀，并保持恒定。

（2）皮脂厚度计的位置要正确。

（3）捏皮褶时，不应连带肌肉。

（4）测量过程中，皮脂厚度计的刻度盘和钳口应经常校正。

【思考题】

（1）对受试者测试结果进行评定与分析。

（2）测量人体身体成分有何意义？

（赵　斌）

实验六　视觉机能实验

（一）视敏度测定

【实验目的】学习视力的测定方法并了解测定原理。

【实验原理】视敏度（视力）指人眼分辨物体微细结构的能力。通常用国际标准视力表来检查视力。该视力表有 12 行从大到小的图形。当受试者站在 5 m 远的距离注视第 10 行图形时，图形（如 E、C 等）缺口两缘在眼前所成的视角为 1 分角（图 14-10）。视力表规定能看清此行图形的视力为 1.0，为正常视力的标准。视力根据下述关系来确定。

$$\frac{受试者视力}{1.0 视力} = \frac{受试者辨清某行图形的最远距离}{1.0 视力者辨清该行图形的最远距离}$$

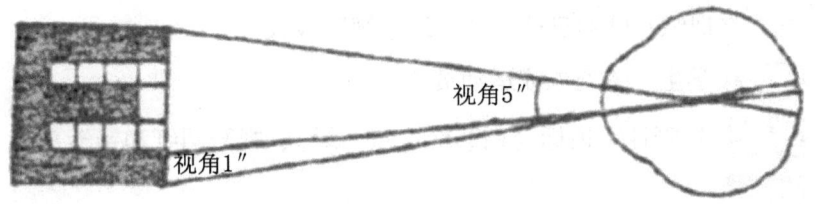

图 14-10　视力表原理

【实验对象】学生、普通人或运动员

【实验器材】视力表、指示棍、遮眼板、米尺。

【实验步骤】

（1）将视力表挂在光线均匀且充足的场所，高度适中。受试者站在或坐在距视力表 5m 远的地方。

（2）受试者用遮眼板遮住一只眼睛，用另一只眼睛看视力表，按实验者指的位置说出表上的字或图形。由表上端的大字或图形开始向下测试，直至受试者辨认清楚最小的字行为止。若受试者不能辨认清楚最上方一行字，则需令受试者向前移动，直至能辨认清最上方一行字为止。测量出受试者与视力表的距离后，再按上述公式推算出视力。

（3）给受试者戴上一个凸透镜，再用同样的方法检查此眼的矫正视力。令受试者向前走，看走到何处才能看清戴镜前所能看清的最小字或图形。

（4）用同样方法检查另一只眼睛的视力。

【实验结果】

将受试者左眼、右眼视力填入登记表中，判断视力是否正常并分析原因。

【注意事项】

（1）注意测试的距离要保证5m远。

（2）要防止受试者在测试过程中猜测视力表中字母的方向。

【思考题】

当物距不变时，人的视力与他所能看清的最小字和图形的大小有什么关系。当字的大小不变时，人的视力与他所能看清字的最远距离有什么关系。

（二）视野测定

【实验目的】学习视野计的使用方法，测定正常人白、红、黄、绿各色视野。

【实验原理】视野是单眼固定注视正前方一点时所能看到的空间范围。视野测定有助于了解视网膜、视觉传导通路和视觉中枢的机能状态。视野大小与视网膜上感光细胞分布、人面部骨骼结构及视觉中枢机能，以及目标物颜色等有关。不同项目运动员的视野不同，有训练基础的足球运动员绿色视野较大。

【实验对象】学生、普通人或运动员

【实验器材】视野计、视标（白、红、黄、绿）、视野图纸和铅笔。

【实验步骤】

（1）观察视野计的结构（图14-11），并熟悉其使用方法。

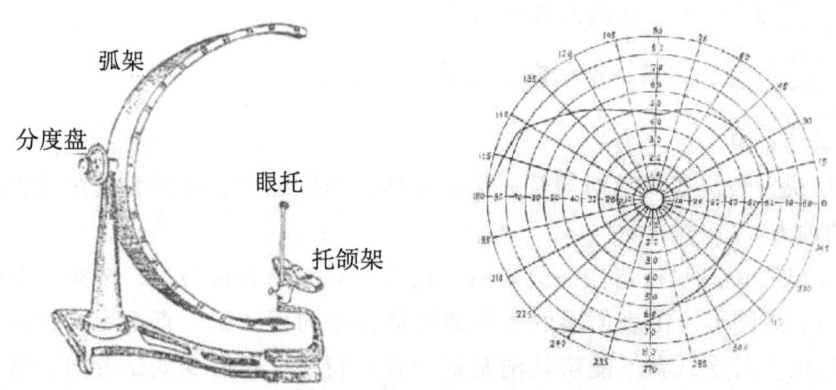

图14-11 视野计的构造及视野图

(2) 将视野计放置在光线充足的地方。叮嘱受试者把下颌放在颌托架的高度，使眼恰好与弧架的中心点位于同一水平位置。遮住一眼，用另一眼注视弧架的中心点。实验者将弧架转到0°，从周边向中央慢慢移动弧架上插有白色纸片的视标，随时询问受试者是否看清楚视标的颜色。当受试者回答"看到"时，将视标移回一些，然后再向前移，重复一次。待得到一致结果后，将受试者刚能看到视标颜色时所在的点画在视野图纸的相应经纬度上。

(3) 将弧架转动45°，重复第2步操作。此后将弧架转动不同角度（90°、135°、180°、225°、270°、315°和360°），继续重复测试，会得出8个点。将视野图纸上同一颜色（白色）的8个点依次连接起来，就可以得出白色的视野范围。

(4) 按照相同的操作方法，测定红、黄、绿各色视觉的视野。

(5) 依同样方法，测定另一眼的视野。

【实验结果】

将测试的不同颜色视野画在视野图纸上，分析不同颜色的视野大小，并分析不同专项运动员的视野是否有差异。

【注意事项】

(1) 测试视野时，要求被测眼一直注视圆盘弧形金属架中心固定的小圆镜。

(2) 测试视野时，以被试者确实看清视标颜色为准，即测试结果必须客观。

【思考题】

视野异常是否一定是视网膜功能异常的反映？

(三) 视深度测定

【实验目的】证实双眼视差在深度知觉中的作用。比较单眼和双眼视觉的差异。

【实验原理】视觉不但能判断物体的平面（物体的宽度和高度），而且还能判断物体的深度，从而形成立体视觉。产生立体视觉是因为同一个物体在两眼视网膜上所形成的像不完全相同，右眼看见物体的右侧面较多，左眼看见物体的左侧面多，虽其位置略有不同，却在对称点附近，最后经中枢神经系统的综合，才形成一个完整的立体视觉。

【实验对象】学生、普通人或运动员

【实验器材】视深度测定仪、眼罩、小挡板。

【实验步骤】

(1) 观察视深度测定仪的结构并熟悉其使用方法，如图14-12所示。受试者坐于仪器前面6m处，两眼从窥视窗恰好能注视木棍中部。

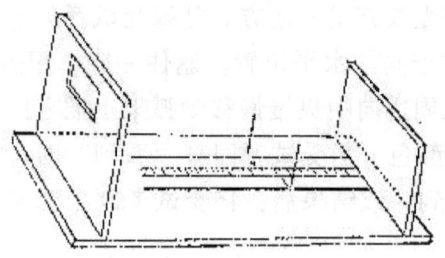

图 14-12　视深度测定仪

（2）实验者用小挡板遮住窗口，把变异刺激移到较远的位置，使两根木棍相隔较远距离，然后打开窗口，让受试者观察并在 1~1.5s 内说出"两根木棍是否在一平行线上"，如果回答"不在"，实验者再问向哪个方向移动才能使两根木棍平行。受试者可回答"向前"或"向后"。重复以上操作，每移动一次，让受试者看一次，直至受试者认为两根木棍平行为止。根据指针所指刻度记录两根木棍间的距离。

（3）一般实验共测 3 组，一组为双眼视深度，一组为左眼视深度，一组为右眼视深度，每组各测 2~3 次。

（4）根据参加实验课成员的性别、年龄、训练程度和训练项目不同，统计分析其结果。

【实验结果】

双眼视深度：_____ mm　　左眼视深度：_____ mm　　右眼视深度：_____ mm

【注意事项】

（1）受试者在进行立体视觉测定时一定要保证能够看见移动的木棍，如果近视需要佩戴眼镜进行测试。

（2）受试者一定要距离目标物 3m 远进行测试。

【思考题】

单眼和双眼视觉有何差异？产生原因是什么？

（四）瞳孔调节反射和瞳孔对光反射

人眼视近物时，会引起晶体变凸，瞳孔缩小，两眼辐辏，这一反射活动称视觉调节反射。瞳孔缩小亦称瞳孔调节反射。瞳孔对光反射是指眼受到光的照射时瞳孔也会缩小。观察本实验的两个反射，物体由远移近时瞳孔大小的变化及光照刺激后瞳孔大小的变化。

具体实验方法可扫描二维码（上）进行学习，有关视觉机能实验测试结果评定内容，可扫描二维码（下）进行学习。

> **【知识窗】**
>
> 乒乓球是我国的"国球",你知道乒乓球的颜色为什么只有白色和橘黄色吗?该项目是否需要运动员具有良好的立体视觉呢?
>
> 通过视野实验测定我们能够了解到,人体眼睛对不同颜色的视野是不同的,通过测试我们知道白色的视野大,黄色、蓝色、红色的视野依次减小,因此乒乓球比赛时,用球主要是白色和黄色。
>
> 乒乓球运动对运动员的立体视觉要求较高,由于球在空中飞行时的路线不断变化,需要运动员具有较好的空间立体视觉来及时判断球的空间位置及旋转情况,从而制定出最佳的接球策略。

(郭　峰)

实验七　反应时运动时的测定

【实验目的】 掌握反应时运动时的测试方法,了解测定反应时运动时的生理意义。

【实验原理】 从感受器接受刺激到效应器发生反应所需的时间称为反应时。反应时间指的是从刺激的呈现到外部反应开始所用的时间。运动时间指的是从开始运动到运动完成所用的时间。

荷兰生理学家唐德斯(Donders)将反应时分为三种:简单反应时、选择反应时和辨别反应时。

通过测定反应时可以了解和评定人体神经系统反射弧不同环节的功能水平。反射弧越复杂,反应时越长。机体对刺激的反应越迅速,反应时越短,灵活性也越好。反应时测量时应重复测试多次,求其平均值。

【实验对象】 学生、普通人或运动员

【实验器材】 EP203 选择反应时测定装置、EP206-P 反应时运动时测试仪。

【实验步骤】

1. 选择反应时的测定

(1) 接通仪器。主试者按预先列出的程序,操作信号呈现,开关发出"红""黄""绿""白"四种不同光刺激。

(2) 受试者以右手食指作按键状,当感觉到某种色光时,受试者即用右手食指按压相应的反应键(受试者对四种不同的刺激相应做出四种不同的反应)。计时器记下时

间，练习实验可做 4~5 次。

（3）实验观察：四种色光刺激各呈现 20 次，随机排列。主试者控制测试仪呈现刺激与受试者反应方式同预备实验。如果反应错了，计时器不计时间，主试者根据反馈信号灯提供信息，安排受试者重做一次。

每做完 20 次休息 1min。当受试者测完 80 次后，换另一受试者进行实验。

2. 反应时运动时的测定

（1）连接 220V 电源，EP206-P 型反应时运动时测试仪因配有打印机功能，应先用数据线连接打印机和主机，EP206-P 型应先打开主机电源开关，然后再打开打印机的电源，接通电源开关，显示"SEL"。

（2）设置实验次数，如需 10 次，按面板上按键 10 次，显示"n-10"，如需 20 次，按面板上按键 20 次，以此类推，显示器将相应显示次数。

（3）受试者按住启动键，当随机的刺激呈现，即灯光点亮，仪器开始计时，当受试者手指离开启动键时，计时停止，仪器内部将自动记录这次的反应时间，同时仪器又开始重新计时，当受试者按下相对于刺激的反应键时，计时又停止，仪器内部也将自动记录这次的运动时间。如受试者错按反应键，仪器将认为错误，如运动时间超过 9.999s，仪器也将认为错误，这两种情况下实验将无运动时间，不计入总计。

（4）受试者手指再按住启动键，就可进入下一次实验。

（5）一次实验结束，如受试者不按住启动键，仪器将进入等待状态，如受试者需继续实验，只要再按住启动键，实验就可以继续进行。

（6）显示器显示"END"时，说明设置的实验次数已完成。

（7）按动功能键，显示实验数据格式如下，请将结果填入登记表中。①一组实验的次数（仪器型号不同，每次实验的刺激次数不同。一般为 10 的倍数）。②总反应时间（反应时间的累加）。③平均反应时间。④总运动时间（运动时间的累加，已去除错误的运动时间）。⑤平均运动时间（已去除错误的运动时间和次数）。⑥错误次数。

【实验结果】

（1）将同一实验组的实验数据填入表 14-3 中。

表 14-3 反应时测定结果登记表（ms）

	姓名 1	姓名 2	姓名 3	姓名 4	姓名 5
性别					
年龄					
专项					
实验次数					
总反应时间					

续表

	姓名1	姓名2	姓名3	姓名4	姓名5
平均反应时间					
正确总运动时间					
平均正确运动时间					
错误次数					

（2）比较同一实验组中不同专项的反应时。

①计算个人对不同色光的选择反应时的平均数、标准差。②比较全体受试者对白光的简单反应时与选择反应时的均数差异。③检验全体受试者反应时运动时是否有显著差别。

【注意事项】

（1）实验前，受试者应熟悉实验程序和方法。
（2）实验过程中，受试者应严格按照实验程序进行操作，切勿出现超前反应。

【思考题】

（1）根据实验结果，分析刺激与反应时之间的关系，并叙述其原因及影响因素。
（2）不同运动项目之间，不同运动水平之间反应时有无差异？

（周 玫）

实验八 肘关节敏感度、两点辨别阈和前庭机能的测定

【实验目的】

（1）学习本体感觉、触觉、前庭机能稳定性测定的方法。
（2）了解上述感觉机能在运动实践中的意义。

【实验原理】

（1）肘关节运动分析器敏感度的测定：在做任何动作时，即使闭着眼睛，也可以感觉到身体各部分所处的位置和动作的变化。肌肉、肌腱、韧带和关节囊内都有本体感受器。

（2）两点辨别阈测量法：触觉引起的感觉是非常准确的，它能辨别物体的大小、形状、硬度和表面性质（光滑程度）等机械性质，通过训练可提高皮肤的触觉机能。

（3）前庭机能稳定性测定：前庭分析器的感受器位于内耳前庭，由椭圆囊、球囊和三个互相垂直的半规管组成。当人的身体或头在空中做直线或旋转运动时，直线或角加速度的变化会刺激前庭器官，引起前庭的位觉感受器的兴奋，从而使人体能够感

觉到在空间中的位置和身体姿势。过度刺激前庭器官，可引起许多反射性反应。

【实验对象】学生、正常人或运动员。

【实验器材】肘关节敏感度测定仪（图14-13A）、两点辨别阈测定仪（图14-13B）、旋转椅、血压计、听诊器、节拍器、评分表、皮尺、秒表。

 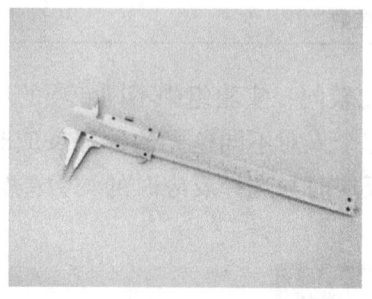

（A）肘关节敏感度测定仪　　　　（B）两点辨别阈测定仪

图14-13　部分感觉机能测定仪器

【实验步骤】

1. 肘关节运动分析器敏感度的测定

实验开始前让受试者侧立于仪器前，让肘关节的中心点（肱骨外上髁处）正对小圆周的圆心。上臂固定，以肘关节为轴心屈伸前臂进行实验，重复做3次，让受试者体会肌肉舒张与收缩的感觉。接着令受试者闭上双眼，按上面所要求的屈伸度再做5次。观察受试者每次前屈的角度和原来要求的角度相差多少，或超过多少，将其结果记录下来。例如，受试者第一次前屈超过原规定的角度1°，实验者即记为"+1"。如果前屈少1°才达到原规定角度，则记为"-1"，相等时为"0"。

2. 两点辨别阈测量法

测定部位为手指指腹，前臂（手腕部）。将两点辨别阈测定仪的两脚分开约1~3 mm，使两脚同时接触皮肤，至皮肤微微凹陷，询问受试者感觉有几点接触皮肤，实验者逐次移开测定仪的两脚，并逐次询问受试者，直至测出可辨别出两个点的最小距离。接近两点辨别阈值时，应交替地用测定仪的一脚或两个脚触点皮肤，来确定其阈值。

3. 前庭机能稳定性的测定

具体内容可扫描二维码进行学习。

【实验结果】

(1) 肘关节运动分析器敏感度测量值+_____度，或-_____度，或_____度。

(2) 两点辨别阈测量值_____mm。

(3) 前庭机能稳定性测定。

植物性反应观察：心率变化_____次，血压（收缩压）变化_____mmHg

植物性反应的测试评分：_____分

躯体性反应观察：眼震颤_____次持续时间_____分_____秒

运动反射评分：_____分。

【思考题】

（1）睡眠不足对上述测定结果有无影响？

（2）环境因素对上述测定结果有无影响，应如何控制？

（张新安）

实验九　神经类型的测定

根据巴甫洛夫创立的高级神经活动学说，皮层神经细胞的兴奋与抑制过程具有强度、均衡性和灵活性三个基本特性。这些基本特性的不同组合会形成各种神经类型。测定人的神经类型有"内田-克列别林测算法"，"安菲莫夫表"等多种方法。1980年，王文英等人设计了一种非文字的"神经类型测试表"（简称"80.8测试表"）。此表不仅可测定神经类型，还可评定集中注意力能力、记忆力水平、智力水平和克服困难的意志品质等。

根据80.8神经类型测试法，将人类高级神经活动评定为14种神经类型。具体测试与评定方法可扫描二维码进行学习。

（苏中军）

实验十　最大摄氧量的推测

【实验目的】 掌握 Astrand-Ryhnuiy 设计的推测最大摄氧量的方法。

【实验原理】 最大摄氧量（VO_{2max}）是判断有氧耐力的最佳指标，是确定运动员的训练程度及选材的重要依据。由于直接测定最大摄氧量的实验很费时间且需要比较复杂和昂贵的仪器设备，故一般常用 Astrand-Ryhmin 设计的方法，让受试者在自行车测功计上进行最大强度运动，测定其心率及输出功率，然后推测出该受试者的最大摄氧量。此方法简便，适用于受试人数较多的成批实验。

实验依据是心率、功率和摄氧量间的密切关系。输出功率增加时，摄氧量也成比例地增加,最后达到最大摄氧量且形成稳定状态。心脏对增加功率的表现与摄氧量一致,最大摄氧量与最大心率几乎同时达到。因此,如果知道了表示功率-吸氧量和功率-心率变化相关直线的斜率,那么,通过最大运动测出的功率和心率就可以非常近似地推测出最大摄氧量。推测过程中,误差是在所难免的。当受试者最大心率和同年龄组平均值差距很大时,产生的误差也较大。如果最大心率高于平均值,往往会出现推测的最大摄氧量偏低;如果最大心率低于平均值,则会出现最大摄氧量推测过高的现象。

【实验对象】学生、普通人或运动员

【实验器材】Monark 功率自行车及其计算机分析软件系统、心率遥测仪。

【实验步骤】

实验过程要求受试者以中等功率蹬踏自行车测功计,直到得到一个稳定的心率为止。然后,根据功率和心率使用 Astrand 和 Ryhmin 制定的表格扫描二维码可见,推测出最大摄氧量。最后,根据年龄修正推测出的最大摄氧量。

(1) 受试者要穿运动服,实验前一小时不能进食,不能吸烟。

(2) 记录受试者体重(穿运动服、脱鞋),同时记录下年龄。

(3) 调整车座,使踏到最低点的腿略有弯曲,将自行车测功计的阻力指示器调整到零。

(4) 令受试者以 50 周/min 的速度蹬踏自行车测功计,调整负荷;女子开始可为 300 kg·m/min,男子为 600 kg·m/min。持续运动 6min。

(5) 休息 5 min(坐于车座上)后,重复上述步骤,负荷可适当增加(女子可选择 450 kg·m/min、600 kg·m/min、750 kg·m/min、900 kg·m/min 中的任一负荷,男子可选择 600 kg·m/min、900 kg·m/min、1200 kg·m/min、1 500 kg·m/min 中的任一负荷)。前后两次负荷运动时的心率都要在 120~170 次/min。

(6) 记录前后两种负荷情况下的心率。用运动中第 5min 和第 6min 记录下的心率的平均值来推测最大摄氧量,前后两分钟所测心率相差不得超过 5 次/min。否则继续运动 1min。使用第 6min 和第 7min 心率来推算最大摄氧量。

【实验结果】

(1) 利用两种负荷时的稳定状态心率(实验中第 5、6min 的心率),查表,推算最大摄氧量,最后求得其平均值。具体计算顺序如下:

①记录功率 _____kg·m/min、_____kg·m/min。

②记录负荷最后两分钟的平均心率_____次/min、_____次/min。

③推测最大摄氧量的平均值_____L/min。

(2) 查表,根据年龄进行修正的最大摄氧量(最大摄氧量值乘以年龄修正系数)。修正后的最大摄氧量值_____L/min。

(3) 求出相对最大摄氧量(上述数值除以体重,kg)_____mL/(kg·min)。

（4）最后，查表评定受试者的最大有氧工作能力的类别。

【注意事项】

（1）实验过程中一定要注意安全。

（2）功率车没有负荷时严禁蹬踏，实验测试时按要求频率（50 周/min）蹬踏，确保结果的准确。

【思考题】

（1）不同受试者的最大摄氧量不同，分析其原因。

（2）结合运动实践（受试者运动项目、训练年限、运动水平等）分析不同受试者最大摄氧量不同的意义何在。

附：Monark 功率自行车及软件操作程序简介

以 Monark 839E 为例，可扫描二维码进行学习。

（赵 平）

实验十一　乳酸阈测定方法

【实验目的】掌握乳酸阈及无氧阈的非创伤测定方法，了解无氧阈在体育实践中的应用。

【实验原理】随着运动强度的逐渐增大，血乳酸出现急剧增加的拐点为乳酸阈。由于血乳酸拐点存在很大的个体差异，因此，常用测定个体乳酸阈的方法来精确评定运动员有氧工作能力以指导运动训练。当运动强度增加到最大吸氧量的 65%~90% 时，需氧量和心率呈直线增长，此时体内会生成大量乳酸，进入血液引起 pH 降低，二氧化碳分压增加，结果直接刺激呼吸中枢，引起肺通气量剧烈增长，导致肺通气量和吸氧量的直线关系发生转折（拐点），其他呼吸系统指标和心率也发生明显变化，这些变化的转折点就是无氧阈。在实验室条件下常通过进行渐增负荷运动（跑台或功率自行车）实验，连续测得血乳酸浓度的变化来确定乳酸阈，或通过测得运动中肺通气量，吸氧量和心率等参数的变化来无损伤测定无氧阈来间接反映乳酸阈。

无氧阈有利于确定有氧训练的适宜强度，检验有氧训练的效果，对于评定运动员的耐力工作能力具有重要意义，也可为心脏疾病患者的机能诊断以及制订康复训练内容提供很有价值的生理依据。

【实验对象】学生或运动员

【实验器材和药品】Monark 功率自行车、血乳酸仪、气量表（或自动气体分析仪)、心率遥测仪、秒表、导电膏、胶布、75%酒精和棉球。

【实验步骤】

1. 乳酸阈测定

(1) 装备好遥测心率表。

(2) 受试者在功率自行车上做准备活动 2 min，休息 1 min。

(3) 分五级负荷运动，测试各级运动负荷时的血乳酸浓度。

男子起始负荷为 150 W，女子起始负荷为 100 W，每级增加 50 W，每级负荷运动 3 min。在蹬踏功率车过程中，记录每级负荷实际完成的功率，在第一、二、三、四、五级末取血，测定血乳酸浓度。

(4) 绘出运动强度和乳酸曲线图，找出乳酸拐点即为乳酸阈值。

2. 心率无氧阈和通气无氧阈测定

(1) 准备活动：受试者按功率 50 W，转速 60 r/min 骑蹬自行车功量计（或跑台速度 6 km/h，坡度 5%）运动 3 min，作为准备活动。

(2) 正式测试：准备活动完成后，休息 1 min，再按规定的逐级递增负荷连续进行运动。男性从 150 W，女性从 100 W 开始，每 3 min 递增 50 W，或跑台速度 8 km/h，坡度 8% 起始，每 2 min 递增 2 km/h 斜度 2%，同时记录每一级负荷时的肺通气量（VE）和心率（HR），如有自动气体分析仪可以加测吸氧量（VO_2）。当心率超过 180 次/min 或吸氧量达到最大吸氧量的 90% 时，即停止运动。

(3) 绘图：绘出肺通气量，心率，吸氧量的曲线，找出曲线的拐点，此点的心率，肺通气量、最大吸氧量的百分数或功率即心率无氧阈或通气无氧阈值。

【实验结果】

(1) 绘出运动强度和乳酸曲线图，找出乳酸拐点即乳酸阈值。

(2) 绘出运动强度和肺通气量，运动强度和心率的曲线图，找出心率无氧阈或通气无氧阈值。

【注意事项】

(1) 各实验者分工明确，团结协作。

(2) 受试者身体健康。发现有上呼吸道感染、心动过速、高血压、心电图异常和口腔温度高于 37.5℃ 等症状，则不能进行实验。

(3) 实验中出现异常情况，应立即中断实验，并分析其原因。

【思考题】

把全班同学所测的数据，按不同的性别、专项特长和训练程度进行统计分析，找出规律特点。

【知识窗】

[案例分析] A 同学测得乳酸阈对应负荷为 200W，B 同学测得乳酸阈对应负荷 260W，请分析 A 和 B 两者的结果。

[问题]

（1）从 A 和 B 测试结果说明个体乳酸阈的概念？

（2）测定乳酸阈在运动实践中有何意义？

[分析]

（1）个体乳酸阈的概念：在渐增负荷运动中，血乳酸浓度随运动负荷的递增而增加，当运动强度达到某一负荷时，血乳酸出现急剧增加的那一点（乳酸拐点）称为"乳酸阈"。这一点对应的运动强度即乳酸阈强度。将个体在渐增负荷中的乳酸拐点定义为"个体乳酸阈"。B 同学乳酸阈强度大，表明有氧代谢能力强。

（2）乳酸阈在运动实践中的应用：评定有氧工作能力，制定有氧耐力训练的适宜强度。

（张　肃）

实验十二　无氧功率测定

【实验目的】掌握无氧工作能力测评方法——Wingate 无氧功率试验。

【实验原理】无氧功率是指在无氧条件下，机体发挥出最大力量和速度的能力。最大无氧功率的能量来源于 ATP 及 CP 的分解，它决定了人的爆发力，如跳跃、冲刺、投掷或起跑等。平均无氧功率能量来源于 ATP、CP 及无氧糖酵解，反映了人的无氧耐力。无氧功率递减率则表示在无氧供能条件下机体的疲劳程度。常用测量与评价的方法有 Monark 功率自行车测试法、纵跳法和 Margaria 台阶试验法。

【实验对象】学生、普通人或运动员

【实验器材和药品】功率自行车、体重计、身高计、12 级台阶（每级高度 13～20cm）、摸高计、秒表、米尺、滑石粉（或彩色粉笔末）。

【实验步骤】

1. 用 Monark 功率自行车测试

（1）测定受试者身高、体重、肺活量及皮脂厚度。

（2）受试者在功率自行车上做准备活动 1 min，之后休息 3 min。

（3）测试者将受试者身高、体重等输入 Monark 功率自行车菜单，然后以女子 0.075kg/kg 瘦体重（男子 0.087kg/kg 瘦体重）负荷，设置阻力运动负荷。如，男子阻力运动负荷：

$$运动负荷 = 0.087 \text{ kg/kg} \times 瘦体重 \text{ kg} \times 9.8 \text{ N}$$

（4）受试者按设定好的负荷和程序进行 30s 最快速度的竭力运动进行测试，测试结束电脑自动记录每秒的结果。测试者记录 30s 内，每隔 5s 的无氧功率测试结果及最高无氧功率、最低无氧功率。

（5）根据测试结果计算出平均无氧功率和无氧功率递减率。

平均无氧功率 = 将 6 个 5 s 的无氧功率相加除以 6。

$$无氧功率递减率（\%）= \frac{最高无氧功率 - 最低无氧功率}{最高无氧功率} \times 100\%$$

2. 纵跳法测试

（1）受试者先称体重。

（2）实验者在一垂直平面墙上预先画上测高刻度（或安放好摸高计），在纵跳前，令受试者在中指指尖上涂上颜色粉末，侧身站在刻度墙旁，将手臂垂直上举并将中指按在刻度墙上先做一标记作为基础高度，然后令受试者原地纵跳，并尽力用手指往上摸高，跳 3 次，测其最高点与原来基础高度标记间的距离差值即为被试者纵跳高度。

（3）根据下式计算功率：$P = W\sqrt{0.5gH} \times 9.8$

P：功率（J/s）；W：体重（kg）；g：重力加速度（m/s^2）；H：纵跳高度（m）；1 kg·m = 9.8 J。

3. Margaria 台阶试验法

（1）受试者先称体重，然后站在离台阶 6 m 处。

（2）令受试者以 3 级 1 步的最快速度跑上台阶。一直跑至 12 级，记录通过由第 3 级至第 9 级的时间，当受试者脚踏上第 3 级时，开动计时器，而跑上第 9 级时计时器停止。测试 3 次，取 1 次最短时间。

（3）根据下式计算功率：$P = WD/T$

P：功率（kg·m/s）；D：第 3 级至第 9 级的垂直高度（m）；W：体重（kg）；T：通过第 3 级至第 9 级的时间（s）。

【实验结果】

最高无氧功率：_____ W
最低无氧功率：_____ W
平均无氧功率：_____ W
无氧功率递减率：_____ %

结合测试结果查表 14-4，对受试者无氧工作进行评价。

表 14-4　无氧功率评分标准——台阶试验法（kg·m/s）

级别	性别	年龄（岁）				
		15~20	20~30	30~40	40~50	>50
差	男	<113	<106	<85	<65	<50
	女	<92	<85	<65	<50	<38
一般	男	113~149	106~139	85~111	65~84	50~65
	女	92~120	85~111	65~84	50~65	38~48
中等	男	150~187	140~175	112~140	85~105	66~82
	女	121~151	112~140	85~105	66~82	49~61
良好	男	188~224	176~210	141~168	106~125	83~98
	女	152~182	141~168	106~125	83~98	62~75
优秀	男	>224	>210	>168	>125	>98
	女	>182	>168	>125	>98	>75

【注意事项】

（1）不准做垫步或跨步动作进行纵跳。
（2）在正式进行台阶试验前，应试练几次，以熟悉整个动作过程。

【思考题】

（1）分析无氧功率与无氧工作能力的关系。
（2）根据结果比较分析同学之间糖酵解的代谢能力。
（3）分析自己的糖酵解代谢能力，测试结果评定是否适应自己的专项供能特点，分析原因，提出解决方案。

（张　肃）

实验十三　身体素质测量与评价

身体素质是人体在运动过程中所表现的力量、速度、耐力、柔韧及灵敏等机能能力的总称，是人体各器官系统的机能在肌肉工作中的综合反映。在体育教学、运动训练或体质研究中，测定身体素质是一项重要的工作。

（一）力量素质的测定

【实验目的】了解力量素质测试与评定原理，掌握一些力量素质的测定法。

【实验原理】力量是肌肉紧张或收缩时所表现出来的一种能力。力量素质的测定在选材和评定训练效果中经常进行。静力性肌力测定试验有握力、背力、腕力、脚力、腹肌力等；动力性肌力测定主要有纵跳、立定跳远、掷球、跳远、50m 跑等运动能力测试方法；静力性肌肉耐力的测试有握力耐力、背力耐力、腹肌耐力、背肌耐力、屈臂悬垂保持时间等方法；动力性肌肉耐力测量方法主要有悬垂臂屈伸、斜悬垂臂屈伸、俯卧撑、两足背上俯卧撑、仰卧起坐、跳跃耐力等。本实验介绍其中几种不同肌力的测试方法。

【实验对象】学生、普通人或运动员

【实验器材】握力计、背力计、诊床、立位体前屈标尺、摸高计、米尺、哑铃等。

【实验步骤】

1. 静力性肌肉力量的测试

（1）握力测量法（图 14-14A）：测量时，受试者站立，手放在体侧，用最大力量紧握握力计，握时不许挥动上肢，左右手各握 3 次，记下最大的一次数值。

（2）背力测量法（图 14-14B）：测量时，两手握住背力计把柄，两膝伸直，用力向上拉，此时指示盘上的指针移动到的数字即为背肌力，测量 3 次，记下最大的一次数值。

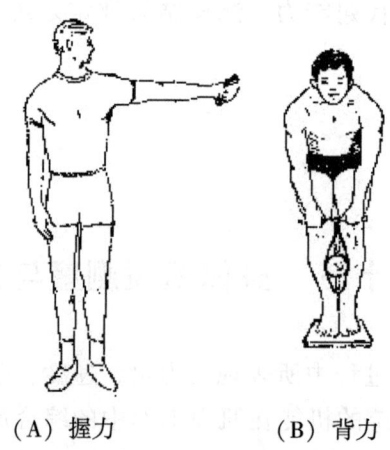

(A) 握力　　　(B) 背力

图 14-14　握力和背力测量

2. 动力性肌肉力量的测试

（1）纵跳测定：实验者在一垂直平面墙上预先画上测高刻度（或安放好摸高计），

在纵跳前，令受试者在中指指尖上涂上颜色粉末，侧身站在刻度墙上，将手臂垂直上举并将中指按在刻度墙上先做一标记作为基础高度，然后令受试者原地纵跳，并尽力用手指往上摸高，跳 3 次，测其最高点与原来基础高度的标记间距离差值即为受试者纵跳高度。

（2）立定跳远：测 3 次，记下最大的一次数值。

3. 静力性肌肉耐力测定

（1）握力、背力耐力：先测出最大握力和最大背力。休息 3 min，用测定的最大力量的 1/2 或 1/3 为负荷量，来拉握力计或背力计，测定将测力仪用力拉一定距离保持至疲劳再不能维持下去为止，记录其最大保持时间及其负荷量。

（2）腹肌耐力：如图 14-15 所示，把两脚固定或由另一个人固定双脚，抬高上身，使上身保持抬起 45°（注意躯干、头颈不要屈曲，保持呈直线），记录其最大保持时间。

（3）背肌耐力：如图 14-16 所示，把两脚固定或由另一个人固定双脚，用力将头抬起，测量从桌面到下颌的最大垂直距离。然后，测试将头抬高至其最大距离的一半所能维持的最大保持时间。

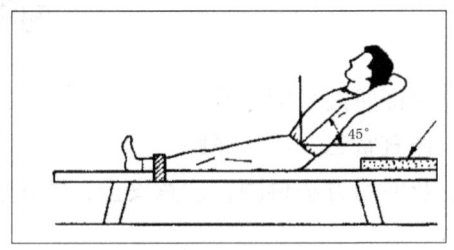

图 14-15 腹肌耐力测试

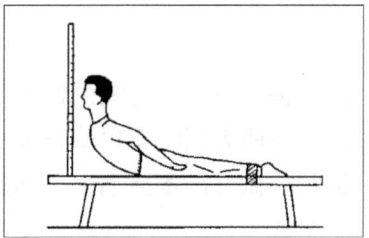

图 14-16 背肌耐力测试

4. 动力性肌肉耐力测试

（1）俯卧撑，计算单位时间内完成的次数。

（2）仰卧起坐，计算单位时间内完成的次数。

（3）跳跃耐力：首先测出受试者纵跳高度；然后站在目标板下，将手臂和手伸直，记录手尖的高度；调节目标板的高度至从手尖到纵跳高度的 2/3 处；以每秒 1 次的节律（严格执行）跳跃触摸目标板，至疲劳不能再继续下去，记录触摸目标板的次数（没摸到不计数），如图 14-17 所示。

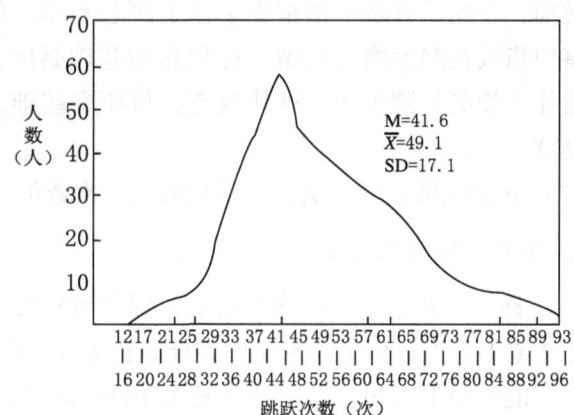

图 14-17 跳跃耐力的测试与评价

【结果与评定】

请将受试者的测量值与各指标的标准参考值进行比较，进行综合评价。

各指标的标准参考值，可扫描二维码查看。

【注意事项】

（1）测量握力时要保持测试臂水平，以保证肌肉长度一致。

（2）测量背肌力量时要保持膝关节处于伸直状态，切勿屈膝。

（3）测量前做好准备活动，先熟悉仪器及使用方法再测，注意安全，防止受伤。

【思考题】

举例说明不同肌力测定方法在不同运动项目中应用的可行性及其重要性。

（二）速度素质的测定

速度素质是指人体快速运动的能力，其表现形式有反应速度、动作速度及周期性运动中的位移速度等。目前常以 100 m 以内的短距离跑成绩为速度素质的主要指标，如 50 m 跑测试，60 m 跑测试。具体测试与评定方法可扫描二维码进行学习。

（三）耐力素质的测定

耐力是指人体长时间持续工作的能力，亦即抵抗疲劳，保持中等强度肌肉工作的能力。有氧耐力常测量最大摄氧量和乳酸阈进行评定，无氧耐力常测量平均无氧功率进行评定。而耐力与心肺功能关系极为密切，可代表心肺功能水平，亦称呼吸循环系统耐力。在体育运动中，常以中长跑成绩或以 5 min 以上的定时跑成绩，作为衡量耐力水平的有效指标。耐力跑的生理负荷较大，12岁以下的少年儿童，一般不宜参加耐力素质的测定。具体测量与评定方法可扫描二维码进行学习。

(四) 柔韧素质的测定

柔韧素质是指关节运动幅度的能力，它主要反映韧带、肌腱与肌肉的伸展性，对于保证速度及力量素质的充分发挥、保证动作的协调性、扩大动作幅度及防止伤害事故均有重要意义。而且对于保证中老年人的周围神经及血管的正常生理机能，有着不可忽视的作用。常用的测量与评价指标有立位体前屈、俯卧背伸、关节运动幅度的测量等，具体测量与评定方法可扫描二维码进行学习。

(五) 灵敏素质的测定

灵敏素质是指在各种条件下，精确而协调地完成复杂动作的能力，亦指快速的应变能力。它是速度、力量和柔韧等各种身体素质在特定条件下的综合反映。灵敏素质的测定，一般是通过快速运动中变换方向的能力来进行的，如反复横跨步、立卧撑、10m×4往返跑、"十字"变向跑（布梅兰跑）等。具体测试方法与评定可扫描二维码进行学习。

【知识窗】

[案例分析] 古巴110 m栏著名运动员、世界纪录保持者——罗伯斯，在2012年伦敦奥运会110 m栏决赛中跑到第六栏架时由于大腿后群肌肉拉伤，遗憾退赛。

[问题]

（1）在110 m栏运动项目中运动员需要着重训练哪些身体素质？

（2）罗伯斯在跨越栏架时大腿后群肌肉拉伤可能由于缺乏哪种身体素质训练造成的？

[分析]

（1）由于110 m栏运动中运动员除了需要较高速度的平步跑，同时还需要跨越栏架。首先高速度跑需要运动员具有较高的速度素质，但是运动员平跑阶段的高速度却是来自上下肢肌肉高强度、协调地收缩。而在跨越栏架时需要运动员下肢髋关节、膝关节和踝关节具有较高的柔韧性，尤其对大腿后侧肌群的柔韧性要求较高，同时在跨越栏架时还要克服跨多关节肌的主动不足与被动不足，克服多关节肌主动不足需要增加大腿前侧肌群的力量，克服多关节肌被动不足需要增加股后肌群的柔韧性，当然在大腿前侧肌群和后侧肌群快速地收缩与放松之间的转换还需要较高的灵敏素质。

（2）罗伯斯由于前一阶段的伤病原因，并没有系统的训练或者训练强度不够，尤其是股后肌群的训练强度不够，当在奥运会这样高强度的比赛中，运动员都竭尽全力地去跑，由于比赛中罗伯斯股前肌群收缩力过强而股后肌群收缩力量无法与股前肌肉收缩力量相匹配，最后导致股后肌群拉伤。

（郭　峰）

实验十四　疲劳的测定法

【实验目的】

(1) 掌握一些测试疲劳的方法。

(2) 了解运动性疲劳测定在运动实践中的意义。

【实验原理】人体疲劳时，各器官系统功能都下降。下降的程度和疲劳深度有关。因此测定运动前后的一些生理指标的变化，可以判断是否出现疲劳及疲劳程度。

【实验对象】正常人或运动员

【实验器材】握力计、背力计、肺活量计、血压计、听诊器、秒表、诊床、翻斗式肺活量计、反应时测定仪、两点辨别阈测定仪、闪光融合频率仪。

【实验步骤】

1. 用肌力来判断疲劳

疲劳时参与工作的肌肉（或肌肉群）的力量会下降。因此，测定工作前后的肌肉力量，可判断参加工作的肌肉是否出现疲劳及疲劳的程度。

(1) 背肌力、握力和臂力的测定方法。

① 背肌力的测定：按照背肌力的测定方法进行测定。在工作前测1组数值，在工作后测1组数值，然后进行比较、观察肌力在工作前后的变化，判断有无疲劳出现和疲劳的程度。

② 握力的测定：按照握力的测定方法完成，在工作前测1组数值，在工作后测1组数值，然后进行比较、观察肌力在工作前后的变化，判断有无疲劳出现和疲劳的程度。

(2) 呼吸肌力的测定：连续测定5次肺活量（每隔30秒测定1次），将5次测定值在座标纸上制图。疲劳时肺活量逐渐下降。运动前后各测1组，进行观察对比。

2. 神经系统机能

(1) 血压体位反射：植物性神经调节机能也会因疲劳而下降，使血管运动调节的反射机能随之发生障碍。故常用下列方法测定：①受试者取坐姿，安静5分钟后测量血压。②受试者随即平卧在诊床上，保持卧姿3分钟。③推受试者背部，使其被动坐起（不要主动坐起），立即测定血压，每30秒测一次，共测2分钟。

在2分钟内完全恢复为正常，说明没有出现疲劳。在2分钟内恢复一半以上为调节机能欠佳，说明出现了轻度疲劳。完全不能恢复者为调节机能不良，测评为深度疲劳。

（2）反应时测定：疲劳时受试者反应时出现延长。

3. 感觉机能

（1）皮肤空间阈：按照皮肤空间阈测定方法完成，将受试者回答"是"的两点的最小距离作为皮肤空间阈值。在工作前后各测量一次，然后根据两次的结果，进行比较，以判断是否有疲劳。

（2）闪光频率融合：受试者注视闪频仪的光源。告诉受试者"当看不到灯闪时，向实验者报告"。然后受试者旋转调节频率的旋钮，由低频到高频，当受试者报告时，记下该闪光频率。然后，再从高频到低频，按同样方法记录受试者报告时的频率。上述方法各做3次，共做6次，求出平均值。

【实验结果】

将各测试指标结果进行记录，并进行评定。

（1）反应时：运动后疲劳时反应时延长。

（2）呼吸肌力量耐力：运动后疲劳时肺活量一次比一次下降。

（3）皮肤空间阈值运动后较运动前增加1.5~2倍为轻度疲劳，增加2倍以上为重度疲劳。

（4）血压体位反射的测定，若在2分钟内完全恢复，说明没有疲劳，恢复一半以上为轻度疲劳，完全不能恢复为重度疲劳。

（5）闪光融合频率按表14-5评定。

表14-5 "闪光融合"测定的评定标准

疲劳程度	闪光融合频率增加值	恢复速度
轻 度	1.0~3.9 Hz	休息后当日可恢复
中 度	4.0~7.9 Hz	休息一夜即可恢复
重 度	8.0 Hz 以上	休息一夜不能完全恢复

【注意事项】

（1）测试前应进行讲解和动员。

（2）测试肺活量前测定水温。

（3）注意肺活量计的使用。

【思考题】

（1）如何根据实验结果判断疲劳程度。

（2）准确判断运动训练后的疲劳程度的意义何在？

【案例分析】

具体内容可扫描二维码进行学习。

（张新安）

实验十五　PWC$_{170}$机能测验

PWC$_{170}$指运动过程中心率达到170次/min的相对稳定状态下，单位时间内机体所做的功。它反映了机体的工作能力尤其是有氧耐力水平。PWC$_{170}$测定属于亚极限定量负荷运动试验。其直接测定较为复杂，需时较长，通常采用间接测定的方法。其测试原理和方法及案例分析可扫描二维码进行学习。

（张新安）

实验十六　训练水平的生理学评定

通过测定受试者的安静状态、定量负荷状态、最大负荷状态下的生理学指标来评定受试者的训练水平，可应用于运动训练过程中评价训练效果。目前，国内外通用的定量负荷试验法有心功能指数、阶梯试验指数、台阶指数和PWC$_{170}$试验。其测试原理和方法，以及案例分析可扫描二维码进行学习。

（张日辉）

实验十七　综合设计性实验

【实验目的】

（1）学生了解实验设计的概念，实验设计的方法、原则及要素，以及实验设计的过程。

(2) 让学生运用所学运动生理学理论知识和实验技术，能自主独立设计一个实验。

【实验原理】综合设计性实验是一个科研的基本过程的尝试，重在培养学生提出问题、分析问题和解决问题的科研能力。在教师的指导下，根据给定的实验目的、要求和实验条件等内容，由学生自行设计实验方案、选择实验方法和手段，规划实验步骤和操作程序，并完成实验操作，对实验结果的数据进行分析，撰写实验报告。

【实验对象】依据实验设计而定，如学生或运动员等。

【实验器材】依据实验设计需要而定，主要是运动生理学实验课使用过的仪器。

【实验步骤】

（一）实验引导

在教师指导下，组织学生讨论实验设计的概念、原则及要素，实验设计的主要环节，实验方法的选择，实验结果预期表达方式，分析与讨论，以及结论。

1. 实验设计的原则

科学性、可行性、对照性、重复性、综合性、开放性、探索性、创新性。

2. 实验设计的要素

实验题目（自拟）、实验目的、实验原理、实验对象、实验材料与方法、实验步骤、预期结果、讨论、结论、注意事项、思考题。

3. 实验方法选择

以人体试验为例，要自主选择实验对象及分组，设计运动方案；明确选择的测试指标，用于评定哪种状态（安静状态、定量负荷状态、有氧运动、无氧运动、极限负荷状态等），哪方面机能（力量素质、速度素质、耐力素质、疲劳状态等）。

4. 综合设计性实验教学课的环节

(1) 提出问题（做什么？）：确定实验题目名称。

(2) 提出实验目的（为什么要做？）：写明实验目的。

(3) 提出实验原理（实验依据？）：写出本次实验的理论基础和技术原理。

(4) 提出技术路线（怎样做？）：明确实验器材和实验对象；实验步骤与方法。

(5) 提出实验预期结果（表达方式？）：叙述式、表格式、简图式。

(6) 提出讨论问题点（实验现象的理论依据？）：结合理论对实验结果和现象进行说明。

(7) 提出结论：通过本次实验明确了哪些事实，以条目形式写出。

(8) 提出实验过程中遇到的问题（如安全问题等）：写出注意事项。

(9) 完成实验报告。

（二）组织学生自主设计实验

要求学生严格按照实验课项目的基本要素格式独立完成一个运动生理学实验设计。

（三）按照自己设计的实验进行实施

【预期结果】

学生依据自己的实验设计，结合本课程的综合知识或相关知识进行预期。

【预期结论】

根据实验设计的理论知识和技术可行性等，推论出假设的结论。

【注意事项】

（1）每个人要结合自己熟悉的运动项目。

（2）要严格按规范、要求进行设计。

（3）要考虑全面和整体因素，涉及本课程的综合知识或与本课程相关课程知识，不能单纯从某个指标或某个器官的功能进行评定，必须综合性多项指标进行综合分析评价。

【思考题】

请学生设计一个实验评价某运动项目运动员某专项运动能力或运动训练监控（题目自拟）。

（张日辉）

REFERENCES

参考文献

[1] 柏晓玲, 张士祥. 我国高水平武术运动员不同状态下的机能反应 [J]. 体育科学, 1993 (3): 61-65, 94. https://kns.cnki.net/KCMS/detail/detail.aspx? dbcode = CJFQ&dbname = CJFD9093&filename = TYKX199303022&v = MjI4MDBNVFRBZHJLeEY5TE1ySTlIWm9SOGVYMUx1eFlTN0RoMVQzcVRyV00xRnJDVVI3cWZZT1JuRnk3bFZiek0 = .

[2] 《冰雪运动》编写组. 体育院校通用教材《冰雪运动》[M]. 北京: 人民体育出版社, 2001.

[3] 曹志发, 孟昭琴, 姚为俊. 新编运动生理学 [M]. 北京: 人民体育出版社, 2004.

[4] Colgan M. Optimum Sports Nutrition [M]. CRC Press, Boca Roton, Ann Arbor, London, Tokyo, 1993.

[5] 陈世民, 符健, 赵善民, 等. 实验生理科学 [M]. 上海: 上海科学技术出版社, 2003.

[6] 邓树勋. 运动生理学导论 [M]. 北京: 北京体育大学出版社, 2007.

[7] 邓树勋. 运动生理学 [M]. 北京: 高等教育出版社, 2005.

[8] 邓树勋, 王健. 高级运动生理学——理论与应用 [M]. 北京: 高等教育出版社, 2003.

[9] David R. Iamb, Robert Murray. Exercise, Nutrition, and Weight Control [M]. Cooper Publishing Group LIC, 1998.

[10] 冯连世. 优秀运动员身体机能评定方法 [M]. 北京: 人民体育出版社, 2006.

[11] 冯连世, 冯美云, 冯炜权. 优秀运动员身体机能评定方法 [M]. 北京: 人民体育出版社, 2003.

[12] 高等学校教材《人体生理学实验指导》编写组. 人体生理学实验指导 [M]. 北京: 高等教育出版社, 1994.

[13] Hagberg, J. and Mc Cole, S. Energy expenditure during cycling. In: Burke, E. R. (ed.) [M]. High-Tech Cycling, 1996.

[14] Alessio HM, Hutchinson KM. Effects of submaxmal exercise and noise exposure on hearing loss [J]. Res Q Exerc Sport, 1991, 62 (4): 413-419. doi: 10.1080/02701367.1991.10607542. PMID: 1780564.

[15] 何媛玉, 陈纪阳. 运动员赛前状态的判断和调整 [J]. 福建师范大学福清分校学报, 2003, 13 (59): 88-89. https://kns.cnki.net/KCMS/detail/detail.aspx? dbcode = CJFQ&dbname = CJFD2003&filename = FJFQ200302022&v = MDA2NDFyQ1VSN3FmWU9SbkZ5N2xVYnZCSXlmTmY3RzRIdExNclk5SF pvUjhlWDFMdXhZUzdEaDFUM3FUcldNMUY = .

[16] Kiies C. V. Sports Nutrition [M]. CRC Press, Boca Roton, Ann Arbor, London, Tokyo, 1995.

[17] 陆耀飞. 运动生理学 [M]. 北京: 北京体育大学出版社, 2007.

[18] 罗民生, 薛毅, 殷玉柱, 等. 武术套路竞赛项目运动时供能特点的初步研究 [J]. 体育科学, 1994 (2): 49-52. https://kns.cnki.net/KCMS/detail/detail.aspx? dbcode = CJFQ&dbname = CJFD

9495&filename=TYK X199402012&v=MTc3MzhNMUZyQ1VSN3FmWU9SbkZ5N2xWTC9MTVRUQWRyS3hGOVhNclk5RVp vUjhlWDFMdXhZUzdEaDFUM3FUclc=.

[19] 李安明. 噪声对人体健康的影响及其防护 [J]. 湖北医学院学报, 1982（3）：60-66. https：//kns. cnki. net/KCMS/detail/detail. aspx? dbcode = CJFQ&dbname = CJFD7984&filename = HBYK 198203015&v = MTE5MDdTN0RoMVQzcVRyV00xRnJDVVI3cWZZT1JuRnk3bFc3ek1MUy9TWmJLeEZ0UE1yST1FWVlSOGVYMUx1eFk=.

[20] 李宗浩, 池建. 运动训练学 [M]. 北京：北京体育大学出版社, 2007.

[21] 凌超超. 浅析运动生理负荷与运动负荷 [J]. 山西师大体育学院学报, 2000, 15 (4)：68-70. https：//kns. cnki. net/KCMS/detail/detail. aspx? dbcode = CJFQ&dbname = CJFD2000&filename = SXST 200004027&v = MzE3MjhZT1JuRnk3bVVMN0JOalhZZXJHNEh0SE1xNDlIWTRSOGVYMUx1eFlTN0Ro MVQzcVRyV00xRnJDVVI3cWY=.

[22] Mirbod S M, Lanphere C, Fujita S, Komura Y, Inaba R, Iwata H. Noise in aerobi facilities [J]. Ind Health, 1994, 32 (1)：49-55. doi：10. 2486/indhealth. 32. 49. PMID：7928425.

[23] 曲绵域, 于长隆. 实用运动医学（第四版）[M]. 北京：北京大学医学出版社, 2003.

[24] 曲绵域. 实用运动医学（第一版）[M]. 北京：科学出版社, 1996.

[25] 人体生理学编写组. 人体生理学 [M]. 北京：高等教育出版社, 1994.

[26] 孙飙. 运动生理学实验指导 [M]. 北京：人民体育出版社, 2005.

[27] 孙学川. 体能训练手册（第2版）[M]. 北京：解放军出版社, 2009.

[28] 佟启良, 杨锡让. 运动生理学 [M]. 北京：北京体育学院出版社, 1991.

[29] 田野. 运动生理学高级教程 [M]. 北京：高等教育出版社, 2003.

[30] 王步标, 华明. 运动生理学 [M]. 北京：高等教育出版社, 2006.

[31] 王瑞元, 苏全生. 运动生理学 [M]. 北京：人民体育出版社, 2012.

[32] 王瑞元. 运动生理学 [M]. 北京：人民体育出版社, 2002.

[33] 王瑞元, 熊开宇. 实用运动生理实验 [M]. 北京：北京体育大学出版社, 1996.

[34] 王庭槐. 生理学（第九版）[M]. 北京：人民卫生出版社, 2018.

[35] 解景田, 等. 生理学实验（第二版）[M]. 北京：高等教育出版社, 2002.

[36] R. J 谢泼德, P. -O 阿斯特拉德. 运动耐力（第二版）[M]. 北京：人民体育出版社, 2006.

[37] 姚泰. 生理学（第五版）[M]. 北京：人民卫生出版社, 2001.

[38] 杨则宜. 药物与竞技体育 [M]. 北京：人民体育出版社, 1993.

[39] 杨锡让. 实用运动生理学 [M]. 北京：北京体育大学出版社, 2007.

[40] 《运动生理学》编写组. 体育系通用教材《运动生理学》[M]. 北京：人民体育出版社, 1990.

[41] 运动生理学编写组. 运动生理学 [M]. 北京：高等教育出版社, 1986.

[42] 《运动生理学》编写组. 体育系通用教材《运动生理学》[M]. 北京：人民体育出版社, 1984.

[43] 张日辉. 生理科学实验分类指导 [M]. 北京：北京师范大学出版社, 2013.

[44] 朱大年. 生理学 [M]. 北京：人民卫生出版社, 2008.

[45] 《中国体操队备战2008年奥运会重点队员运动创伤的治疗、预防及康复的研究》, http：//wenku. baidu. com/view/f425048ecc22bcd126ff0cd5. html.